Travaillez mieux vivez mieux

Patrick Plante

Travaillez mieux vivez mieux

Les éditions GID

Édition
Caroline Roy

Révision linguistique
Les Éditions GID

Concept graphique et mise en pages
Hélène Riverin

Suivi de production
Johanne Dupont

Distribution
Distribution Filigrane inc.
7460, boulevard Wilfrid-Hamel
Québec (Québec) G2G 1C1
Téléphone : 418 877-3666
Télécopieur : 418 877-3741
distributionfiligrane@gidweb.com

Dépôt légal – Bibliothèque et Archives nationales du Québec, 2011
Dépôt légal – Bibliothèque et Archives Canada, 2011

L'auteur est formateur en gestion et a sa propre entreprise, INITIUM : **www.initium.ca**

7460, boulevard Wilfrid-Hamel
Québec (Québec)
CANADA G2G 1C1

Téléphone : 418 877-3110
Télécopieur : 418 877-3741

Courriel : editions@gidweb.com
leseditionsgid.com

Imprimé au Canada
ISBN 978-2-89634-086-6

Nous remercions la SODEC pour le soutien financier accordé à notre maison d'édition par l'entremise de son Programme d'aide aux entreprises du livre et de l'édition spécialisée ainsi que le gouvernement du Québec pour son Programme de crédit d'impôt pour l'édition du livre – Gestion SODEC.

Nous reconnaissons l'aide financière du gouvernement du Canada par l'entremise du Fonds du livre du Canada, son programme d'aide au développement de l'industrie de l'édition, pour nos activités d'édition.

Conseil des Arts du Canada — Canada Council for the Arts

Nous remercions le Conseil des Arts du Canada de l'aide accordée à notre programme de publication.

Remerciements

Je remercie ma compagne de vie, Michèle, pour ses avis judicieux et la relecture attentive des textes. Un merci spécial à mes enfants, Caroline et Mathieu, pour les nombreux exemples que j'ai glanés en les écoutant.

À mon ami René Gélinas qui a patiemment révisé certains textes et qui m'a conseillé, un sincère merci également.

TABLE DES MATIÈRES

INTRODUCTION GÉNÉRALE

La gestion est un sujet complexe. On peut réussir à gérer des gens « à froid », c'est-à-dire sans formation précise, simplement en utilisant ses habiletés naturelles et son talent. Ces talents ont permis et permettent encore à des gestionnaires de réussir décemment à diriger des équipes. Il y a donc beaucoup de « naturel » dans la gestion. Toutefois, comme tout talent naturel, il est important de l'assortir de techniques de base qui font souvent la différence entre la réussite et l'excellence. Ainsi gérer, c'est aussi adopter de bonnes méthodes, des façons de faire efficaces et parfaire ses connaissances !

On peut comparer la gestion au domaine des arts. Les artistes ont généralement un talent de base, en musique ou en dessin par exemple. Certaines personnes chantent aisément et d'autres peuvent dessiner facilement ce qu'elles voient. C'est le talent brut qui s'exprime. Par ailleurs, lorsque ces personnes reçoivent des formations en musique ou en peinture, elles deviennent de véritables artistes qui ont accès aux plus hauts sommets de l'art. Le talent brut est alors mis en valeur par des techniques, des méthodes et des principes.

C'est un peu la même chose pour les gestionnaires qui ont un « naturel » pour la direction d'équipe. Ce sont des leaders nés et des rassembleurs. Comme les artistes, ils peuvent ensuite se perfectionner et réussir à mettre en pratique des trucs, des principes, des méthodes afin de devenir des gestionnaires de haut calibre. Leur leadership est grandi et ils deviennent des individus capables de motiver et de mobiliser une équipe. Ils contribuent à leur organisation plus que leurs collègues. Ce livre veut mettre à profit les talents naturels des gestionnaires à l'aide de techniques de base éprouvées. C'est une « recette » de base que chacun peut adapter selon son style.

Il n'y a pas d'âge ni de statut pour bénéficier des apprentissages de ce livre. Qu'on dirige une équipe de cent personnes ou un étudiant pour un été, les principes de gestion demeurent les mêmes. Un jeune gestionnaire inexpérimenté y puisera de l'information qui l'aidera à maîtriser rapidement les« jeux de base » de la gestion.

Ce livre se veut résolument pratique. Il présente une démarche logique explicite et comporte de nombreux exemples qui aident à comprendre la théorie. Le lecteur qui le souhaite peut appliquer immédiatement les notions apprises en s'attardant aux capsules « Votre projet », qui constituent un rappel simplifié de la théorie abordée. Cette formule pas à pas est un accompagnement pour un projet à diriger, une tâche à déléguer, une réunion à organiser, un problème à résoudre ou un travail à évaluer.

Les habiletés de gestion dont il est question sont essentielles et font partie du travail quotidien de tout gestionnaire. Il doit diriger des projets réguliers ou des initiatives particulières; il doit faire faire du travail par les membres de son équipe; il doit organiser des réunions pour mobiliser et coordonner son projet. Comme rien ne se déroule totalement comme prévu, il a à résoudre des problèmes de fonctionnement et des tensions entre des individus. L'appréciation du travail que constitue l'évaluation de la performance est une fonction essentielle au développement et à la motivation d'une équipe.

Ce sont des habiletés de gestion qui, lorsque acquises et pratiquées, font qu'un gestionnaire est respecté, mobilisateur, motivateur et apprécié. L'organisation s'en porte mieux.

1 LA GESTION DE PROJET

LES OBJECTIFS DE CE CHAPITRE

- Connaître les responsabilités d'un chargé de projet.
- Apprendre les compétences et les attitudes requises chez un chargé de projet.
- Connaître les fonctions de la gestion de projets que sont la planification, l'organisation, la direction et le suivi.
- Apprendre à utiliser les outils de gestion de projet.

Introduction

Le milieu du travail fournit à quiconque l'occasion de diriger un ou des projets. Il est très fréquent qu'une personne doit gérer un projet en parallèle avec son travail régulier. Hors travail, plusieurs occasions se présentent également. On n'a qu'à penser à la construction d'une remise, à l'aménagement d'une plate-bande ou l'organisation d'un atelier, par exemple. On est donc souvent en situation de « chargé de projet ».

Que ce soit au travail ou à la maison, un projet est issu de notre créativité. Une idée, un besoin, un désir, et voilà un projet. C'est la partie droite et créative de notre cerveau qui le génère. Que nous soyons le générateur de l'idée ou que ce soit quelqu'un d'autre qui ait eu cette idée, il existe une vision du résultat.

Dans notre vie personnelle, on se prend à rêver d'une maison, d'un chalet, d'un voyage, d'un enfant. S'il y a un point commun à tout projet, c'est que nous visualisons le résultat. Cette vision est une représentation, une « idéalisation » du résultat attendu. Nous nous formons une « image » d'un chalet, son design, le lac tout près, le canot attaché à un bouleau, une promenade sur le lac avec notre enfant...

Par la suite, la partie gauche de notre cerveau, où réside le sens de la logique et de l'organisation, prend la relève et se charge de réaliser le projet concrètement. Pour un chalet, par exemple, on pense au chemin d'accès, aux plans et devis, aux soumissions, aux matériaux, aux détails, etc.

Certaines personnes sont douées pour les aspects créatifs; elles ne possèdent pas nécessairement un sens réaliste de l'exécution et de l'organisation. Elles sont essentiellement imaginatives et ne peuvent concevoir les phases pour réaliser concrètement un projet. Ces individus doivent s'entourer de ressources qui se chargeront de l'exécution des idées. Ces ressources, plus logiques et souvent moins créatives, apporteront l'expertise qui fera progresser.

Pour réaliser un projet personnel, il doit y avoir un équilibre entre le côté créatif et l'aspect rationnel qui en permette la vision idéale et la réalisation concrète.

En milieu de travail, on doit recréer la même situation. Un projet est issu de la créativité d'un individu, d'une équipe. C'est une idée à laquelle on reconnaît du mérite et qui vaut la peine d'être développée. Il peut s'agir également d'activités répétitives pour une entreprise, comme construire des bâtiments ou des ouvrages, restaurer des immeubles, des équipements, réaliser des projets de conservation d'habitats fauniques ou implanter des projets d'entretien.

Dans tous ces cas, un projet est une entreprise unique qui a une durée de vie limitée. Il faut le visualiser, le créer et le réaliser.

DÉFINITIONS

Un projet

Un projet est une initiative temporaire qui comporte un début et une fin afin de générer un produit unique ou un service.

La gestion de projets

La gestion de projets est une suite d'actions, de principes et de techniques qui permettent de réaliser un projet selon des spécifications, un échéancier et un budget. Le but poursuivi par la gestion de projet est d'optimiser la qualité au moindre coût possible et selon l'échéancier désiré. Lorsqu'on parle de gestion de projet, on met en pratique les quatre fonctions de base de la gestion : la planification, l'organisation, la direction et le suivi (contrôle).

Le chargé de projet

Un chargé de projet (ou gestionnaire de projet) est une personne qui gère un ou des projets précis et de qui on attend qu'elle rencontre les objectifs associés au projet (but du projet, budget et échéancier).

Il est reconnu que le chargé de projet qui réussit dans son rôle prend de bonnes décisions, résout les problèmes à mesure qu'ils surviennent, travaille avec son équipe, fait confiance et délègue des tâches efficacement. Il gère également avec clarté en responsabilisant les membres de son équipe dans leur travail. Chaque membre de l'équipe connaît son rôle et ses limites d'autorité. En tout temps, le chargé de projet évalue bien la performance de son équipe, ce qui contribue à la motivation.

Le chargé de projet communique très fréquemment avec les membres de son équipe, que ce soit en réunion, par écrit ou individuellement. Cela contribue également à la clarté et à la motivation.

Il y a donc une dimension plus large et humaine à la gestion par projet qui dépasse le simple fait d'utiliser des outils. Cela implique que le chargé de projet assure une présence soutenue auprès de son équipe et pas seulement le management dit « technique » qui se base sur les systèmes et procédures en omettant la dimension humaine. En somme, la gestion par projet signifie que le chargé de projet « met de la vie » dans le projet !

Le chargé de projet

Son rôle

Le chargé de projet (ou gestionnaire de projet) est le moteur de l'organisation. Il est la plaque tournante entre la haute direction et les exécutants qui réalisent le travail. Cela exige une communication constante et de la confiance entre les individus en place. On travaille à « livre ouvert » et l'information sur chaque projet doit être disponible à tous rapidement et clairement. Le gestionnaire de projet doit responsabiliser ses collaborateurs et leur faire confiance. Quand le projet va mal, il doit éviter de trouver un coupable, ce qui place automatiquement tout l'entourage sur la défensive.

La gestion de projet implique des relations interpersonnelles franches, des objectifs clairs et la responsabilisation des individus. Le chargé de projet doit s'assurer que les exécutants ont les moyens et les outils pour accomplir ce qui est attendu d'eux. On parle ici de compétences diverses et d'outils techniques efficaces. Lorsque surviennent des difficultés, on les résout par des échanges ouverts où les individus impliqués dans le projet peuvent proposer des solutions et non seulement la direction.

Un chargé de projet se voit imputer la responsabilité de la réalisation d'un projet. Avec son équipe, il devient le leader qui doit en assurer l'exécution selon des critères de qualité élevés, un échéancier et un budget à respecter. Comme un projet est une initiative unique, sa réalisation comporte presque inévitablement des imprévus. Le chargé de projet doit alors pouvoir réagir correctement et rapidement de façon à ce que le projet soit toujours maîtrisé. Lorsque des imprévus et des problèmes surviennent, il importe qu'il puisse réaligner le projet et que chacun des intervenants sache quelle en est la finalité.

LES COMPÉTENCES REQUISES CHEZ UN CHARGÉ DE PROJET

Un chargé de projet est quelqu'un qui a pour mandat de conduire son équipe dans l'exécution de qualité d'un projet. Cela demande des compétences multiples. Une bonne connaissance de l'entreprise et de ses rouages, une bonne connaissance de ce qu'est un projet, des capacités pour entretenir des relations interpersonnelles harmonieuses et claires, un sens de l'observation des comportements humains qu'on peut appeler « intelligence émotive », une volonté de réaction ferme et rapide lorsque des situations anormales se produisent. Il doit démontrer un jugement solide pour décider quand il faut intervenir auprès de ses équipiers ou laisser aller. Les compétences en matière de comportements, d'attitudes et de leadership sont donc des plus importantes.

Un chargé de projet doit aussi avoir un bon sens de l'organisation. Il doit pouvoir planifier le projet, donc réussir à visualiser le travail à faire et à le traduire en actions concrètes. Ces actions deviennent alors des tâches qu'il confiera aux membres de son équipe. Il doit aussi pouvoir évaluer le temps requis et les coûts pour chacune des tâches planifiées.

Quand la planification est achevée, le chargé de projet doit être capable de recruter les meilleures ressources possibles pour assurer la réussite du projet. Qu'il s'agisse d'embaucher ou de confier des mandats à des individus déjà en place, il doit pouvoir évaluer rapidement les compétences des individus disponibles et déterminer à qui confier les tâches. Il lui faut ensuite identifier qui est capable de telle ou telle tâche et bien équilibrer le travail entre les membres de son équipe.

Le responsable du projet doit faire preuve d'équilibre dans le style de direction qu'il adopte avec son équipe et les individus qui la composent. Le suivi d'un projet demande une coordination constante et du flair, mais surtout il faut savoir quand intervenir. Il faut équilibrer la confiance envers ses équipiers et sentir quand s'immiscer dans le déroulement du projet. Personne n'aime se retrouver dans l'embarras par sa propre faute, tout comme personne n'aime se sentir « abandonné » et ne pas recevoir l'aide nécessaire. C'est avec une communication constante et les outils de suivi que le chargé de projet peut évaluer si le projet se déroule bien et, sinon, quand il doit venir en aide à son équipe.

C'est avant tout grâce à la communication qu'une relation efficace peut s'établir entre un chargé de projet et les membres de son équipe. Bien communiquer est une compétence incontournable. Il n'est pas nécessaire toutefois d'avoir des talents d'orateur exceptionnels. Il faut surtout reconnaître l'importance de communiquer. Le reste vient de soi et s'acquiert avec l'expérience.

En premier lieu, il faut voir son rôle comme celui d'un leader qui se doit de rassembler son équipe autour d'un projet. Il doit donc travailler avec transparence et ne pas être avare d'information envers son équipe. Dans bien des cas, c'est à force de répéter les messages qu'ils finissent par être pris au sérieux et compris. La répétition n'est pas un signe de faiblesse. Au contraire, elle démontre l'importance que le chargé de projet accorde à certains comportements, à certaines valeurs, à certains éléments du projet. Par exemple, insister sur l'importance cruciale de respecter l'échéancier amènera les membres de l'équipe à considérer la date de livraison du projet comme de la plus haute importance.

Les objectifs du projet, l'échéancier et les coûts doivent constamment être remis à l'ordre du jour et plus le chargé de projet y référera régulièrement, plus les membres de son équipe reconnaîtront l'importance de ces composantes du projet.

Le chargé de projet doit absolument clarifier les attentes de l'organisation et le rôle joué par chaque membre de l'équipe affectée au projet. L'exécution des tâches qui leur sont confiées en respectant les délais et le budget, impliquant que tout dépassement de l'échéancier et des coûts doit être communiqué aussitôt au chargé de projet, est un exemple d'une attente légitime de la part du chargé de projet. Il doit aussi être clair que cette façon de faire a pour but de remettre le projet sur la bonne voie rapidement s'il dévie, et non d'identifier des coupables.

Un projet qui réussit bien est un projet où les équipiers sont impliqués depuis le début dans les étapes de planification, d'organisation et de suivi. Les membres de l'équipe développent alors un sentiment d'appartenance et ils sont les premiers à souhaiter sa réussite. Le chargé de projet est alors le « commandant » du projet et il implique activement les membres de l'équipe plutôt que de faire tout le travail lui-même. Il faut néanmoins que les équipiers aient les compétences pour apporter de la substance à la préparation du projet. Il est assez rare toutefois que ce ne soit pas le cas. Les équipiers ont le vécu « terrain » de projets antérieurs et leur expérience est très souvent un apport positif au projet. Malheureusement, il arrive souvent que les chargés de projet gèrent totalement le projet et ne voient leurs équipiers que comme des exécutants. Cette approche peut fonctionner, mais elle s'avère moins efficace. Dans ce cas, quand survient une situation imprévue, les membres de l'équipe vont plutôt « refiler » un problème au chargé de projet au lieu de réfléchir et de proposer une solution. C'est donc une attitude complètement différente qui est manifestée par l'équipier qui a alors peu de considération pour la réussite du projet et exécute les « ordres », un point c'est tout.

Dans son rôle, le chargé de projet doit équilibrer autorité hiérarchique et autorité par leadership. Il est usuel et relativement facile d'utiliser le mode « autorité hiérarchique », car cela suppose un contrôle du projet dans ses moindres détails. On passe des commandes, on donne des ordres et ils sont exécutés selon ce que les membres de l'équipe en comprennent. Normalement, on note peu d'initiative et une soumission totale aux directives de la part des individus impliqués dans le projet. Par ailleurs, on peut établir un système de « gestion par leadership » où les équipiers peuvent prendre certaines décisions et certaines initiatives, pourvu qu'on leur démontre de la confiance et que leur niveau d'autorité soit clair. Dans ce système, les membres de l'équipe se sentent appréciés, participent activement à la réussite du projet et sont tout aussi préoccupés par les objectifs du projet que le chargé de projet lui-même. Dans ce cas, le style de gestion du chargé de projet est très important. Il s'agit de diriger les membres de l'équipe plutôt que les contrôler.

Il est nécessaire qu'il équilibre son rôle de gestionnaire de projet et d'intervenant qui réalisera lui-même certaines tâches associées au projet. Tout chargé de projet aime se garder du travail avec lequel il est confortable et qu'il pourrait déléguer. Cela a l'avantage qu'il prend constamment le « pouls » du projet puisqu'il y est impliqué de près. Par ailleurs, il ne doit pas négliger d'accorder du temps de qualité à son équipe quand il s'acquitte lui-même de ces tâches.

En somme, le chargé de projet est un agent de liaison entre son équipe, la direction et le client. Il doit faire le pont entre ces intervenants. En outre, le chargé de projet doit former une équipe solide avec les autres chargés de projet de l'entreprise. Il est crucial que ce noyau soit solidaire et loyal envers l'entreprise. Les chargés de projet doivent partager leurs expériences entre eux, s'entraider et démontrer du jugement pour que l'allocation des ressources se fasse dans le meilleur intérêt de l'entreprise. Dans le cas contraire, la compétition s'installe pour les meilleures ressources, les projets les plus faciles, et chaque projet devient une « chasse gardée ».

Cependant, pour réussir, le chargé de projet doit avant tout être un leader pour son équipe.

LE LEADERSHIP ET LE MANAGEMENT

Le leadership se définit mal. On peut dire que c'est un ensemble de comportements chez quelqu'un qui font que cette personne a un impact reconnu sur son entourage. Le management, de son côté, tient plus à établir de l'ordre, de la structure, dans un système ou un projet.

LES TRAITS DES LEADERS ET DES MANAGERS

Les leaders

S'il est difficile de définir ce qu'est le leadership, il est plus facile de décrire les traits ou les caractéristiques d'une personne reconnue comme un leader. Ce sont des gens en qui on a confiance. On trouve qu'ils sont compétents dans plusieurs domaines, il semble que rien ne les effraie, on a l'impression que, dans les pires situations, ils trouvent toujours de bonnes solutions ou un côté positif et, surtout, qu'ils induisent des actions concrètes.

On pressent qu'ils ont une vision et « qu'ils savent où ils s'en vont » ! Ils sont capables de déterminer si une action, un projet ou une initiative s'insère bien dans la vision qu'eux-mêmes ou l'entreprise ont de l'avenir. Ils ne craignent aucunement le changement et l'ordre établi. Ils n'hésitent pas à changer les façons de faire, les procédures et les normes en vigueur. On sent que ces personnes sont animées par leur vision et qu'elles sont résolues à y parvenir. Les leaders sont « sécurisants » parce qu'on peut sentir leur conviction inébranlable dans la voie en lien avec leur vision

Les managers

Dans les années quatre-vingt, le monde des affaires était à la recherche de « managers ». Les managers créent de l'ordre, de la stabilité et de la structure. Les entreprises avaient un produit et les managers étaient appelés à maximiser les processus et les procédures pour bien planifier le travail à exécuter, développer des systèmes efficaces de production et s'assurer de bien suivre le déroulement des activités et du budget. On recherchait des individus capables de bien structurer les organisations.

Cependant, certaines entreprises plus dynamiques et avant-gardistes ont réussi à percer en développant de nouveaux marchés, en utilisant des approches différentes, que ce soit de produire des biens à des endroits où la main d'œuvre coûte peu, en utilisant le marketing comme outil de promotion des produits. Bref, ces entreprises ont défié l'ordre établi dans leur propre organisation pour prendre de l'expansion.

Devant ces succès, les analystes et les observateurs du domaine de la gestion ont rapidement mis l'emphase sur le leadership. On voulait alors des individus capables de questionner les façons de faire, de proposer des changements prometteurs, et le management est devenu une considération secondaire. Les entreprises recherchaient des leaders ! On voulait réussir comme les autres et on recherchait des personnes avec des idées nouvelles, des gens convaincus et résolus. Le rôle des managers s'est donc dévalorisé. L'ordre n'était plus une exigence fondamentale et on voulait du nouveau avec des gens de vision.

Bien qu'il y ait eu plusieurs cas de réussite d'entreprises qui ont utilisé cette forme de leadership pour développer des produits de bonne qualité auxquels on a greffé le concept d'image de marque, il y en a une multitude qui ont échoué et dont on n'a plus entendu parler.

Les grandes écoles de gestion ont ensuite reconnu que le bon fonctionnement d'une entreprise nécessite les deux fonctions : le leadership et le management. Ce sont les individus qui apportent ces deux éléments. Dans les entreprises, on trouve des personnes dont le trait principal est le leadership et d'autres, le management. Les deux sont essentielles, aucune n'est à mépriser ni ne doit dévaloriser l'autre.

Si on transpose le leadership et le management sur le plan de l'équipe, le chef de cette équipe devrait idéalement posséder des aptitudes en leadership et en management. Bien qu'il n'y ait pas d'individu parfait, les chefs d'équipe ont intérêt à développer leurs habiletés personnelles pour renforcer les acquis et les forces et également améliorer les côtés plus faibles et tout aussi essentiels. On peut dire que, dans ce domaine, c'est souvent le vécu qui fait office d'école. La répétition de changements vécus et l'exposition à des situations diverses font qu'une personne en vient à s'adapter au changement, à y voir un apprentissage valable et surtout à ne pas craindre ce fameux changement. Car, dans bien des cas, changement signifie menace pour un poste ou le confort actuel. Le changement dérange cette forme de complaisance qui constitue la « zone de confort ».

EXEMPLE

J'ai été témoin de situations dans une organisation de conservation de l'environnement, dirigée par un manager, qui était structurée de manière exemplaire. Les projets de conservation de l'environnement étaient réalisés de façon impeccable. Lorsque le principal dirigeant a pris sa retraite son remplaçant avait la fibre de leader très développée. Sa première interrogation a été de questionner la rentabilité des projets antérieurs, d'impliquer le personnel et de développer une vision. Des réflexions sur la mission, la vision, les valeurs de l'organisation ont permis de changer du tout au tout l'approche de conservation qui est passée de projets individuels à des actions plus larges induites principalement par les intervenants forestiers et agricoles. Plutôt que d'être un acteur sur scène, l'organisation est devenue un metteur en scène, si on peut dire.

Cependant, ce nouveau leader s'intéressait très peu au quotidien et à une approche ordonnée. Il avait confié cela au comptable et à un directeur des opérations, eux deux, très structurés et ordonnés dans leur approche. Par ailleurs, le principal dirigeant démontrait que ce qu'il valorisait était le changement, une forme de comportement rebelle à l'ordre établi, et que la structure n'était pas essentielle à la bonne conduite des affaires. Je me souviens lui avoir proposé de lui présenter l'organigramme de la région que je dirigeais. Il m'avait alors signifié qu'un organigramme n'était pas nécessaire, malgré mes croyances. Malgré le fait qu'il avait confié le management de l'organisation à des individus très crédibles et professionnels, le personnel voulait plutôt le suivre lui dans son approche plutôt anarchique et ignorer les avis du comptable et du directeur des opérations. Le chaos a régné pendant plusieurs mois avant qu'il s'intéresse aux aspects du management.

Il faut donc que le plus haut dirigeant d'une organisation démontre autant d'intérêt pour le leadership que pour le management, car les humains qu'il dirige le voient comme un modèle à suivre et à imiter. Une fois les nouvelles initiatives et approches décidées, il faut qu'il s'intéresse à leur mise en place ordonnée pour éviter que l'organisation soit perturbée, voire chaotique.

Dans la réalité, les individus sont portés soit vers le leadership, soit vers le management. Leur vécu face à certaines situations peut les amener à se sentir plus à l'aise dans une situation ordonnée, stable et bien encadrée. C'est le cas d'une enfance bien régie où les règles familiales et scolaires étaient claires et appliquées. Les personnes ayant évolué dans cette atmosphère ont forcément développé leur côté « manager ». D'autre part, lorsque dans l'enfance, des personnes ont fait face à des changements qui ont demandé une adaptation importante, elles sont à l'âge adulte plus réceptives au changement et en deviennent même des promoteurs. Ces personnes démontrent donc plus d'aptitudes pour le leadership que pour le management. Ainsi, un individu qui a vécu très tôt des changements auxquels il a dû s'adapter et qui l'ont soumis à des situations où l'ordre était présent a de bonnes chances d'être tout aussi bien doté d'aptitudes pour le leadership et le management. En d'autres mots, il y a un partage assez égal entre le leadership et le management.

Que ce soit pour le management ou le leadership, il y a évidemment des exemples de situations où l'humain se sent naturellement plus à l'aise. Il doit capitaliser sur son « naturel » et « travailler » sur les habiletés à améliorer et à acquérir pour devenir plus équilibré.

Est-ce qu'on naît leader, ou peut-on « bâtir » un leader ? Il faut à la base certaines aptitudes en leadership et qu'à mesure qu'on devient plus à l'aise dans le changement et qu'on en vient à maîtriser les situations nouvelles qui nous semblent à première vue inconfortables, on améliore nos habiletés de leader. Le processus est le même pour le management.

Un parallèle avec le domaine des arts est un bon exemple. Pour chanter, il faut de l'oreille, c'est inné. Il en est ainsi pour jouer d'un instrument de musique. Pour peindre, il faut d'abord un certain talent pour dessiner et ensuite livrer ses impressions à l'aide de la couleur. Par contre, les grands artistes, peintres, violonistes ou chanteurs, ont été formés à l'école pour apprendre la théorie de la couleur, les techniques pour jouer du violon ou chanter. Ils doivent également s'astreindre régulièrement à des exercices pour que leur « management » des couleurs, du doigté ou de la voix soit toujours au point. Ce n'est qu'avec une maîtrise totale de la technique que l'individu exprime ses émotions sous forme de leadership. Autrement dit, la technique (le management) donne la confiance et l'âme peut ensuite livrer plus librement les émotions (le leadership).

LES RESPONSABILITÉS DES LEADERS ET DES MANAGERS

Les leaders se voient aussi imputés de responsabilités, même si parfois ils en sont inconscients. Ils deviennent des modèles. Par exemple, lorsque quelqu'un est promu chef d'équipe, son entourage voit en cette personne un modèle de réussite. Sans savoir pourquoi, cette personne associée au leadership devient le modèle à suivre pour réussir à obtenir une promotion semblable éventuellement. Souvent, les leaders sont inconscients de cette grande influence et négligent même d'y prêter attention. Certains veulent rester « quelqu'un de la gang » et adoptent divers comportements, comme être vulgaire, pour montrer qu'ils n'ont pas changé même si… Alors l'entourage interprète la vulgarité comme acceptable et copie ce comportement. La pression et le stress exercés sur les nouveaux leaders peuvent leur faire adopter des comportements expéditifs vis-à-vis certaines personnes qui soit sont plus lentes à s'exprimer ou à produire du travail. Des paroles adressées directement à ces personnes ou encore dites « dans leur dos » font d'elles l'objet de moqueries et de discussions généralisées par tout l'entourage.

Il est donc crucial que les leaders réalisent que leur influence est grande et que leurs comportements sont épiés et copiés. Il en va de même pour les managers. Leur titre leur confère la responsabilité de se comporter de façon exemplaire. Un manager porté sur les détails remarquera qu'avec sa venue dans un poste de responsabilité, les membres de son équipe sont eux-mêmes plus portés sur les détails du fonctionnement de l'organisation.

EXEMPLE

Nous connaissons quelqu'un qui dirige une entreprise importante dans un petit village du Bas-Saint-Laurent. En fait il est la personne qui a le plus de responsabilité administrative dans le village. Même plus que le directeur de la Caisse populaire. Ce dirigeant fait lui-même l'épicerie ! Déjà c'est un fait rare... Sa femme raconte que les autres femmes du village lui disent observer ce qu'il met dans le panier à l'épicerie. « Ce qui est bon pour le principal homme d'affaires du village et sa famille doit être bon pour nous aussi... » Aux dires du propriétaire de l'épicerie, les gens de ce village consomment plus de légumes et de fruits ! Par ailleurs, il n'aurait jamais pensé avoir un spectre d'influence aussi étendu... C'est dire que l'influence est grande et insoupçonnée.

Les leaders et les managers ont intérêt à se perfectionner régulièrement par des programmes de formation. Diriger une équipe exige des compétences pour lesquelles les gestionnaires n'ont pas toujours été formés. Que ce soit pour diriger des réunions productives, faire des présentations claires et percutantes, bien résoudre les problèmes, toutes ces habiletés dignes d'un bon leader et d'un bon manager permettent de gagner le respect d'une équipe et de rendre le travail efficace et agréable.

Les gestionnaires reconnaissent d'emblée qu'ils ont besoin des autres pour réussir dans leur travail. Ils ont la responsabilité de voir à la réussite de leur équipe et ils sont responsables des produits livrés. Ils doivent démontrer leur confiance et aider les membres de leur équipe à réaliser ce qu'il faut faire pour réussir. Ils doivent éviter de blâmer directement les individus qui font des erreurs et surtout se garder de le faire devant des collègues.

Les leaders et les managers ont la responsabilité de résoudre les problèmes de relations interpersonnelles. Les leaders ont une tendance plus marquée à vouloir « attaquer » les cas les plus difficiles. Les managers, de leur côté, croient que la mise en place de systèmes et de procédures qui clarifient les responsabilités des individus suffisent. La racine des tensions entre les personnes est souvent profonde et fait fi des structures. Il faut du courage pour résoudre ces litiges et les gestionnaires ont le devoir de le faire. Lorsque les problèmes sont solutionnés, l'énergie est canalisée aux bons endroits et la productivité augmente. Lorsque irrésolus, les bons individus quittent, car ils ne tolèrent pas la médiocrité.

Les leaders ont une fibre entrepreneuriale forte. On les voit souvent démarrer plusieurs projets simultanément et en initier au gré de leurs humeurs et de leurs intérêts. Cependant, les leaders ont aussi la responsabilité de voir à ce que la réalisation de ces projets se passe de manière ordonnée. Ils doivent aussi mettre leur chapeau de manager pour éviter que l'entreprise soit en déroute. Ils doivent discerner quand les nouvelles initiatives et les nouveaux projets sont suffisants, permettre à l'équipe de réaliser ces projets dans l'ordre et s'assurer qu'ils soient de qualité. Dans certaines situations, les initiatives, bien qu'elles soient louables et avantageuses, distraient l'organisation de sa raison d'être. Les projets « divertissants et plaisants » sont applaudis et recherchés par tout le personnel. Le résultat est que ce qui était complémentaire au mandat de base de l'organisation peut devenir l'objectif ultime. À démarrer trop de nouvelles initiatives et de nouveaux projets, les équipes peuvent ressentir de l'essoufflement et être moins attentives à la qualité. De plus, la haute direction doit s'assurer qu'avec toutes les initiatives et tous les projets, l'organisation reste centrée sur sa mission première.

EXEMPLE

Pensons au milieu de l'éducation dont la mission première est la formation des étudiants. Plusieurs établissements ont maintenant des centres de recherche ou des associations avec des entreprises. Les professeurs sont au cœur de ces initiatives qui contribuent grandement à offrir aux étudiants un terreau fertile pour l'apprentissage. Parfois, ces initiatives prennent le dessus sur l'enseignement, car y participer devient grisant et intéressant pour certains professeurs. Intéressant aussi pour l'établissement qui retire un avantage monétaire de ces partenariats. On assiste alors à la création d'entreprises dans l'entreprise, si on peut dire. Les avantages pour les établissements d'enseignement et les étudiants sont évidents et tangibles mais, parfois, les intérêts personnels des professeurs deviennent prépondérants par rapport à leur tâche première de dispenser des cours. On confie alors à des chargés de cours ou à des surnuméraires le mandat de donner les cours. Il est bien évident qu'on ne peut demander à des individus de peu d'expérience d'être d'aussi bons pédagogues que des professionnels chevronnés qui possèdent à la fois des compétences pédagogiques et d'« affaires ».

Il faut donc que la plus haute direction module et équilibre les fonctions qui sont au cœur de la mission d'une organisation et dose bien les nouvelles initiatives à entreprendre.

LES ACTES DES LEADERS ET DES MANAGERS

Les leaders

Les leaders se concentrent sur la mission, la vision et les stratégies de développement de l'entreprise. Ils ont à cœur les objectifs de l'entreprise et travaillent sur le plan des idées. Ils font preuve de clairvoyance et aiment travailler avec des personnes compétentes qui ont les mêmes idéaux. Ils sont clairs sur les objectifs à atteindre pour l'entreprise et ne craignent pas de prendre des risques. Ils n'hésitent pas à prendre des décisions audacieuses et se branchent rapidement. Ils sont de nature intuitive et relèguent l'analyse au minimum. Ils voient les échecs comme une école et tirent profit de leurs apprentissages. Ils ne craignent pas d'être jugés par les autres : qu'on parle d'eux au café leur importe peu... Ils posent souvent ce type de questions : quels sont les résultats anticipés?; pourquoi devrions-nous entreprendre ce projet?; quels sont les bénéfices pour l'entreprise?; quels avantages les clients vont-ils retirer?, etc. Ce sont des gens de « fond ».

À l'opposé des managers, ils insistent peu sur les procédures et alignent plutôt les employés sur la vision et les stratégies de l'entreprise. Ils défient les employés avec des objectifs ambitieux et ils maintiennent les structures hiérarchiques au minimum. Pour les personnes habituées à travailler dans un environnement très rigide, procédurier et structuré, ils créent du désordre et ce peut être chaotique. Souvent, certains individus de l'entourage, peu habitués à un style de gestion basé sur le leadership, donc où le changement prévaut, s'y sentent très mal à l'aise. Ils s'élimineront d'eux-mêmes en recherchant des emplois ailleurs s'ils constatent que le style du dirigeant ne changera pas et que le dirigeant lui-même est là pour longtemps. C'est que le leadership implique la responsabilisation et que, dans ce système, les personnes sont responsables des résultats. Ainsi, ils peuvent rarement blâmer quelqu'un d'autre ou le système pour une piètre performance. Les leaders encouragent même leur entourage à changer le système pour leur permettre de réussir. Parfois, le fardeau de l'imputabilité est trop lourd pour certains et ils abdiquent. Pour les employés qui apprécient la latitude, ils peuvent enfin s'épanouir sans trop de contraintes.

Les leaders installent une culture du leadership dans l'entreprise. Idéalement, les leaders sont entourés de managers qui rétablissent un certain équilibre pour éviter les désordres et des injustices que peut causer l'absence de règles, de normes et de procédures. Ils n'hésitent aucunement à s'entourer de personnes plus compétentes qu'eux. Ce sont des motivateurs qui sont habiles à communiquer et à inspirer les gens qui les entourent. Comme on l'a déjà mentionné, ils doivent aussi s'intéresser aux aspects du management, même s'ils ont moins d'intérêt pour cette fonction.

Ils soulignent sans hésitation la contribution apportée à l'entreprise par les individus et relèvent les habiletés chez ces individus qui font qu'ils ont réussi. C'est du renforcement positif et ils encouragent ainsi tous les individus à utiliser ces comportements. Ils sont aussi capables d'identifier clairement les comportements indésirables qu'ils ne veulent pas voir se répéter. Ils savent que les individus forts apportent des talents complémentaires aux leurs dans certains cas et que cela les force aussi à parfaire leurs propres connaissances et à voir à l'amélioration continue de leurs propres habiletés.

Les leaders font preuve de courage et affrontent les situations difficiles. Ils s'y préparent bien, soit en réfléchissant à la situation ou en demandant des avis et des conseils dans leur entourage. Ensuite, ils « foncent » avec courage pour résoudre un cas afin d'améliorer le fonctionnement de l'entreprise. Dire à quelqu'un que son travail est insatisfaisant n'est jamais facile. Par contre, les leaders réalisent qu'une personne qui ne produit pas le travail attendu constitue une forme d'injustice par rapport aux autres qui mettent l'énergie nécessaire. Bien qu'ils sachent qu'il y a aura des commentaires négatifs, ils ne craignent pas d'être jugés, car ils croient que leur démarche vise à l'équité. Ils ont des convictions profondes basées sur des valeurs morales solides. À la longue, les leaders développent une confiance et une estime de soi inébranlables, ce qui leur permet de faire face à diverses situations imprévues. Ils réagissent avec positivisme et désirent même apprendre de ces nouveaux défis.

Bien qu'ils soient surtout intuitifs, les leaders prennent des décisions qui sont précédées d'un minimum d'analyse. Ils sont capables d'admettre qu'ils ont pris une mauvaise décision et sont capables d'analyser l'apprentissage qu'eux-mêmes et l'entreprise en ont fait. Ils démontrent ainsi qu'ils sont humains et qu'ils peuvent se tromper. Leur entourage comprend alors que prendre des décisions implique une notion de risque et que, même calculé, il se peut que l'initiative échoue. Cela motive les autres à prendre des initiatives et à innover dans un contexte calculé. Dès lors, les initiatives faisant appel aux idées nouvelles et à la créativité font partie de la culture de l'entreprise. Les managers, de leur côté, prennent des décisions plus rationnelles, dont la démonstration doit être plus solide. Ils sont moins intuitifs.

Les leaders communiquent régulièrement avec les membres de leur équipe. Cette communication continue informe, mais surtout établit une sorte de corridor virtuel à l'intérieur duquel les membres de l'équipe peuvent travailler. Durant ces communications régulières, les leaders énoncent les valeurs et les idées qui façonneront les comportements désirés chez leurs subordonnés. Cette notion intangible est très importante en entreprise car elle alloue à l'employé sa « marge de manœuvre ». Combien de fois a-t-on entendu quelqu'un affirmer se souvenir d'une phrase dite par un leader, il y a quelques années, qui l'a alors marqué, et qu'il a aligné son comportement sur cet énoncé par la suite ! Même les leaders peuvent ignorer la mesure de leur propre influence sur les autres.

Les leaders qui réussissent communiquent beaucoup. Par téléphone, par courriel et de vive voix, en duo ou en réunion. Ils font souvent référence à la mission, à la vision et aux stratégies de l'entreprise. Ils soulignent également les succès engendrés par les nouvelles initiatives. L'entourage y voit du sérieux et sait que la direction prise est la bonne et qu'il n'y aura pas de retour en arrière. Le sentier est tracé et les employés décident de le suivre ou non. Il s'ensuit que les bons employés motivés et progressistes s'amusent au travail tandis que les plus « encroûtés » quittent d'eux-mêmes, incapables de suivre le rythme du changement.

La culture alors établie signifie que le changement peut être fréquent et que l'adaptation est nécessaire. Il faut aussi que les employés voient à leur développement et à leur formation pour pouvoir faire face aux changements qui nécessitent de nouveaux apprentissages.

Il y a plusieurs niveaux de leadership et, normalement, un individu franchit ces niveaux à mesure que sa carrière avance. Au début d'une carrière, on se fait remarquer pour la qualité de son travail et ses connaissances. On démontre un souci des valeurs et on respecte son entourage. Dans une équipe, cet individu prend sa place et non celle des autres et démontre un intérêt à travailler avec les autres.

Normalement, on donne une promotion à cette personne à qui on confie la responsabilité d'une équipe. Ce nouveau gestionnaire utilise son « gros bon sens » et ses habiletés naturelles pour diriger son équipe. Il est un coordonnateur et il applique les normes et les procédures de l'entreprise avec succès. Le côté manager s'exprime aussi fortement.

Puis, peu à peu, le leadership émerge et on commence à voir poindre le désir de changer des façons de faire pour que l'entreprise réussisse mieux. Le leader imprime une vision meilleure après les changements apportés et réussit à mobiliser l'énergie de son équipe vers ces nouvelles cibles. On observe une motivation accrue chez les membres de l'équipe qui prennent plus de responsabilités et souhaitent abolir l'ordre établi. C'est normal, car les procédures et les normes sont faites pour assurer les standards minimaux de l'entreprise, alors que dans une situation de leadership, les individus eux-mêmes veulent dépasser ces standards.

Ensuite, le leader réalise l'impact et l'influence qu'il a sur les autres. S'ensuit un désir de poursuivre son évolution en influençant encore plus le changement, mais cette fois dans une atmosphère d'abnégation où l'*ego* rapetisse et la volonté de voir l'entreprise réussir grandit. On dirait qu'une certaine humilité s'installe et que l'objectivité guide les réactions du leader qui a atteint ce niveau. Ces individus deviennent des rouages importants de l'entreprise tout en étant conscients qu'ils n'en sont pas le centre. C'est le summum ! L'individu qui adopte ce comportement fait réaliser à son entourage que la réussite de l'entreprise est la priorité et que cette réussite collective est garante de succès personnel. L'objectivité démontrée permet une meilleure analyse et elle fournit l'occasion d'être à la fois critique et constructif dans ses commentaires. Cette personne se mérite le plus grand respect de son équipe et de ses pairs. Des exemples de commentaires sont : « De quoi l'organisation a-t-elle besoin ? » et non pas « De quoi ai-je besoin ? ». Le « nous » se substitue au « moi ». C'est le leadership confortable et non complaisant.

Les managers

Les managers, de leur côté, ont plus tendance à mettre en place une procédure, une règle ou une norme pour tenter de solutionner un problème ou une situation difficile. Ils sont moins enclins à faire face aux difficultés quand les émotions, les attitudes ou les comportements sont en cause.

Plutôt que « d'aller au front », ils analysent la situation en profondeur et produisent des documents très explicites en prenant pour acquis que les gens les lisent et qu'ils en comprennent l'esprit et les subtilités.

Lorsque les employés sont incertains quant à leur latitude, ils vont jouer de prudence et vont s'en tenir au livre et à l'ordre déjà établi. L'entreprise est alors en mode « croisière douce » et ne progresse pas. De plus, les individus font leur travail mais sans plus. Et c'est encore pire lorsque l'entreprise règlemente les comportements, les façons de travailler et n'invite pas ses employés à exprimer librement leurs opinions pour proposer des améliorations au fonctionnement.

Les managers et les leaders

Les managers et les leaders qui réussissent doivent démontrer qu'ils savent écouter, et avec empathie. Ils doivent bien écouter les paroles, regarder leur interlocuteur dans les yeux et le paraphraser pour signifier qu'ils ont bien compris ce qu'il veut leur dire. Il faut bien comprendre qu'ils ne disent pas nécessairement oui à tout ce qu'on leur dit ! Signifier que l'on comprend bien ne veut pas dire que l'on est d'accord. Les personnes qui s'adressent à quelqu'un qui écoute bien ont la conviction qu'elles ont été bien comprises et que leur point de vue a été enregistré. Ensuite, c'est la décision du leader ou du manager d'acquiescer ou non mais, à tout le moins, les gens sont écoutés et encouragés à formuler commentaires, suggestions et idées.

Les leaders et les managers ne doivent pas blâmer les individus en public pour leurs erreurs. Une rencontre privée permettra de laisser la personne s'expliquer et visera à ce qu'elle analyse elle-même la situation et détermine pour elle-même la route à suivre à l'avenir pour que la prochaine initiative soit un succès. Ils donnent ensuite leur appui à la personne pour qu'elle ait tous les éléments nécessaires à la réussite.

Pour bien réussir dans leur rôle, les managers et les leaders doivent améliorer leurs habiletés de gestion, comme les grands artistes le font par des vocalises et des répétitions. Ils apprennent à bien déléguer des tâches, à conduire des réunions efficaces, à résoudre les problèmes, à embaucher les meilleurs, à prendre de bonnes décisions, à bien évaluer la performance de leurs subordonnés et à développer l'entreprise ou leur service de façon stratégique. Lorsqu'ils maîtrisent ces habiletés, ils en viennent à augmenter remarquablement leur propre productivité.

En somme, l'idéal est de retrouver chez un gestionnaire chargé de projet à la fois des habiletés de manager et de leader.

ET VOUS ?

Répondez à ce questionnaire pour déterminer si vous êtes un leader ou un manager. Ou les deux...

Répondez de manière spontanée en notant sur une feuille le numéro de la question et votre résultat correspondant, entre 1 à 5, 1 signifiant que vous êtes en désaccord total avec l'énoncé et 5 signifiant plutôt que vous êtes en accord total. Une fois terminé, référez-vous au correcteur qui suit le questionnaire.

Questionnaire sur le leadership et le management

1. Je prends du temps de qualité pour bien planifier le travail selon un plan bien structuré. ....
2. J'aime bien voir un organigramme de mon équipe pour bien clarifier les rôles et les responsabilités de chacun. ....
3. Quand je dirige un mandat ou un projet, j'établis un système de suivi pour pouvoir régulièrement évaluer son progrès. ....
4. Quand je délègue du travail à quelqu'un, je garde un œil sur la réalisation et je m'assure d'un suivi en cours de route pour que le travail soit bien fait. ....
5. Pour mon équipe, je vois à ce que chacun ait le plus possible des objectifs clairs, mesurables et assortis d'un échéancier. .....
6. Quand je participe à une réunion, je n'hésite pas à faire part de mon opinion et de mes idées, même si cela peut avoir des conséquences sur la perception qu'on se fait de moi ensuite.
7. Quand je délègue du travail, ce qui m'importe c'est le résultat. Je m'intéresse peu à la manière dont le travail est fait pour autant qu'on me le livre à temps et que le résultat soit satisfaisant. ....
8. Si je participe ou dirige une réunion, j'en profite pour faire part de ma vision du travail, de l'avenir de notre service ou encore de ma vision de l'organisation. ....

9. J'ai une vision pas mal claire de l'avenir de notre organisation, de notre service et j'investis mes énergies pour réaliser cette vision. 4

10. J'implique les membres de mon équipe pour que nous élaborions ensemble une vision commune de l'avenir et qu'on la partage ensuite. 4

19

11. Quand je dois prendre une décision, j'amasse de l'information pertinente, je l'analyse et je prends ma décision après avoir pesé le pour et le contre. J'ai une approche plutôt rationnelle. 4

12. Quand on propose une initiative ou une idée nouvelle, je me préoccupe de la façon dont nous allons mettre cette initiative en place et comment nous allons en évaluer les résultats. ... 5

13. J'aime bien quand nous avons des procédures claires et un système éprouvé à suivre. Cela me rassure sur le fait que le projet sera bien conduit et qu'il a des chances de réussir. 5

14. Quand je dois communiquer avec quelqu'un dans l'organisation, je m'assure de bien respecter les voies hiérarchiques pour que tous soient au courant de ma démarche. 4

15. Avant de démarrer ma journée, je planifie mon travail et j'identifie les tâches principales sur lesquelles je vais investir mon temps durant la journée. 5

23

16. Quand je prends une décision, je pèse le pour et le contre et ensuite je me fie surtout à mon intuition. C'est encore ma meilleure conseillère ! 4

17. J'encourage les membres de mon équipe à entreprendre des initiatives et à mettre en place de nouvelles idées pour améliorer notre travail. 5

18. J'aime bien expérimenter de nouvelles idées et démarrer de nouvelles initiatives, même si parfois je sais que le risque est élevé de ne pas obtenir les résultats anticipés. 5

19. Quand j'ai à communiquer avec quelqu'un dans mon entourage, je vais directement à la personne, sans passer par la voie hiérarchique, pour gagner du temps. Je peux ensuite informer

mes supérieurs hiérarchiques si je juge que la chose en vaut la peine. . . . .

20. Je prends du temps de qualité pour réfléchir au travail que nous faisons et à sa pertinence par rapport à notre mission, notre vision et nos valeurs, et non seulement à la manière dont nous effectuons ce travail. . . . .

21. Lorsque nous avons un mandat ou un projet en marche, je surveille avec attention l'état du budget avec des outils appropriés. Je regarde avec attention la « ligne d'en bas », c'est-à-dire l'indicateur de performance ultime, le profit par exemple. . . . .

22. Le coût-bénéfice, le prix de revient, le coût de production, sont des éléments que j'aime analyser dans mon travail car ils sont de bons outils pour évaluer la performance. . . . .

23. Je me sens plus confortable à épauler et seconder quelqu'un pour réaliser un projet que d'en prendre la responsabilité entière. . . . .

24. Quand j'ai la charge d'un mandat ou d'un projet, les dossiers sont à l'ordre et bien classés. Ils contiennent des références aux conversations et actions prises dans le projet et le compte rendu des réunions. . . . .

25. J'effectue régulièrement une vérification du progrès et du rendement de nos activités. Je regarde l'avancement des projets, des ventes, et je m'attarde aux indicateurs de performance. . . . .

26. Je n'hésite pas à m'ouvrir aux autres et à demander conseil. C'est n'est pas de la faiblesse mais plutôt, à mon avis, une forme de sagesse. . . . .

27. Il m'arrive parfois de « mettre la main à la pâte » pour me rapprocher de mon équipe sans m'occuper des niveaux hiérarchiques, même si je sais que je suis trop bien payé pour ça. . .

28. Je ne crains pas de faire des commentaires clairs et « secs », même si je sais qu'ils peuvent déranger voire blesser des personnes. J'aime quand les choses sont claires. . . . .

29. J'aime m'entourer de personnes qualifiées. Je ne crains aucunement qu'elles soient meilleures que moi ou qu'elles deviennent une menace pour mon influence dans mon entourage. ......

30. Je n'ai aucune difficulté à dire non quand je suis convaincu qu'il le faut. ....

31. Quand tout est clair sur papier, les gens savent ce qu'ils ont à faire et ils ont moins besoin d'être constamment supervisés ensuite. ....

32. Je garde un dossier dans lequel j'enregistre mes observations sur la performance du personnel que je supervise. ....

33. Quand une réunion piétine et est mal dirigée, j'en profite pour faire autre chose discrètement. ....

34. Quand une erreur déplorable s'est produite, je vais analyser le tout, décortiquer et proposer un moyen ou une procédure pour éviter cela à l'avenir. ....

35. Selon moi, c'est dans les petits détails que souvent les choses accrochent et cela conduit à un dérapage ensuite. ....

36. Je n'hésite pas à m'améliorer par des lectures, des formations et à faire appel à des experts, même si ça doit me demander des efforts et que cela peut m'exposer à présenter mes points faibles, que je dois améliorer. ....

37. Quand j'ai pris une décision, j'y tiens et je « vais au front ». Je la défends *mordicus* et avec ardeur. ....

38. Je m'intéresse peu aux détails, c'est dans ma nature. Je m'entoure alors d'un directeur des opérations et d'un comptable et ça fonctionne bien ainsi. ....

39. Je suis une personne qui écoute bien et avec empathie. D'abord, j'écoute bien ce que la personne dit, je garde un contact visuel avec elle pendant qu'elle parle et je la paraphrase, c'est-à-dire que je répète dans mes propres mots ce qu'elle vient de me dire. ....

40. Quand un poste devient vacant, je m'efforce de réfléchir à sa pertinence et je m'interroge sur d'autres façons de combler la fonction plutôt que de me mettre immédiatement en mode recrutement. ....

41. Quand un mandat m'est confié, je regarde d'abord comment le structurer plutôt que d'analyser l'impact que cela aura sur l'organisation et son avenir. ....

42. Je suis indisposé quand on m'entraîne dans un projet sans structures formelles, sans mandat écrit et qui semble improvisé, même si je pense que l'idée de base est très valable. ...

43. Quand je constate qu'un individu dans mon équipe rencontre des difficultés à faire le travail qui lui a été confié, je le fais à sa place pour m'assurer que l'échéancier soit respecté. ....

44. Quand on me confie un mandat ou un projet, je m'efforce de bien planifier le travail, d'organiser les ressources et d'établir un système de suivi pour que le mandat se déroule le mieux possible. ....

45. Quand je dois embaucher une personne, je me prépare en lisant minutieusement les CV, je m'entoure de gens capables de jugement et nous élaborons un questionnaire d'entrevue très structuré. ....

46. Après une réunion du CA, de la haute direction ou une de mes décisions personnelles, je m'efforce ensuite de communiquer le tout à mon entourage, soit durant les réunions, soit par l'envoi d'une note ou d'un compte rendu. ....

47. J'aime partager mes connaissances pour que les autres deviennent aussi habiles que moi. ....

48. Je peux travailler avec toutes sortes de gens et, franchement, j'aime ça. Ces autres personnes apportent de la valeur à l'équipe et à l'organisation. ....

49. J'aime prendre en charge une activité et diriger une équipe. .

50. J'assume mes décisions et leurs conséquences sans blâmer quiconque, même si ces conséquences sont négatives. ......

Vos résultats ?

Additionnez les résultats de la façon suivante. Faites le total de vos réponses pour les questions 1 à 5, 11 à 15, 21 à 25, 31 à 35 et 41 à 45, et reportez le total dans la colonne appropriée du tableau « Graphique des résultats ». Ce total représente vos aptitudes en management sur un total possible de 125. Faites de même pour les réponses 6 à 10, 16 à 20, 26 à 30, 36 à 40, 46 à 50; cela représente vos aptitudes en leadership.

1 à 5	20
11 à 15	23
21 à 25	18
31 à 35	12
41 à 45	21
Total management	94

6 à 10	19
16 à 20	19
26 à 30	22
36 à 40	13
46 à 50	23
Total leadership	96

Graphique des résultats

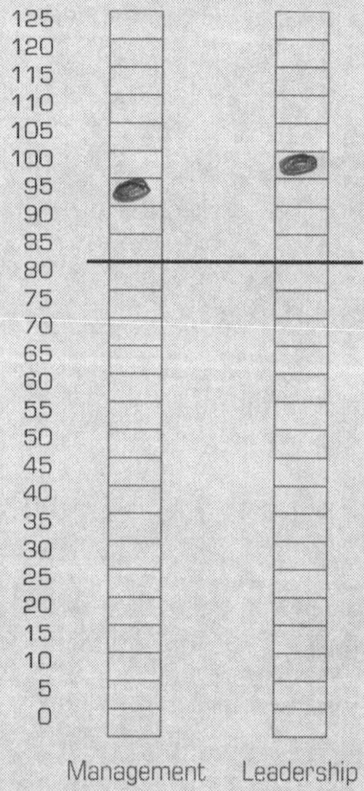

Comparez ensuite les deux colonnes. Bien que cela n'existe chez aucun gestionnaire, l'idéal est d'avoir 125/125 pour à la fois le leadership et le management. Vous seriez alors un leader extraordinaire et surhumain ! Simultanément, vous seriez aussi un manager efficient et remarquable !

Le gestionnaire idéal n'existe pas; votre objectif devrait être de tendre à le devenir. Ainsi si vos avez plus d'affinité pour le management aujourd'hui, vous devriez capitaliser sur cet acquis et continuer de bien faire en ce domaine. En même temps, vous devriez parfaire vos aptitudes de leader. L'inverse est tout aussi vrai.

Si, dans les deux cas, vos résultats dépassent la ligne horizontale du graphique, c'est que vous affichez déjà un bon management et un bon leadership. Vous êtes donc un gestionnaire efficace qui démontre autant d'intérêt et de compétences pour le leadership et le management. Si un de vos résultats est sous la barre, vous devrez travailler à améliorer cet aspect. Si votre résultat est sous la barre pour le management, vous devez vous intéresser à la manière dont les activités se déroulent et suivre avec attention les résultats. Vous devez aussi travailler de près avec les personnes de l'organisation qui ont le mandat de planifier, d'organiser et de suivre les activités, non pas pour vous y substituer, mais pour démontrer à l'entourage que ces fonctions sont fondamentales au succès de l'entreprise. Autrement, les individus affectés au management y verront un désaveu de votre part et auront eux-mêmes tendance à diminuer leurs ardeurs.

Si votre résultat est sous la barre pour le leadership, voyez à prendre du recul et à analyser si les initiatives et les projets sont alignés sur la vision de l'organisation. Ayez un petit côté rebelle et interrogez-vous à la fois sur la manière et la finalité du travail effectué. Proposez des améliorations pour simplifier les procédures et trouver des alternatives aux façons traditionnelles d'effectuer le travail. Impliquez les membres de votre équipe pour « tester » le bien fondé des nouvelles approches. Si vous allez de l'avant, mettez-vous ensuite en mode management pour que le tout se déroule dans l'ordre.

Qui êtes-vous et qui souhaitez-vous être?

À la lumière de ces résultats, visualisez qui vous souhaitez être. Comme mentionné, l'idéal est d'être à la fois un excellent leader et un excellent manager. C'est un visionnaire qui réussit à mettre en place sa vision de manière structurée et ordonnée. C'est l'œuvre d'une vie ! Donc ne paniquez pas si votre estime de soi est en baisse en ce moment...

Mieux, identifiez trois éléments qui vous ont « accroché » lors de la lecture de cette section sur le leadership et le management et qui pour vous constitueront une amélioration dans vos habiletés de leader et/ou de manager.

EXEMPLE

Trois points que je souhaite améliorer.

① Je voudrais communiquer plus souvent avec mon équipe et lui faire part régulièrement de ma vision de notre service.

② Je voudrais continuer de m'y intéresser (le *follow through* pour les glfeurs !) quand une nouvelle initiative est démarrée. Il me semble que j'ai plutôt le goût de commencer une nouvelle initiative quand il y en a une qui vient tout juste de démarrer.

③ Je voudrais avoir le courage de « dire les vraies affaires » et être plus clair avec mon entourage quand je ne suis pas satisfait de ce que j'observe.

Ces trois éléments sont des énoncés généraux qui vous permettront de développer davantage vos habiletés en leadership et en management. C'est très louable, mais pour que ces énoncés prennent vie, il faut être plus précis et vous forcer à induire une action concrète. Vous devez donc identifier ce que vous allez faire pour que vos trois souhaits se réalisent.

EXEMPLE

① Je vais tenir une réunion aux deux semaines avec les membres de mon équipe pour la coordination de notre travail. Je vais leur demander de s'exprimer sur le progrès de leur travail respectif. J'en profiterai alors au début de ces réunions pour leur communiquer les derniers développements dans notre entreprise, leur communiquer de l'information à la suite des réunions de direction auxquelles j'aurai participé. Durant ces réunions, j'utiliserai les exemples de leur travail pour leur signifier qu'ils cadrent bien avec ma vision de notre service.

② Pour chaque nouvelle initiative, je vais demander aux personnes responsables de venir me présenter le progrès du travail chaque vendredi après-midi. Je leur demanderai de me parler de l'avancement du travail et du budget. Le budget en particulier est un élément pour lequel je n'ai pas beaucoup d'intérêt et ce sera une occasion pour moi de mieux comprendre. Ainsi, je m'efforcerai de m'intéresser plus à cet aspect important de mon travail et du travail des autres.

③ Il est toujours difficile de faire des commentaires qu'on juge négatifs. Je vais m'inscrire à une formation d'une journée sur l'évaluation de la performance. J'ai vu l'autre jour que dans le contenu on y traite justement de l'art de faire des remarques sur des comportements que je juge négatifs. Ensuite j'aurai de meilleurs outils pour bien faire les choses.

Prenez du temps de qualité maintenant pour identifier vos trois énoncés généraux et particuliers. Gardez-les bien en vue et vous y consacrerez du temps et de l'énergie. Vous en verrez l'effet sur votre entourage en très peu de temps.

UN PROJET

Un projet est une idée, une initiative, une construction, une entreprise qu'on souhaite réaliser. Il s'agit d'abord d'en avoir une vision et ensuite de la concrétiser pour lui faire prendre vie.

Une fois que cette vision est devenue claire, il s'agit de détailler le projet. Il faut ensuite faire des plans et des devis si c'est un projet d'une certaine taille. L'étape suivante est une recherche pour trouver les matériaux et les fournisseurs au meilleur prix possible. Pour mener le projet à terme, il faut aussi recruter des personnes qui possèdent les habiletés requises. Ces individus se verront confier des tâches précises. Tout cet ensemble d'éléments, qui mis séparément peut sembler disparate, prend forme et s'agence selon une séquence et une logique, comme des pièces qui s'imbriquent.

C'est qu'il y a derrière cette « ruche en action » des individus qui en assurent la planification, l'organisation, la direction et le suivi. Ces personnes ont visualisé et prévu le déroulement du projet et ont tenté de coller la réalité à ces prévisions.

Conduire un projet demande une approche articulée et avant tout une volonté ferme de réussir le projet. Le chargé de projet doit se sentir investi de la mission de livrer le projet qu'on lui confie ! Il ne pourra transmettre sa passion à son équipe s'il n'a pas l'intérêt. Il doit réaliser qu'on lui fait confiance en lui demandant de mener le projet à bon port et que ce seul fait doit suffire à sa motivation. Il y a bien sûr des projets plus excitants que d'autres, mais le défi que représente la charge et la direction d'un projet est à lui seul passionnant !

Une attitude positive est donc un ingrédient essentiel pour un chargé de projet.

Bien que ce rôle puisse être intimidant lors de la prise en charge d'un premier projet, il faut prévoir s'entourer de « guides » qui nous aident. En cette matière, la direction peut jouer un rôle important, tandis qu'un collègue expérimenté dans la conduite de projet ainsi que des ressources externes qui ont de l'expérience dans le domaine sont des atouts qui donnent confiance. Il faut aussi impliquer son équipe et l'informer que c'est une première expérience et que son assistance est requise pour aider à réussir le projet.

Un chargé de projet est en somme un coordonnateur, un organisateur et un communicateur. Il doit inspirer son équipe et mener les projets à destination. Pour bien conduire un projet, il doit posséder les connaissances techniques nécessaires, démontrer de belles qualités dans ses relations interpersonnelles et bien connaître l'organisation.

LES COMPOSANTES D'UN PROJET

Tout projet est d'abord destiné à un « client », c'est-à-dire à l'organisme ou à la personne qui l'a commandé et qui va en bénéficier. C'est ce client qui en demeure le propriétaire. On l'appelle le promoteur. Le promoteur a un but et des objectifs lorsqu'il décide d'aller de l'avant avec un projet. Il est crucial que l'entreprise ou les individus qui le réalisent connaissent ce but et ces objectifs : ce sont ces éléments qui dictent « l'esprit » du projet durant toute sa durée.

EXEMPLES

- Un promoteur immobilier veut construire un complexe haut de gamme dans Charlevoix. Il voit un projet d'une qualité impeccable et des unités de prestige dans un environnement presque naturel. Les réalisateurs du projet devront alors garder à l'esprit qu'il n'y aura aucun compromis sur la qualité des matériaux et du travail et qu'ils devront « faire de la dentelle » en matière de déboisement et d'aménagement des lieux.
- Un projet de route temporaire en forêt ne nécessitera pas la même qualité d'infrastructures qu'une route permanente. Les réalisateurs du projet verront donc à s'assurer que cette approche soit constamment véhiculée.

Un projet comporte trois éléments :

- un objectif (l'esprit, l'essence, le pourquoi);
- un échéancier (un début et une fin);
- des coûts.

L'OBJECTIF DU PROJET

C'est la raison d'être du projet lui-même, son pourquoi. Bien que cela puisse sembler évident, il faut définir très clairement l'essence, l'esprit du projet. C'est l'élément qui rallie les intervenants au projet et qui cimente l'équipe.

Il est donc essentiel d'énoncer le but et l'objectif du projet. Le but d'un projet est son intention, sa raison d'être, alors que l'objectif est plus précis.

EXEMPLES

- Le but du projet est d'éliminer la tordeuse des bourgeons de l'épinette sur un territoire. L'objectif du projet est de traiter 732 km^2 de forêt avec le BT (un insecticide biologique) entre le 1er et le 30 juin.
- Le but du projet est de construire un complexe immobilier de 175 unités de condos haut de gamme et un hôtel dans Charlevoix. L'objectif visé est d'en construire 48 unités d'ici le 31 décembre.
- Le but du projet est de construire une route forestière afin de permettre des activités de coupe de bois. L'objectif est de construire une route selon les critères et normes établis sur une distance de 56 km d'ici le 31 décembre.

L'objectif du projet est mesurable : il doit s'exprimer en superficie de territoire, en unités à construire, etc. Lorsque le but et l'objectif sont clairs, chaque intervenant au projet doit en être informé pour qu'il soit imprégné de l'esprit du projet. Chaque intervenant aura en cours de route à prendre des décisions majeures ou mineures qui auront des incidences sur la qualité du projet. De plus, même si la visualisation et la planification sont faites de façon irréprochable, tout projet ne se déroule jamais comme prévu. Il y a toujours nécessairement des contraintes qui surviennent et qui font que le projet change. Dans ces cas, les intervenants doivent réagir, parfois rapidement, ce qui fait qu'ils ont à décider de la meilleure approche à adopter.

Pour le chargé de projet, il est crucial de bien comprendre l'esprit du projet. Quelles sont les intentions véritables du promoteur ? Faire du profit simplement ou encore faire du profit mais en réalisant un projet de qualité sans compromis. Il faut que le chargé de projet réussisse à cerner cette information et à poser des questions pour bien s'imprégner des intentions réelles du promoteur. Le promoteur a une vision du projet une fois terminé. C'est la responsabilité du chargé de projet de s'informer adéquatement pour comprendre cette vision qui lui permettra de réaligner correctement le projet en prenant des décisions ou en faisant des recommandations en ce sens. Cet aspect très important ne doit pas être négligé. Cet « esprit » et cette vision sont rarement disponibles dans des écrits ou des plans. Il faut réellement parler abondamment avec le promoteur pour l'obtenir. Cette vision constitue, en quelque sorte, le « corridor d'intervention ».

C'est le but du projet, son objectif ainsi que « l'esprit » du projet qui guident les intervenants dans la prise de bonnes décisions.

EXEMPLES

- Un contremaître de chantier refusera des matériaux s'il juge que le bois de finition n'est pas de la qualité requise. Il basera sa décision sur le fait que le promoteur ne souhaite faire aucun compromis sur la qualité.
- Un chargé de projet s'assure d'une surveillance particulière du déboisement d'un terrain pour la construction d'un édifice si le promoteur souhaite y établir un bâtiment « vert ». Il voit aussi à inclure des coûts additionnels dans l'évaluation du projet pour ces activités plus délicates.

On n'insiste généralement pas suffisamment sur ces éléments de base d'un projet. Les personnes qui ont l'autorité et qui représentent le promoteur doivent bien les connaître et les appliquer aux fournisseurs et aux membres de leur équipe. Ce sont les « fondations » du projet qui permettent de le réaliser en fonction du but et des objectifs. Également, cela diminue les risques de conflits entre les intervenants, car « l'esprit » est clair pour tous.

Lors des contacts avec le promoteur du projet, il y a lieu de s'informer des projets précédents qu'il a réalisés, si c'est le cas. C'est une bonne façon de connaître sa vision des choses et de s'imprégner de « l'esprit » des projets précédents.

L'ÉCHÉANCIER

L'échéancier d'un projet est la date du début et la date ultime à laquelle le projet doit être terminé.

Le sujet peut conduire à de longs débats mais, généralement, il est très rare qu'un projet se termine avant la date ultime prévue à l'échéancier. Un projet a régulièrement du retard !

Il faut donc que les responsables de la planification du projet fassent une bonne évaluation du temps requis pour chacune des étapes et qu'ils prévoient des délais plus longs, et ce n'est pas facile à équilibrer. Le chargé de projet a tout intérêt à impliquer les membres de son équipe à l'étape de la planification. De cette façon, il a l'opinion de personnes « terrain et plancher » qui ont de l'expérience et qui se sentent plus étroitement liées au projet que si on leur avait imposé un échéancier sans les consulter. Faute de consultation, les membres de l'équipe auraient montré un certain détachement face au projet, se contentant de procéder tout en sachant parfaitement qu'il ne serait pas possible d'y arriver dans les délais établis. Leur comportement serait tel car ils n'éprouveraient pas de sentiment d'appartenance au projet. Il y a toujours un clivage entre les personnes qui ont l'expérience de terrain et la direction qui planifie.

En somme, l'échéancier doit être réaliste et comporter des « coussins », sachant qu'il y aura des imprévus. Les équipiers apportent habituellement de la substance et du réalisme à la préparation des échéanciers. Cependant ces « coussins » doivent être réalistes et ne pas être exagérés, car cela entraîne des déséquilibres entre les ressources disponibles pour un projet. Si un chargé de projet mobilise plusieurs personnes, et ce, pour longtemps, il peut priver ses collègues de ressources dont ils ont besoin pour d'autres réalisations. De plus, l'être humain a tendance à faire preuve de laxisme quand il a trop de temps devant lui. Sans mettre de pression indue, des échéanciers réalistes sont encore la meilleure façon de planifier un projet.

LES COÛTS

Les coûts d'un projet sont basés sur une évaluation faite à une certaine étape du projet. Au début, par exemple, la décision d'aller de l'avant avec un projet survient lors d'un repas au restaurant et l'estimation des coûts est un chiffre griffonné sur un bout de napperon déchiré et rapporté au bureau. Le coût du projet pour le promoteur correspond à ce chiffre qui, bien souvent, n'a pas beaucoup de fondement.

Il faut bien comprendre que les coûts réels peuvent différer pour plusieurs autres raisons également. Une fois des estimations plus sérieuses faites à partir du « napperon » par une équipe à l'interne, il faudra demander des soumissions pour les matériaux et les travaux nécessaires. Il se peut fort bien que toutes les soumissions demandées diffèrent des coûts estimés qui eux-mêmes sont fort probablement plus élevés que le calcul préliminaire. Il arrive souvent aussi que les coûts des soumissions soient supérieurs aux coûts qu'on a estimés soi-même avec son équipe.

Il faut donc que le chargé de projet ait à l'esprit que si les coûts changent par rapport aux estimations, il faut également qu'il s'assure d'obtenir les approbations nécessaires des niveaux hiérarchiques supérieurs.

Les coûts d'un projet doivent être à la satisfaction de tous les intervenants. Le client, la haute direction, les membres de l'équipe du projet tout comme le chargé de projet doivent être à l'aise avec ces coûts, surtout s'ils évoluent avec le temps. Le chargé de projet doit donc être vigilant et s'assurer que la communication par rapport aux coûts est bien établie et qu'elle est claire.

En plus des trois éléments principaux cités précédemment, un projet comporte également un cheminement élaboré. Il consiste en une série d'étapes, d'activités, d'actions et de tâches qui contribuent à sa réalisation.

Outre ce cheminement, il y a beaucoup de synergie entre les individus impliqués directement ou indirectement dans le projet. La coordination, les réunions, les discussions, les décisions prises par des individus, tout cela contribue à s'assurer que le projet reste sur les rails et qu'il est mené à bonne destination.

En résumé, un projet est composé d'un objectif, d'un échéancier et d'un budget. Le rôle et la responsabilité d'un chargé de projet sont de coordonner les énergies et les talents des individus impliqués dans le but de réaliser le projet à l'intérieur des limites que sont le budget, le temps et l'objectif.

Avant de poursuivre la lecture, identifiez un projet que vous dirigez ou dont vous aurez la charge sous peu. Concrètement, pour ce projet, notez l'information nécessaire. Portez une attention particulière à « l'esprit », à la « vision » du projet. Il vaut la peine de bien réfléchir au but, aux objectifs poursuivis, aux motivations et à l'esprit du projet. Ce sont des éléments très importants qui gouvernent le projet du début à la fin. Si nécessaire, obtenez des détails sur le but et les objectifs auprès du promoteur du projet. Pour ce qui est des coûts, allez-y avec l'information disponible au moment présent, et ce, même si c'est un nombre griffonné sur un bout de napperon !

VOTRE PROJET

Clarifiez les trois points suivants pour le projet que vous dirigez.

1. L'objectif de votre projet (le but, la raison d'être du projet, le pourquoi du projet, l'esprit du projet).
2. L'échéancier de votre projet (la date à laquelle il doit être terminé).
3. Les coûts de votre projet (l'estimation des coûts, même si elle est approximative et préliminaire).

LA PLANIFICATION

Planifier veut dire prévoir ce qui va se dérouler. On veut faire en sorte que le futur souhaité se réalise.

Bien qu'on planifie, il est impossible de tout prévoir. Il faudrait investir beaucoup d'énergie pour prévoir les moindres détails qui par ailleurs peuvent être perturbés par des changements en cours de projet. Il faut donc bien doser l'énergie qu'on investit à planifier.

Voici donc ce qu'il est juste de planifier.

L'OBJECTIF DU PROJET

L'objectif, le but, la raison d'être et surtout l'esprit et la vision du projet ont déjà été mentionnés. Ce sont des éléments très importants qui influencent le déroulement du projet. Encore une fois, le chargé de projet doit y accorder une attention toute particulière. Ces éléments doivent être clairs pour le chargé de projet et toute son équipe. C'est le « corridor » à l'intérieur duquel le projet se réalisera.

LES ÉLÉMENTS LIVRABLES

Les éléments livrables sont des activités, des tâches, des étapes qui sont des unités de travail précises qui, une fois réunies, mènent à la réalisation complète du projet.

EXEMPLES

- Reconnaissance du terrain pour déterminer l'emplacement du bâtiment
- Rapport de reconnaissance
- Évaluation des coûts
- Approbation du client
- Détermination des besoins de matériel
- Détermination des besoins en ressources humaines
- Croquis grossier du projet

La première étape consiste à identifier ces livrables. Il est important de visualiser le déroulement du projet et de définir quelles sont les activités qui mèneront à son achèvement. Au premier jet, ces étapes sont en désordre. Il faut ensuite y mettre une logique. C'est ce qu'on appelle le « cheminement critique » de ces étapes, c'est-à-dire l'organisation des étapes en ordre successif. L'étape précédente doit être complétée et approuvée si nécessaire avant que la suivante puisse débuter.

EXEMPLE

La préparation d'un club sandwich est une chaîne de montage. On prépare le poulet, on fait cuire le bacon, on le sèche, on coupe la tomate, on prépare la laitue, le beurre, la mayonnaise, les cure-dents, etc.

On détermine ensuite la séquence. On fait griller deux tranches de pain, on les beurre; puis on fait griller une troisième tranche de pain (on n'a pas toujours un grille-pain multi-tranches à la maison !); on garnit le premier étage avec la mayonnaise et le poulet. On ajoute la deuxième toast et on place la laitue, les tranches de tomate, le bacon et la tranche de fromage; on met ensuite la troisième toast; on insère les cure-dents; on coupe en triangles; on dispose sur une assiette. On doit aussi prévoir que les frites seront prêtes et chaudes au moment du service.

On doit donc planifier le cheminement critique de la préparation du club sandwich pour que toutes ses composantes arrivent à l'assiette et soient servies correctement pour satisfaire le client.

On a intérêt à impliquer les membres de l'équipe pour achever l'ordonnancement des éléments livrables. La plupart du temps, ces personnes ont l'expérience et peuvent grandement contribuer. Plus les équipiers seront impliqués, plus ils auront une vision claire du projet, plus ils y apporteront leurs compétences et plus ils s'approprieront le projet. Ils travailleront de façon proactive au succès du projet et ils seront des alliés vers l'atteinte de l'objectif. Sinon, ils feront leur travail et adopteront une attitude passive par rapport aux résultats.

L'ÉCHÉANCIER

« Quand le projet doit-il être terminé ? » C'est la question de départ. Cette date est habituellement déterminée par le promoteur qui a en tête le moment de « mise en service » de son produit. Il se peut aussi que la fin d'un projet soit dictée par une échéance liée au temps qu'il fera, aux contraintes de température, à l'environnement ou à certaines activités incompatibles avec la réalisation du projet. Cette date ultime devient alors un objectif avec lequel tous les intervenants au projet doivent composer.

EXEMPLES

- On doit procéder à l'épandage d'insecticide avant le 15 juin parce qu'après cette date, les larves sont devenues des insectes qui volent et donc peuvent se déplacer.
- On veut construire un complexe de condos pour vacanciers avant le 1er novembre pour que les acheteurs puissent profiter de la saison de ski hivernale.

Il faut ensuite déterminer des échéanciers plus « fins » pour les éléments livrables. On « rétrodate » par rapport à l'échéance ciblée. Chaque élément livrable doit aussi avoir son échéancier qui devient lui aussi un objectif pour la ou les personnes responsables de livrer cet élément. Lorsqu'on « rétrodate » à partir de la date de fin du projet, on obtient en quelque sorte la date de début du projet. Il faut comprendre qu'un projet débute dès la planification et non pas uniquement lorsque sa réalisation concrète commence.

Pour bien planifier, il faut connaître les contraintes liées au temps de réalisation de chacun des éléments livrables. L'expérience est ici un précieux atout, car elle permet de relier le temps estimé avec des situations déjà vécues. Il y a évidemment des éléments contrôlables et d'autres qui ne le sont pas.

Au moment de la planification, il importe de réfléchir aux facteurs qui peuvent changer ou influencer le déroulement du projet. Le temps qu'il fera, le contexte politique, un accident ou un changement chez les personnes qui approuvent le projet sont autant de facteurs possibles. Ces variables sont impossibles à contrôler, mais il faut prévoir quand même des délais supplémentaires, au cas où. Par prudence, la date retenue peut être celle du pire scénario possible. L'expérience vécue pour des projets semblables fournit de l'information pertinente quant au temps requis si les projets sont comparables.

Même parmi les facteurs contrôlables, il peut y avoir des délais. La maladie chez un membre de l'équipe, un équipement défectueux ou en mauvais état, une mauvaise évaluation du temps prévu, un délai dans la livraison d'un produit ou de matériaux, un produit de mauvaise qualité sont autant de facteurs qui peuvent influencer grandement l'échéancier.

Malgré ces variables, il est recommandé de préparer des échéanciers réalistes en évitant de garder des « coussins » ici et là qui sont souvent exagérés. Lorsque les membres de l'équipe constatent que l'échéancier est biaisé, ils n'y croient plus et perdent de vue l'importance de rencontrer leur propre échéancier. Il faut donc préparer l'échéancier des éléments livrables avec les membres de l'équipe et le baser sur la réalité en tenant compte de certains délais établis selon l'expérience des équipiers. C'est la meilleure façon d'en arriver à vraiment impliquer l'équipe qui y verra de la cohésion. Vaut mieux planifier un échéancier réaliste et expliquer les délais ensuite que de multiplier les « coussins ».

Une fois l'échéancier établi, on peut devoir « négocier » avec le promoteur si on réalise que le plan prévu est impossible à réaliser. Il vaut mieux s'entendre sur un échéancier réaliste qui mobilise tous les intervenants que d'établir un échéancier irréaliste que tous savent inatteignable. C'est démotivant !

Pour chaque élément livrable on a le choix de déterminer une date de début et une date de fin. Cependant, pour éviter d'avoir trop de variables à gérer, il est préférable de se limiter à la date de fin uniquement. Il faut aussi déterminer le nombre de personnes-jour requises pour réaliser chacun de ces éléments livrables.

➢ LES ÉTAPES DE CONTRÔLE

C'est le chargé de projet qui établit les étapes auxquelles il y aura un contrôle de la qualité ou encore un contrôle de certains paramètres du projet. Par exemple, il est normal de faire plusieurs estimations des coûts et de l'échéancier à la suite de l'obtention d'informations nouvelles. Une étape de contrôle est une sorte de bilan où on a un portrait de la situation du projet. En d'autres mots, on fait le point.

EXEMPLE

Pour la construction d'un barrage, il faut reconnaître les lieux et, à l'aide de relevés préliminaires, faire une estimation relativement grossière des coûts. À une étape ultérieure, des sondages plus poussés révèlent de l'information sur la nature des sols et le profil du terrain à l'emplacement des ouvrages. À partir de ces données, on obtient une évaluation beaucoup plus précise des coûts de cet ouvrage.

Le chargé de projet peut décider de placer dans le cheminement critique une première étape de contrôle pour valider les premières estimations grossières. Cette révision permettra de communiquer les nouveaux coûts à tous les intervenants. Si d'autres données sont susceptibles d'influencer les coûts, le chargé de projet insérera une nouvelle étape de contrôle. Il verra aussi à ce que tous ces nouveaux calculs, à mesure qu'ils sont disponibles, soient pris en considération pour préciser l'échéancier de réalisation.

Lors d'un contrôle, l'objectif, l'échéancier et les coûts sont révisés. Les intervenants sont alors informés de l'état de la situation par rapport à ce qui a été planifié. Si nécessaire, le chargé de projet demande une approbation avant de poursuivre.

Les critères de contrôle de la qualité du projet sont aussi définis afin de vérifier en cours de route s'ils sont rencontrés. Ce peut être un ratio coût/bénéfice, une norme à respecter ou encore une appréciation qualitative. Les étapes de contrôle qui permettent de s'assurer que le projet répond aux critères établis sont alors incluses dans le cheminement critique.

LES APPROBATIONS NÉCESSAIRES

Comme mentionné auparavant, lorsqu'à une étape de contrôle le chargé de projet constate que le projet se déroule comme prévu, il en informe les intervenants : l'équipe, la direction et le promoteur. Par ailleurs, s'il réalise qu'il y a un changement important, il demande alors, si nécessaire, une approbation de poursuivre le projet à la lumière de la nouvelle information disponible.

À L'INTERNE

La direction de l'organisation ou le promoteur peuvent avoir à approuver certains éléments du projet. À mesure que le projet progresse, le promoteur doit être consulté et doit approuver certains éléments avant de poursuivre le travail. À mesure que les coûts se précisent avec l'information obtenue, une approbation à l'interne peut aussi être requise.

EXEMPLES

- Si on ajoute des éléments à la construction d'une maison, les coûts augmentent. Le chargé de projet doit réviser les coûts à la lumière de l'information nouvelle. Par exemple, des accessoires de salle de bain et de cuisine sont des articles qui ont été estimés avec des moyennes au début du projet, toutefois, après le magasinage, il arrive souvent que ces effets soient plus luxueux, donc plus coûteux. De même, certains éléments peuvent nécessiter des changements plus en profondeur dans la dimension des pièces, dans les équipements nécessaires pour alimenter les ajouts dans la salle de bain comme une alimentation électrique plus puissante, un plus grand espace, un chauffe-eau plus volumineux. Le chargé de projet doit être vigilant et s'assurer que l'ajout de nouveaux éléments est considéré dans son ensemble.

- Autre exemple où il est très important d'obtenir une approbation : la production d'un document de promotion. On présente au promoteur une maquette, par exemple le « concept » d'un dépliant ou d'une page de publicité. Le promoteur approuve alors l'idée générale et « l'allure » qu'aura le document. Lorsque le texte y est inséré, le promoteur doit donner une approbation finale avant impression. Il prend alors la responsabilité du produit fini, assumant qu'il n'y a pas de coquilles dans le texte et que le texte lui convient. Une fois que l'approbation a été donnée, on procède à l'impression. Si, par la suite, le promoteur n'est pas satisfait du document imprimé et qu'on doive procéder à une réimpression, ce sera à ses frais, car il aura donné son approbation pour poursuivre. Le chargé de projet et son entreprise sont donc dégagés de cette responsabilité. Il est donc nécessaire pour le chargé de projet de bien identifier les étapes de contrôle. Il vaut mieux en avoir plus que moins, tout en évitant d'enrayer la « machine ».

À L'EXTERNE

Chaque projet nécessite l'approbation de certains éléments qui sont extérieurs à l'entreprise et conséquemment de l'autorité du chargé de projet. Comme ces approbations nécessitent la préparation de documents et des délais d'approbation non prévisibles, il faut les identifier. Ces approbations comportent leur lot de problèmes et peuvent même compromettre la réalisation dans les délais prévus.

EXEMPLES

- On doit demander un permis de construction à la municipalité et l'obtenir.
- On doit déposer une étude des impacts environnementaux du projet et obtenir une autorisation du ministère du Développement durable, de l'Environnement et des Parcs avant de procéder. Il se peut aussi que l'autorisation soit assortie de conditions qui entraînent des modifications importantes au projet. On devra peut-être recommencer certains éléments du projet.

Si nécessaire on s'informera des délais et des procédures pour obtenir les autorisations nécessaires des municipalités, des gouvernements provincial et fédéral. Plusieurs organismes « approbateurs », comme les municipalités ou les ministères, se disciplinent à donner une réponse à une demande d'autorisation à l'intérieur d'une certaine période de temps. Ce délai peut être utilisé pour la planification. Il faut aussi prévoir que les analystes du dossier puissent demander des précisions ou exiger d'autres renseignements, ce qui peut retarder le processus.

Il est judicieux de maintenir un contact cordial avec les responsables de l'approbation et de s'enquérir des délais à prévoir. On a aussi toujours intérêt à bien suivre son dossier et à communiquer avec la personne responsable pour demander si le dossier reçu est bien conforme et complet, et si leur décision sur la demande sera connue à temps. Mais en tout premier lieu, il est très important que la demande soit bien préparée et respecte les exigences. Une demande bien préparée démontre du respect pour les personnes qui l'analyseront, facilite le processus et peut même l'accélérer !

LE SUIVI DU PROJET

Il faut aussi planifier comment le projet sera suivi après son démarrage. Il existe plusieurs outils pour suivre adéquatement le cheminement d'un projet. Cependant, il faut bien analyser les besoins et utiliser l'outil qui correspond le mieux. Il faut éviter de devoir passer du temps improductif à « nourrir » un système par rapport à l'information vraiment utile. S'ensuivent un désintéressement graduel et l'abandon complet de l'exercice. Normalement lorsqu'on a bien identifié les éléments livrables, que leur réalisation a été attribuée à des individus et que des dates cibles ont été déterminées, on rassemble les principales variables essentielles au suivi du projet. S'ajoutera le suivi des coûts pour compléter.

Il faut choisir une méthode qui permettra de visualiser rapidement l'évolution du projet. Cette méthode servira d'outil pour que toute l'équipe et la haute direction puissent voir les étapes du déroulement. Cela permet d'avoir une vue d'ensemble et d'apprécier le projet à tout moment. Ce sont des outils qui doivent être partagés entre tous les intervenants.

Cependant, il faut que l'outil choisi soit d'une utilité indiscutable pour les membres de l'équipe et nécessairement pour le chargé de projet. Cet outil servira pour suivre adéquatement le projet et à déléguer des tâches aux membres de l'équipe à mesure que les éléments livrables seront complétés. Chaque membre de l'équipe doit y voir son importance, peut prévoir les tâches qui lui seront déléguées à mesure que le projet chemine et surtout cela permet au chargé de projet de déterminer quand un livrable est complété et à qui il déléguera la prochaine tâche. Pour la haute direction, ces outils permettent de visualiser et d'apprécier l'ensemble du projet. Ainsi, tous les intervenants sont au courant du déroulement et peuvent s'en informer en tout temps.

Un point crucial est la mise à jour de l'information. Pour que ce système soit efficace, il faut une mise à jour régulière et rigoureuse. Il va sans dire que si le chargé de projet voit l'utilité de cet outil pour son propre rôle, il aura à cœur sa mise à jour. Si, au contraire, cette tâche sert uniquement à la direction, il y aura inévitablement un laisser-aller et de la négligence. À la longue, dans une telle situation, tous finissent par perdre confiance dans le système établi et l'abandonnent graduellement.

De plus, il est essentiel que les chargés de projet se disciplinent à n'indiquer complété un élément livrable que lorsqu'il est vraiment terminé. Dans le cas contraire, on risque de négliger le reste du travail à faire pour l'achever correctement.

DES OUTILS DE PLANIFICATION DE PROJETS

Le diagramme de Gantt, le diagramme PERT (Program [ou Project] Evaluation and Review Technique) et le cheminement critique sont les outils les plus fréquemment utilisés pour des projets de taille et de complexité moyennes. Le logiciel Microsoft Project permet d'enregistrer toute l'information nécessaire et de l'afficher de multiples façons. Le défi est de bien choisir les éléments à suivre. Microsoft Project est un logiciel très performant. On lui reproche toutefois sa complexité; il faut d'abord y consacrer beaucoup de temps pour le maîtriser et encore du temps par la suite pour le « nourrir ».

Le diagramme de Gantt est surtout utilisé pour gérer des projets simples. C'est un outil de planification qui permet d'étaler des activités dans le temps. Ainsi, le calendrier peut être à la semaine ou au mois. On peut aussi attribuer un code couleur qui correspond à chacune des activités ou à des individus responsables de leur réalisation.

Généralement, on se contente d'identifier des activités et de les placer dans la semaine ou le mois où elles seront réalisées. Le tableau ci-dessous en présente un exemple simple.

Projet : Construction d'une remise

	Janvier	Février	Mars	Avril	Mai	Juin	Juillet	Août	Septembre	Octobre	Novembre	Décembre
Préparation des plans et devis		■	■									
Excavation et préparation des assises				■								
Achat des matériaux					■							
Réalisation des travaux						■	■					
Aménagement périphérique								■				

Le diagramme PERT quant à lui est utilisé pour des projets d'une complexité supérieure. Il vise un enchaînement maximal des livrables et de l'échéancier. Certains projets nécessitent une multitude d'éléments livrables, comme la construction d'un navire, un projet hydroélectrique, un stade. On peut presque dire qu'il y a plusieurs projets dans le même projet… Le diagramme PERT est alors tout indiqué comme outil de planification. L'utilisation de plusieurs troncs permet de visualiser l'interdépendance de tous les éléments qui, réunis, mèneront à l'achèvement du projet. Chaque tronc est un sous-projet. Il est aussi plus complexe à produire car il nécessite l'intégration des différentes dimensions du projet.

EXEMPLE

Un projet hydroélectrique est subdivisé en ses différents éléments. On aura donc une dimension pour les digues et la centrale; une autre pour la ou les lignes de transport; une autre pour les postes de transformation. L'élément digues et centrale pourra lui-même être subdivisé en deux. Comme la mise en service se fera lorsque tout cet ensemble sera terminé, la date de fin du projet est celle qui utilise le chemin le plus long parmi tous ces éléments. En somme, il s'agit de superposer plusieurs cheminements critiques ensemble.

Le cheminement critique simple convient généralement à la plupart des projets. Il est une représentation linéaire des éléments livrables. Ils sont dans un ordonnancement précis, car l'élément livrable qui précède est un préalable au suivant. On y ajoute un échéancier et des personnes responsables de la production de chacun des éléments livrables.

L'exemple présenté aux pages 56 et 57 convient habituellement pour la majorité des projets de complexité moyenne.

VOTRE PROJET

Concrètement, prenez une feuille vierge et identifiez les éléments livrables de votre projet à mesure qu'ils vous viennent à l'esprit. Ce sont les étapes qui représentent des actions ou des produits qui, tous réunis, mènent à la réalisation concrète du projet. Même s'ils ne sont pas en ordre, ce n'est pas important pour le moment.

Identifiez ensuite les approbations nécessaires. Par exemple, ce peut être le promoteur qui doit autoriser certaines étapes, la municipalité qui doit accorder un permis, les gouvernements en fonction de certaines lois. Ce sont des étapes obligatoires et incontournables.

Déterminez ensuite les étapes de contrôle que vous voulez établir en tant que chargé de projet. Il s'agit de « points de vérification » que vous établissez pour vous assurer en cours de route que le projet suit son cours correctement. Généralement vous en aurez trois ou quatre. Lors de ces étapes de contrôle, vous faites le point sur l'objectif du projet, l'échéancier et les coûts.

Normalement, vous auriez autour d'une trentaine d'éléments livrables, d'approbations nécessaires et d'étapes de contrôle. Il n'y a aucune règle toutefois et vous pourriez très bien en avoir cinquante, ou dix. Une fois votre liste d'éléments livrables établie, mettez un chiffre à côté de chacun d'eux. Ce chiffre doit correspondre à l'ordre logique dans lequel ces éléments livrables doivent être réalisés. Rappelez-vous que l'étape qui précède est préalable à celle qui suit.

Placez ensuite vos éléments livrables en ordre logique dans un cheminement critique semblable à celui des pages suivantes. Le programme Excel convient bien. Si en cours de route vous souhaitez ajouter un élément livrable ou une étape de contrôle, par exemple, il vous sera facile d'ajouter des colonnes au besoin.

Ensuite, dans les cases « échéancier planifié » de votre cheminement critique, insérez les dates auxquelles vous envisagez que chaque élément livrable sera complété. Commencez par la date de fin du projet et « rétrodatez » ensuite pour chacun des éléments livrables. Estimez, de préférence avec des gens qui ont du vécu en la matière, le temps nécessaire pour la réalisation de chacun des éléments livrables. Cela peut paraître fastidieux, mais c'est un exercice fructueux qui vous permet de bien planifier. Le dépassement des échéanciers est bien souvent la cause du dépassement des coûts d'un projet et il est important d'y accorder toute l'importance requise.

CHEMINEMENT CRITIQUE

Nom du projet: Construction de la maison Lalumière

Chargé de projet: Annie Laforest

Date de mise à jour: 2010-05-27

		Achat du terrain	Arpentage	Recherche de modèles	Choix : croquis de la maison	Estimation des coûts	Décision sur les coûts *	Modifications proposées	Plans et devis	Estimation des coûts	Décision sur les coûts *	Demande de soumissions d'entrepreneurs	Choix de l'entrepreneur	Début des travaux	Magasinage des articles	Révision du budget *
PROGRÈS		■	■	■	■	■	■	■								
RESPONSABLE		ML	AR	RL + MB	RL + MB + AL	AL	RL + MB	RL + MB	AL + YG	YG + AL	RL + MB	AL	JD + ML	Entrepreneur choisi	AL + RL + MB	AL
ÉCHÉANCIER	Planifié	15-03	01-04	16-03	10-04	01-05	15-05	20-05	25-05	25-06	04-07	08-07	20-07	15-08	05-09	30-09
	Réel	16-03	05-04	16-03	15-04	08-05	22-05	27-05								

Notes

* Étapes de contrôle

COÛTS DU PROJET

Estimation **225 000 $**

Projections	Réaliste	225 000 $
	Optimiste	215 000 $
	Pessimiste	255 000 $

ÉCHÉANCIER **1er novembre**

Projections	Réaliste	12 novembre
	Optimiste	6 novembre
	Pessimiste	8 décembre

Choix final des articles		RL + MB + AL	08-09	
Demandes de soumission de décorateurs		AL	15-09	
Choix du décorateur		RL + MB + AL	20-09	
Plan de décoration intérieure		Décorateur choisi	25-09	
Approbation de la décoration intérieure		RL + MB	27-09	
Révision et approbation du budget *		AL + RL + MB	02-10	
Achat du matériel et des articles de décoration		AL	05-10	
Fin des travaux du gros œuvre		Entrepreneur choisi	15-10	
Approbation finale des travaux *		AL + RL + MB	20-10	
Travaux de décoration		AL + décorateur choisi	22-10	
Fin des travaux de décoration		Décorateur choisi	24-10	
Révision du budget *		AL + RL + MB	28-10	
Déménagement (amis)		RL + MB + amis	01-11	
Crémaillère		RL + MB	01-12	
Fermeture du projet et autoévaluation		AL + RL + MB	15-12	
REMARQUES				

Notes ____

L'ORGANIGRAMME

L'organigramme, même d'une grande simplicité, a toujours son utilité lorsqu'on gère un projet. Il permet de coucher sur papier notre vision des relations hiérarchiques des personnes associées au projet. Même pour un projet simple et modeste, il permet aux intervenants au projet de voir où ils se situent. Il évite bien souvent des tensions entre les individus impliqués dans le projet.

À cette étape, à partir des sections précédentes, on peut identifier les compétences et les disciplines requises pour la réussite du projet et bâtir l'organigramme du projet en conséquence. Il s'agit, pour le chargé de projet, d'identifier les fonctions requises pour la bonne marche du projet en faisant preuve d'une grande objectivité, en évitant d'associer des noms de personnes à ces compétences et disciplines, en tentant de faire abstraction des individus qu'il a en tête pour combler ces postes. À l'étape de l'organisation du projet, ce sera le moment d'identifier les personnes qui seront affectées à ces diverses fonctions.

Cet exercice empreint de neutralité assure en premier lieu qu'on bâtit une équipe en fonction des besoins pour réussir le projet.

EXEMPLE

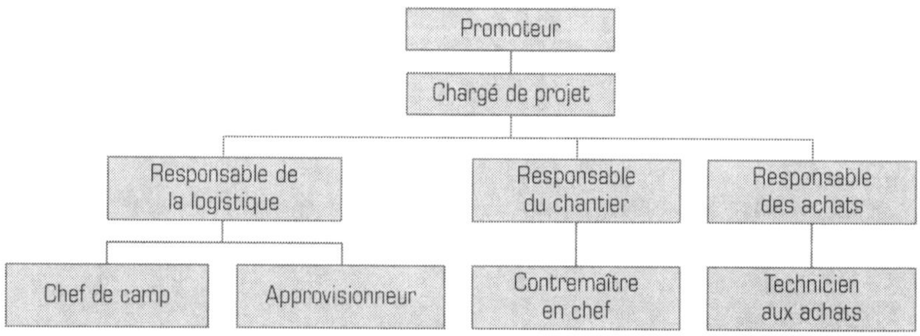

Pour les postes identifiés, on doit ensuite décrire le travail à accomplir (description de poste, de tâche ou d'emploi) dans le cadre du projet. La description de chacun des postes identifiés peut grandement aider les membres de l'équipe à comprendre leur rôle et les attentes qu'on a envers eux.

La clarté des relations hiérarchiques au départ du projet est garante de saines relations interpersonnelles durant la réalisation du projet. En plus de la description du travail, on doit bien déterminer les responsabilités, les lignes de rapport entre les individus et l'autorité accordée dans le cadre du poste.

EXEMPLE

Vous avez la charge d'un projet et un membre de l'équipe de la cartographie a été affecté à votre projet pour fournir certains services au moment requis. Qui supervisera cette personne ? Est-ce que vous superviserez directement le cartographe quand il travaillera à votre projet ou si cette personne restera sous la supervision du directeur du Service de la cartographie ? La ligne est parfois très mince et il faut qu'elle soit claire. Normalement, quand une personne d'un service spécialisé collabore à un projet de la sorte, elle demeure sous la supervision du directeur de la cartographie et ses services sont prêtés et facturés au projet lorsque nécessaire. Cela demande d'établir des relations interpersonnelles solides et franches entre tous les individus. L'objectif du projet, l'échéancier et les coûts doivent être connus de tous et tous les intervenants doivent y adhérer. Généralement, les gens qui collaborent à un projet aiment donner du service aux personnes chez qui ils voient de la détermination et de l'organisation. Ils négligent plutôt de fournir leur aide quand ils voient que le projet piétine et que c'est désorganisé. Raison de plus pour se munir de bons outils et d'insuffler du leadership dans la direction du projet.

EXEMPLE

Description du poste : responsable des achats
Responsabilités

- Fournir le matériel et l'équipement nécessaires au projet
- Respecter les politiques et procédures de l'entreprise pour les achats
- S'assurer de la disponibilité du matériel et de l'équipement loué ou acheté aux dates prévues

Tâches

- Préparer les bons de commande
- Approuver les bons de commande pour des achats de 10 000 $ ou moins
- Approuver les réquisitions pour location d'équipement pour des montants de 25 000 $ ou moins

Le responsable des achats est supervisé par le chargé de projet et doit travailler en équipe avec le responsable de la logistique et le responsable du chantier.

Il représente un service aux personnes qui réalisent le projet sur le chantier. Il doit leur fournir le matériel et l'équipement requis en temps opportun et au meilleur prix possible.

S'il s'agit d'un projet pour lequel on croit que les membres de l'équipe voient leur rôle très clairement, il n'est pas d'une absolue nécessité de décrire ces postes. Par ailleurs, on n'est jamais trop clair sur la description du travail et des responsabilités, surtout pour les responsabilités, c'est une zone où des tiraillements peuvent survenir. Certaines personnes empiètent sur le « territoire » de quelqu'un d'autre, qui peut être plus timide ou réservé, simplement pour ajouter du crédit à leur CV ou auprès de la direction. Surviennent ensuite de la méfiance, des chasses gardées, et la tension s'installe entre les deux responsables d'équipe. Cette tension se transmet très rapidement à tous les membres des deux équipes, mine le moral et consomme des énergies inutilement. Quand cet exercice a été bien fait, le gestionnaire du projet n'a pas besoin de gérer les tensions en plus des tâches déjà prévues. Par ailleurs, les tensions naissantes, si elles ne sont pas gérées promptement, s'aggravent et deviennent des conflits.

VOTRE PROJET

Dessinez l'organigramme de votre projet. Chaque poste devrait se retrouver dans l'organigramme même si c'est pour une courte période. Évitez à cette étape de mettre les noms des personnes que vous avez en tête, même si c'est tentant. Voyez pour le moment à énumérer les fonctions qui mènent à la réussite de votre projet et non les individus.

Utilisez votre jugement pour décider si vous devez décrire les postes que vous avez identifiés pour assurer la réussite du projet.

Si vous jugez l'exercice nécessaire, décrivez chacun des postes que vous avez identifiés en précisant leurs responsabilités et leurs champs d'autorité et en clarifiant les relations hiérarchiques.

LES ESTIMATIONS ET LE BUDGET

Chaque organisation a son système budgétaire. Il s'agit donc d'utiliser les formulaires existants pour fournir les estimations. Normalement le budget couvre les besoins en ressources humaines, les matériaux, la location d'équipement, les salaires, les frais de voyage, les frais de sous-traitance, les fournitures de bureau, etc.

Au budget, il faut aussi inclure le flux de trésorerie (*cash flow*) pour éviter les sorties de fonds qu'on n'utilise pas immédiatement. C'est un aspect très important de la gestion d'un projet qui vaut la peine d'être analysé quand il y a des sommes d'argent appréciables d'impliquées. Il vaut mieux avoir l'argent dans son compte pour générer des intérêts ! Une bonne gestion du flux de trésorerie permet d'emprunter l'argent au moment nécessaire seulement.

Concrètement, on compilera dans des tableaux détaillés les postes budgétaires. Un tableau synthèse permet d'avoir un cliché instantané du budget global. Il convient de se munir d'outils simples et peu énergivores. Plus il y a de tableaux à remplir, plus l'exercice est exigeant et on finit par s'en lasser. Dans une situation qui commandera une intervention prompte ou urgente durant le projet, la mise à jour de l'information passera rapidement en second. Par la suite, on a l'impression de pouvoir vivre sans cette mise à jour, ce qui conduira à la délaisser graduellement. Ainsi, si les moyens qu'on se donne sont simples d'utilisation et surtout utiles pour tous les intervenants au projet, on sera beaucoup plus porté à compléter l'information avec discipline. Il vaut mieux un système simple et incomplet à la portée de tous qu'un système exhaustif et énergivore.

Les exemples qui suivent fournissent une image de ce que peuvent être les besoins. Si un projet exige beaucoup de matériel et d'équipement, des tableaux plus détaillés pourraient être nécessaires. Dans le cas contraire, un seul tableau synthèse présentera tout le budget du projet.

L'achat de matériel (projet d'entrée de cour)

Articles	Coût unitaire	Quantité requise	Coût total	Remarques
Poussière de pierre	22 $/m³	50 m³	1 100,00 $	
Pavé imbriqué (bourgogne 10 x 20 cm)	1,25 $	432 pièces	540,00 $	Compagnie Brico
Sable fin à mortier	3,27$/unite de 20 kg	5 sacs	16,35 $	
Total global			1 656,35 $	

L'achat ou la location d'équipement (projet d'entrée de cour)				
Articles	**Coût unitaire**	**Quantité requise**	**Coût total**	**Remarques**
Brouette	27 $/jour	2 x 3 jours	162,00 $	
Compacteur	45 $/jour	1 x 3 jours	135,00 $	
Scie à béton	86 $/jour	1 x 3 jours	258,00 $	
Total global			555,00 $	

Pour tout projet, il faut déterminer le coût des ressources humaines. Plutôt que de mettre de l'énergie à décortiquer ce que chaque poste coûte à l'organisation il est conseillé de calculer combien coûte en moyenne une personne par jour. Pour y arriver, il s'agit de chiffrer la masse salariale totale de l'entreprise et d'y ajouter les avantages sociaux et les autres coûts du bureau. Le budget de fonctionnement en somme. Ensuite, on prend le budget de fonctionnement total qu'on divise par le nombre d'employés. Le résultat donne ce que coûte en moyenne une journée de travail pour une personne. Cette méthode peut être modulée en omettant la haute direction qui a un salaire plus élevé que la plupart des autres employés et qui peut biaiser cette donnée. C'est alors plus près de la réalité. Cependant, si la haute direction met du temps de gestion dans le projet (ce qui est tout à fait normal), il faudra aussi comptabiliser ce temps et donc ces coûts. C'est le cas par exemple dans une entreprise de consultation et qu'il y a facturation de temps à des clients. La direction voit alors à fournir ce montant en début d'année fiscale. On utilise alors la même donnée pour tout projet. C'est imprécis parce que les individus affectés aux divers projets de l'organisation ne correspondent pas toujours au coût d'une personne par jour, mais cette information constitue un très bon indicateur.

Dans l'exemple qui suit, le coût quotidien d'un employé au travail est de 500 $/jour. Ce montant couvre tous les salaires confondus, les avantages sociaux et les frais d'exploitation qui sont divisés par le nombre d'employés. Cette donnée offre aussi l'avantage de faire réaliser au personnel combien chacun coûte à l'organisation. Généralement, quand on ajoute les avantages sociaux et le fonctionnement, un employé coûte le double de son salaire à une organisation.

Ensuite, il faut à partir des postes nécessaires et des éléments livrables qui ont été mis au cheminement critique, évaluer combien de jours-personnes seront nécessaires pour l'exécution des éléments livrables et quelle autorité sera accordée aux individus en poste. Ce dernier élément mérite une attention particulière afin de prévenir les frictions.

EXEMPLE

Poste	Nombre de jours-personnes	Coûts	Autorité accordée	Remarques
Responsable de la logistique	14 jrs-personnes	7 000 $	Engager des dépenses < 5 000 $	
Responsable du chantier	50 jrs-personnes	25 000 $	Autorité entière sur la réalisation des travaux	Autorité sur les travailleurs du chantier ainsi que sur les sous-traitants
Responsable des achats	20 jrs-personnes	10 000 $	Aucune autorité pour les dépenses ni autorité hiérarchique	
Chef de camp	90 jrs-personnes	45 000 $	Autorité hiérarchique totale sur la vie au camp	
Approvisionneur	90 jrs-personnes	45 000 $	Aucune	Voit à l'approvisionnement pour la vie au camp
Contremaître en chef	90 jrs-personnes	45 000 $	Autorité hiérarchique sur les travailleurs du chantier	
Technicien aux achats	90 jrs-personnes	45 000 $	Aucune	Voit aux achats des matériaux et de l'équipement pour le chantier
Total global	**444 jrs-personnes**	**222 000 $**		

Les personnes affectées au projet qui ont la responsabilité d'une équipe, du matériel et de l'équipement devraient utiliser ces tableaux en tant que responsables de tous les détails pour ces aspects.

Pour celui qui est chargé de projet, il devra extraire l'information qui convient. Habituellement, le total des dépenses en ressources humaines, en matériel et en équipement suffira.

Pour un projet important comme la construction d'une maison, par exemple, le tableau suivant pourrait être utilisé :

Projet : Construction de la maison Lalumière
Chargé(e) de projet : Annie Laforest

Mise à jour : 27 mai
Par : Annie Laforest

BUDGET	$ budget	$ réel	Variance	% variance	Projection	Remarques
REVENUS						
Budget de base	25 000 $	23 000 $	– 2 000 $	– 8 %	23 000 $	Complété
Autres revenus (prêt)	200 000 $	200 000 $	0 $	0 %	200 000 $	Complété
Total des revenus	225 000 $	223 000 $	– 2 000 $	– 1 %	223 000 $	Complété
DÉPENSES						
Achat de terrain	25 000 $	25 000 $	0 $	0 %	25 000 $	Complété
Arpentage et certificat de localisation	7 000 $	8 500 $	+ 1 500 $	+ 21,4 %	8 500 $	Difficulté à localiser les vieilles bornes : surplus aux frais des proprios
Chargée de projet	15 000 $				15 000 $	Contrat ferme à moins de demandes des propios
Entrepreneur général	166 000 $				166 000 $	Contrat ferme à moins de demandes des propios
Décorateur	4 500 $				4 500 $	Estimation
Articles de décoration	5 500 $	8 500 $	+ 3 000 $	+ 55 %	8 500 $	Estimation
Peinture (amis)	1 500 $				1 500 $	Estimation
Déménagement (amis)	500 $				500 $	Estimation
Total des dépenses	225 000 $	42 000 $	+ 4 500 $	– 2 %	229 500 $	
Revenus - dépenses	0 $	181 000 $	– 6 500 $	– 3 %	– 6 500 $	

VOTRE PROJET

Les coûts représentent toujours un facteur important dans un projet. Bien que l'argent soit un élément pour en permettre la réalisation, il demeure un aspect auquel on attache une certaine attention quand le budget est respecté, mais devient d'une très grande importance quand le budget « défonce ».

Il faut utiliser un système de planification des coûts qui soit simple à comprendre, simple à utiliser et dont l'usage est signifiant pour tous. Il faut éviter les outils qui demandent énergie et temps. Le système doit être compréhensible pour tous. Question d'équilibre ! Le projet réussira dans la mesure où tous se reconnaissent et que ceux qui y travaillent veulent qu'il réussisse. Au lieu de compter uniquement sur les systèmes pour réussir un projet, il faut avant tout rallier les membres de l'équipe.

Construisez votre propre tableau pour pouvoir visualiser en un coup d'œil l'ensemble du budget. Vous pouvez en rester à des postes budgétaires généraux (par exemple les salaires et avantages sociaux, l'achat d'équipement, les services professionnels, les frais d'impression, etc.) ou les détailler (énumérer les services professionnels requis pour l'arpentage, le design d'intérieur, etc.). Dépendant de l'ampleur de votre projet, vous pourrez y aller avec beaucoup de détails ou en rester au général. Chose certaine, il faut que quelqu'un dans votre entourage s'occupe des détails si vous-même voulez vous en tenir à des postes budgétaires plus généraux.

Une fois l'exercice complété, il existe un cadre solide pour le projet. Il faut autant que possible aller dans le détail même en sachant que la planification ne se réalisera pas comme prévue. La planification est la meilleure supposition possible du déroulement des activités qui mèneront à la réalisation du projet.

L'ORGANISATION

Cette phase équivaut à traduire le plan établi précédemment en actions concrètes.

L'organisation d'un projet consiste à passer à l'action et à confier les rôles définis précédemment à des individus ou des collaborateurs. C'est l'étape à laquelle on affecte les ressources à un projet, commande les matériaux, réserve l'équipement nécessaire et confie les responsabilités aux individus qui font maintenant partie de l'équipe du projet. Le chargé de projet délègue des tâches précises à des individus. Le plan établi à l'étape de la planification sert de cadre.

LES RESSOURCES HUMAINES

C'est l'affectation des ressources humaines qui est prépondérante dans l'organisation. Ce sont les humains qui sont le « carburant » dans tout projet. Il est donc important de porter une attention particulière au recrutement et à l'affectation des personnes.

Ainsi, il est temps de « combler » les cases de l'organigramme. « On met des images dans le cadre », si on peut dire. Quand on a déterminé les postes nécessaires auparavant, on a bien sûr une bonne idée de qui sera associé au projet. Il est difficile de dissocier la description des postes des gens qui composent l'équipe. Toutefois, il est à propos de s'en tenir aux postes essentiels dans un premier temps. On procède alors en identifiant les besoins réels en premier lieu plutôt que d'avoir des réflexes automatiques et d'inclure toujours les mêmes personnes. Le choix demeure objectif et permet une certaine rotation dans les affectations et les tâches.

Dans un second temps, s'il s'agit d'une équipe, il importe d'identifier toutes les personnes qui la composeront. Ainsi, en sachant exactement où ils devront intervenir dans le projet, les individus impliqués développeront un sentiment d'appartenance à l'équipe et se sentiront concernés par la réussite du projet.

On a intérêt à être entouré d'une équipe polyvalente et à développer des talents multiples dans l'équipe. Il arrive aussi dans plusieurs organisations que les chargés de projet puisent dans une équipe d'individus qui peuvent être affectés à divers projets. L'équipe peut donc varier selon que les individus sont déjà ou non affectés ailleurs.

EXEMPLE

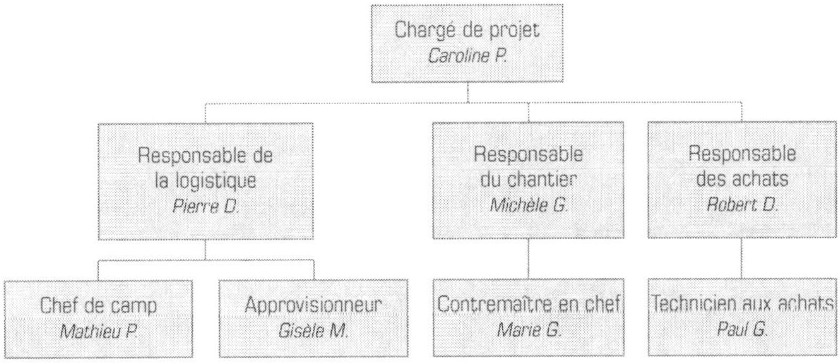

Le chargé de projet doit évaluer les ressources humaines affectées au projet et pourvoir des formations nécessaires pour que les employés réussissent à accomplir leur tâche avec succès. Cette formation, vue parfois comme lourde et consommatrice de temps, est garante de la qualité des résultats. La personne nouvellement formée y trouve un bénéfice rapidement mis à profit. On peut aussi demander à un collègue expérimenté d'accompagner une personne pour quelques heures ou quelques jours. Cette forme de compagnonnage contribue aussi à bâtir un esprit d'équipe solide.

Pour combler les postes prévus à l'organigramme, le chargé de projet puise habituellement chez les personnes qui travaillent déjà dans l'entreprise. Certaines organisations identifient un « répartiteur » des ressources pour équilibrer les mandats et s'assurer au bout du compte de la qualité du projet.

S'il le faut, le chargé de projet recrute des personnes pour des emplois saisonniers ou temporaires. Cette façon de faire présente ses difficultés à plusieurs points de vue. La qualité de la main-d'œuvre disponible, le taux de roulement élevé, la motivation, la gestion à distance dans le cas de projet dans des endroits éloignés, la gestion des heures supplémentaires, l'éloignement, sont autant de facteurs dont il faut tenir compte. La rémunération équitable est toujours un facteur important à considérer tout autant que les conditions de travail et de vie pour un projet en région éloignée.

Le chargé de projet a grand intérêt à clarifier les politiques et les règles de l'entreprise au moment de l'embauche. Ainsi, les personnes qui acceptent un poste savent à quoi s'en tenir durant leur affectation. Il faut aussi voir à appliquer les mêmes politiques et règles en cours de travail. Il faut que « les bottines suivent les babines » !

C'est là où le rôle des leaders dans l'équipe du chargé de projet prend toute son importance. Évidemment, si le chargé de projet a impliqué les membres de son équipe à l'étape de la planification, s'il a bien expliqué le mandat et s'il fonctionne à livre ouvert, cela responsabilisera grandement les « capitaines » de l'équipe qui se sentiront investis du devoir de réussir le projet. S'ils ne sont qu'un rouage parmi tant d'autres, ils n'auront pas cette flamme nécessaire qui contamine l'équipe « terrain » par la motivation et l'intérêt face au projet.

VOTRE PROJET

Reprenez l'organigramme élaboré à l'étape précédente et placez-y les personnes à qui vous voulez confier les responsabilités de la réalisation du projet. L'organigramme est un visuel très puissant qui permet à tous de connaître la « hiérarchie » de votre projet et la répartition des responsabilités.

Pour le projet dont vous avez la charge, à la ligne « responsable » du cheminement critique que vous avez établi, indiquez avec leurs initiales les individus à qui vous allez confier la réalisation ou la livraison de tel ou tel élément livrable. Il peut s'agir d'une ou de plusieurs personnes. Autant que possible, il faut identifier tous les individus s'il s'agit d'une équipe. Ainsi les personnes affectées au projet verront où elles auront à intervenir et auront un sentiment d'appartenance à l'équipe et au projet.

LE NIVEAU D'AUTORITÉ ACCORDÉ

C'est un sujet qui suscite toujours beaucoup de discussions. Les exécutants souhaitent avoir le plus d'autonomie et d'autorité possible alors que la haute direction aime garder un certain niveau de contrôle sur les activités d'un projet. Ces éléments varient d'une organisation à l'autre.

L'équilibre n'est jamais aisé à atteindre. Si les exécutants ne se sentent pas appuyés, ils auront tendance à faire leur travail sans plus. D'autre part, s'ils sont responsables, ils verront à l'exécution de leur tâche avec empressement et un souci de réussite, de qualité et d'efficacité. Ils seront plus motivés. Une telle approche comporte toujours certains risques puisque chaque individu ne se comporte pas de manière identique face à l'autorité qui lui est accordée.

Cependant, les chargés de projet ont intérêt à responsabiliser les personnes membres de leur équipe qui démontrent le plus de leadership. Ainsi, on les identifie comme « chefs d'équipe » ou « capitaines ». On verra à former ces leaders pour qu'ils connaissent bien les règles de fonctionnement et pour qu'ils soient en mesure de les appliquer auprès des membres de l'équipe. On les rend responsables de la mise en application de ces règles. Il faut aussi insister régulièrement sur le respect de ces règles et normes, car les « capitaines » sont eux aussi bénéficiaires car ils sont avec toute l'équipe en situation de projet. De plus, il peut être difficile pour certaines personnes d'appliquer fermement ces règles car ils vivent avec ces personnes au quotidien. Le chargé de projet doit garder un œil vigilant sur ces aspects car ils sont souvent source de tension au sein d'une équipe et peuvent mobiliser l'attention pendant plusieurs jours, au détriment du projet. Dans la majorité des cas, on a intérêt à rémunérer ce rôle de « capitaine ». Le coût additionnel peut s'amortir assez vite quand le « moral » est bon.

Il est aussi crucial que ces règles, normes et procédures soient appliquées équitablement par tous les chargés de projet. Partant du principe que tout finit par se savoir, cela peut créer des situations conflictuelles entre les équipes. Les situations qui suivent en sont des illustrations.

EXEMPLES

- Un chargé de projet approuve un compte de dépenses pour un repas dont le coût dépasse la norme.
- Un « capitaine » signe une feuille de temps pour un nombre d'heures supplémentaires un peu gonflé !
- Un chargé de projet autorise à l'occasion un employé à utiliser son véhicule personnel (km remboursé) plutôt qu'un véhicule loué.
- Une équipe de projet séjourne dans un endroit haut de gamme alors qu'une autre équipe est confinée à un établissement « ordinaire » pour épargner des kilomètres de déplacement et du temps.
- Un « capitaine » ferme les yeux sur l'utilisation d'un aéronef après les heures de travail pour une partie de pêche.

L'application des règles évoquées précédemment exige une bonne connaissance des politiques et des procédures de l'entreprise. Au besoin, la haute direction formera tous les chargés de projet afin qu'ils aient tous la même compréhension. Il est important que les procédures pour l'octroi des contrats, l'achat d'équipement, le temps supplémentaire, les comptes de dépenses soient acquises et appliquées uniformément par tous les responsables.

Le chargé de projet assure la coordination et surtout la direction du projet. Il est important qu'il établisse une relation de confiance avec la haute direction. Par exemple, il doit donner l'heure juste en tout temps et travailler à résoudre les problèmes promptement. Il doit être constamment au cœur du projet. S'il travaille pour plaire à la haute direction et que les vrais problèmes sont camouflés, lorsque surviendront des difficultés majeures, le lien de confiance sera brisé. Il ne doit donc pas hésiter à faire part de situations problématiques et à proposer des solutions réfléchies.

S'il est un élément d'importance, c'est la solidarité entre la haute direction et les chargés de projet. Il doit régner une confiance mutuelle et un lien d'entraide constant. Cela demande de la retenue de la part de la haute direction dans certains cas et de la franchise dans le cas des chargés de projet. La haute direction doit être solidaire des actes et des décisions des chargés de projet et doit voir à l'amélioration du fonctionnement en apprenant des problèmes survenus, ainsi qu'à la formation des chargés de projet pour éviter que les mêmes problèmes se répètent à l'avenir.

➢ LES ATTENTES

Il est essentiel que les politiques, procédures et outils utilisés par les chargés de projet correspondent d'abord à leurs besoins. Si ces outils sont « imposés » par la haute direction, ils seront utilisés à contrecœur et mis à jour uniquement pour les besoins de la haute direction.

Il en va de même pour les exécutants du projet. Ils doivent bien comprendre les attentes et connaître les règles qui gouvernent la situation. Leur niveau d'autorité doit être clair et ils doivent se sentir à l'aise lorsqu'ils ont une décision à prendre ou une action à poser. En dehors de ce contexte, on doit leur préciser s'ils peuvent prendre des initiatives mesurées ou non et prendre des risques calculés ou non.

Plus les exécutants auront d'information sur la nature du projet, le contexte, le client et leur autorité, plus leur réaction sera articulée et cohérente avec le projet, la mission, la vision et les valeurs de l'entreprise.

➢ LES CONTRATS

L'octroi des contrats est toujours un sujet « spécial » dans une entreprise. Bien souvent, la seule certitude une fois qu'il est signé, c'est que l'argent « va sortir ». De plus, on n'est jamais assuré qu'on a fait le bon choix par rapport au type de contrat.

Il existe plusieurs possibilités. Le contrat à coût fixe représente l'option la plus facile à gérer. On n'a qu'à se préoccuper de la qualité du projet et à payer la facture. On comprend aussi que c'est l'entrepreneur qui assume la grosse part du risque dans une telle situation. Comme le contrat est à prix fixe, il sera responsable des couts supplémentaires en cas d'imprévus. L'entrepreneur inclut évidemment ses risques dans la soumission. Dans pareil cas, on demande à trois soumissionnaires et on peut s'attendre à des écarts appréciables. Si la règle interne est de choisir le plus bas soumissionnaire, on s'expose au risque que la qualité du projet en souffre. De plus, un entrepreneur dont la compétence n'est pas établie pourrait tout simplement abandonner les travaux s'il réalise en cours de route qu'il se dirige vers une perte appréciable.

L'autre possibilité à envisager est un contrat à prix unitaire. On s'entend avec un entrepreneur pour la réalisation de travaux à un prix établi. Il peut s'agir par exemple d'un prix fixe pour un mètre cube de matériel déplacé, un hectare de forêt traité, etc. L'entrepreneur court peu de risques dans ce type de contrat. Cependant, il faut assurer une surveillance presque constante des travaux, car il faut contrôler la qualité du travail. L'entrepreneur a intérêt à produire le plus possible, sans se soucier de la qualité. Ainsi, tout travail qui demande de la précision ou de la « dentelle » comporte davantage de risques dans une situation semblable.

Le contrat à taux horaire est une autre possibilité. Un travail qui requiert une grande précision se prêtera bien à ce type de contrat. Cependant, l'entrepreneur a intérêt à « prendre son temps » pour « étirer » le travail. La présence constante d'une personne de l'organisation sur le site des travaux est parfois nécessaire pour surveiller la productivité.

On notera que, dans tous les cas, si le projet n'est pas suffisamment bien planifié, et qu'il y a des ajouts en cours de route, on tombe alors en mode « coûts supplémentaires ». Nécessairement s'ajoutent des délais et le contrat de base est modifié. On veut terminer le projet à temps et donc la variable qui change est celle des coûts. L'entrepreneur est déjà sur place et on n'a pas le temps de faire faire de nouvelles soumissions. Normalement, un entrepreneur y voit son profit immédiat lorsque le projet en arrive à ce stade. C'est habituellement là où les projets « dérapent ». On ajoute des éléments, on veut terminer dans les mêmes délais et on est à la merci de l'entrepreneur. Les coûts augmentent et le projet nous échappe.

Il n'existe pas de contrat idéal qui assure avec précision l'atteinte de l'objectif du projet à l'intérieur de l'échéancier et des coûts prévus. Il appartient au chargé de projet de déterminer quel est le meilleur type de contrat selon le projet. Ce dernier peut aussi réfléchir à des approches différentes pour un projet et tenter des initiatives qui sortent des sentiers battus.

Il faut comprendre que plus on doit assurer une surveillance étroite sur le site des travaux, plus les coûts internes sont élevés. Il faut équilibrer la qualité du projet, le respect de l'échéancier et les coûts. Le chargé de projet doit pouvoir analyser la situation et proposer la meilleure approche.

➢ LES RAPPORTS AVEC LE CLIENT

Lorsqu'on est dans la phase organisation du projet, il faut définir les rapports et les relations avec le promoteur. Il faut se rappeler que le promoteur est le client et qu'il est le « propriétaire » du projet. On doit déterminer qui, dans l'entreprise, maintient le contact avec le promoteur. Il n'existe pas de règle précise. La haute direction est normalement responsable du contact avec le promoteur. Cependant, on a grandement intérêt à impliquer les intervenants au projet dans les relations avec le promoteur. Ce « contact » réel avec le promoteur est important à plusieurs points de vue. Il permet au chargé de projet de se mettre en valeur auprès du client, de mieux percevoir la « vision » du promoteur face à son projet et s'ensuit une motivation accrue qui insuffle une énergie supplémentaire au projet.

Le chargé de projet doit également surveiller qui est le véritable contact chez le promoteur. On peut voir, à l'occasion, des « visiteurs » représentant le promoteur donner des ordres et passer des commandes auprès des capitaines ou directement auprès des exécutants du projet. Le chargé de projet doit s'assurer que ces demandes sont officiellement le souhait du promoteur. De plus, il doit ménager les *ego*, car il est bien possible que le promoteur réprimande son employé s'il a outrepassé son autorité. Dans ce cas, cet employé pourrait être un obstacle à la bonne marche du projet par la suite. Cela demande diplomatie et tact.

Le chargé de projet doit aussi flairer l'intérêt démontré par le représentant du promoteur pour le projet. Malheureusement, il arrive que le promoteur confie son projet à l'interne à quelqu'un qui n'y voit qu'une tâche supplémentaire embêtante. Le chargé de projet doit alors tenter d'intéresser cette personne par des contacts plus fréquents, des rapports clairs et concis ou une visite du projet.

On peut privilégier une visite sur le site des travaux avec le promoteur, la haute direction, le chargé de projet et les « capitaines ». On ne doit pas sous-estimer l'impact positif de tels échanges. Habituellement, lorsque bien menées, ces « tournées » insufflent une bonne dose d'adrénaline à toute l'équipe !

LA LOGISTIQUE

Lorsqu'un projet se réalise en dehors des locaux de l'entreprise, il faut prévoir une bureau temporaire. Cela crée une complexité supplémentaire dans tout projet. Les contraintes dues aux conditions atmosphériques, les délais occasionnés par les distances, l'isolement des équipes ne sont surtout pas à négliger.

Lorsqu'une grosse équipe doit travailler dans un lieu éloigné, on a intérêt à confier la responsabilité de la gestion du « camp » à une personne fiable et qui a une solide expérience en logistique. Tous ces facteurs passent inaperçus s'ils sont bien gérés. Cependant ils peuvent compromettre le succès du projet et devenir des irritants majeurs si on ne prend pas au sérieux les difficultés occasionnées par le travail à distance.

VOTRE PROJET

Pour votre projet, réfléchissez à vos attentes par rapport aux attitudes et aux comportements que vous souhaitez voir chez vos équipiers. Lorsque vous démarrerez votre projet, vous pourrez alors faire part de vos attentes et illustrer avec des exemples les initiatives que vous aimeriez voir ou les situations auxquelles vos équipiers feront face et pour lesquelles vous voulez qu'ils demandent votre approbation. Ainsi, vos équipiers sauront à quoi s'en tenir quand ils feront face à des imprévus. Ils auront un « corridor » comme point de repère. Vos explications démontreront que vous leur faites confiance et que vous-même êtes lié à des impératifs.

Si vous devez avoir une relation d'affaires avec des entrepreneurs, déterminez avec votre équipe et votre entourage quels sont les types de contrats qui sont les plus appropriés pour les éléments de votre projet.

Compte tenu de ce que vous connaissez du client, de sa vision du projet et de ses objectifs, identifiez qui dans votre organisation devra maintenir le contact avec le client. Vous pouvez également nuancer que pour certains aspects, différentes personnes peuvent intervenir avec le client.

Vous devez également déterminer qui dans votre équipe entretiendra les relations avec les entrepreneurs. Peu importe qui vous choisissez, il faudra s'en tenir à ce que vous avez décidé ensuite pour éviter la confusion.

La direction

La fonction « direction » implique que le chargé de projet « anime » le projet par sa présence, son leadership et son intérêt. Plusieurs gestionnaires croient que l'établissement de systèmes de management et de suivi d'un projet fait le travail. On a beau avoir la structure parfaite, il faut aussi y mettre de la vie et de l'enthousiasme. C'est l'essence même du leadership. Une présence humaine soutenue est indispensable à la bonne marche. Le gestionnaire chargé du projet doit s'intéresser au projet et non s'en « débarrasser » en confiant des tâches à son équipe. Il doit aussi apprécier le travail des membres de l'équipe et reconnaître les mérites tout comme les éléments qui nécessitent ajustements et améliorations. Cela demande une « présence » et des observations pertinentes sur le travail des intervenants au projet. En bref, on peut dire que si le chargé de projet n'assure pas une présence continue, les membres de l'équipe ne seront pas portés à faire plus que le chargé de projet lui-même en fait ou en demande.

Le quotidien d'un projet comporte plusieurs tâches diverses et un niveau de détails souvent complexe. Ainsi, la meilleure planification ne se réalisera jamais telle que prévue. Les relations entre les personnes sont aussi très délicates à maintenir en harmonie et il faut absolument que le chargé de projet agisse comme un maître avec ses élèves.

Des incompréhensions et des tensions peuvent survenir entre les individus à la suite d'exigences du client, de changements demandés par le client, de négligence, de situations personnelles inhabituelles et de problèmes à résoudre. Ce sont autant de cas que le chargé de projet doit solutionner en cours de route. Une présence solide assure un bon cheminement du projet. Une absence de direction aboutit dans la majorité des cas à un échec.

Le meilleur système de gestion de projet peut être bousillé par les individus en place. Par contre, une équipe qui souhaite vivement la réalisation d'un projet sous une habile direction fera du projet une réussite, même si le cheminement peut être désordonné. La combinaison d'une direction soutenue et d'un système solide est garante de la réussite d'un projet.

Le terme « leadership » résume ce que représente la « direction ». C'est le chargé de projet qui a la responsabilité « d'animer » un projet. Concrètement, cela signifie qu'il doit communiquer avec les membres de son équipe et les autres intervenants au projet; qu'il doit diriger des réunions productives; qu'il doit déléguer des tâches aux bons individus; qu'il doit résoudre les problèmes qui surviennent promptement et de façon efficace; qu'il doit évaluer constamment la performance des membres de l'équipe.

Être chargé de projet requiert de multiples talents ! Très rarement va-t-on trouver tous ces talents chez un même individu. Ces habiletés s'acquièrent avant tout avec le désir de bien faire, le temps, la pratique et l'expérience. Un chargé de projet doit pouvoir identifier ses propres habiletés de gestion, déterminer où il veut aller, à quelle profondeur il veut aller pour les développer et prendre des actions concrètes pour y parvenir. L'intérêt est le premier ingrédient nécessaire. Bien sûr, lorsqu'on vient d'être investi du titre de « chargé de projet », ce rôle est très exigeant, voire intimidant. Cependant, le chargé de projet peut compter sur l'appui de la direction et la collaboration de ses collègues les plus expérimentés. Bien qu'il y ait obligation de réussite, le chargé de projet n'est pas seul au monde. Les membres de son équipe aussi sont des alliés précieux si la relation de confiance s'établit correctement.

Pour réussir, il faut avant tout demeurer humain et rester soi-même. On peut bien communiquer, même si on est une personne réservée. Il ne faut pas tenter de devenir un communicateur flamboyant si on est réservé. Il faut aussi respecter les personnes et faire preuve d'une écoute efficace. On doit aussi reconnaître qu'on n'est pas parfait dans ce rôle et que, finalement, personne ne l'est. Il faut reconnaître ses erreurs et y voir une façon de s'améliorer. Une attitude positive, du respect pour les gens, rester soi-même et humain, sont des gages de reconnaissance et surtout de collaboration. L'entourage témoignera de la confiance dans le leadership du chargé de projet et il donnera la « chance au coureur ».

LA COORDINATION

Coordonner veut dire agencer le travail des personnes, de l'équipement, des tâches pour une efficacité maximale et la réussite du projet. Cela demande une personne qui prend de la distance, du recul par rapport au quotidien, qui voit la progression du projet et qui peut anticiper les gestes à poser pour que le projet se réalise dans les délais prévus et selon les coûts prévus.

Pour y arriver, cette personne dispose des outils décrits précédemment. Il faut donc avoir une personne ou un groupe de personnes qui sont chargés de mettre à jour les informations relatives à un projet et informer les intervenants au projet de l'état de la situation.

Le chargé de projet doit aussi détenir une autorité sur les membres de son équipe. Il doit faire connaître cette autorité officiellement à ses équipiers. Ainsi quand il demande un travail, ses équipiers doivent considérer cette demande comme un « ordre » autoritaire et hiérarchique. Cette nuance est importante car il arrive que des ressources soient affectées temporairement à un projet. Le chargé de projet doit donc clarifier que lorsque cette personne y travaille, il a autorité sur elle. Son rapport hiérarchique est avec le chargé de projet. C'est parfois une ligne très fine qui demande de la complicité entre le chargé de projet et le superviseur hiérarchique habituel de cette personne.

La formule hybride qui fonctionne bien est celle où le chargé du projet a l'autorité pour prendre les décisions relativement au projet. Toutefois, ses équipiers demeurent sous la supervision hiérarchique de leur patron régulier. Le chargé de projet doit réussir à impliquer à fond ses équipiers et les faire participer aux décisions, demander leur avis, leur accorder de l'autorité pour les tâches qu'ils ont à réaliser, mais demeure l'autorité ultime du projet. Cette formule participative requiert du doigté et un équilibre de la part du chargé de projet qui doit informer tous les membres de l'équipe des objectifs du projet, du progrès réalisé, les impliquer dans les décisions et mettre leur expertise à contribution pour résoudre les problèmes.

L'ÉCOUTE

Diriger une équipe de projet requiert plusieurs aptitudes. S'il en est une qui est importante, c'est l'écoute. En situation de gestion de projets, il y a des décisions à prendre, des réponses à donner, des actions à orienter. Cela crée de l'urgence et on souhaite que les événements se déroulent rapidement. On prend moins de temps pour écouter et, au bout du compte, la mauvaise compréhension résulte en du travail à recommencer ou un problème non résolu.

Avoir une écoute de qualité est une habileté très importante pour un chargé de projet, cela signifie qu'il écoute avec ses oreilles, ses yeux et sa bouche. Avec ses oreilles, il entend ce que son interlocuteur lui dit et, surtout, s'il écoute bien, il comprend ce que celui-ci veut lui dire; avec ses yeux, il reste concentré sur la conversation pour ne pas être distrait, il soutient alors le regard de son vis-à-vis; avec sa bouche, il répète dans ses propres mots ce qu'il vient d'entendre, cela envoie un message très fort comme quoi il a bien écouté et a compris.

Mais une bonne écoute se caractérise par l'absence d'interruption de la personne qui parle !

LA COMMUNICATION CONTINUE

On sous-estime l'importance de la communication en gestion de projet. Les individus apprécient connaître le progrès du projet auquel ils contribuent. Chacun aime savoir à quoi sert le travail qu'il effectue. C'est une forme de motivation importante. Ainsi, lorsqu'une personne a réalisé une tâche en cartographie, par exemple, elle aime bien savoir que son travail a été utile et que ses compétences ont contribué à la qualité du projet. C'est au chargé de projet à faire ces liens importants et parfois subtils avec tous les intervenants. Lorsqu'il y a absence de communication, les individus réalisent des tâches mais ignorent dans quelle mesure le travail qu'ils ont accompli est utilisé ou a été utile.

Il faut donc que le chargé de projet communique régulièrement avec son équipe et les autres intervenants au projet. Que ce soit une étape réalisée, une approbation obtenue, il est important d'informer les équipiers du déroulement d'un projet.

Communiquer le plus souvent possible par écrit ou verbalement est la règle à suivre. Un message écrit à toute l'équipe, une mention lors d'une réunion et un appel à quelqu'un qui travaille en région isolée sont des « piqûres » de motivation. On peut aussi communiquer des informations concernant le progrès d'un projet, la résolution d'un problème qui a porté fruit, un client pour qui on a trouvé une solution satisfaisante. Ce sont autant d'éléments qui mettent de la vie dans un projet.

La communication est élémentaire et essentielle et doit être une composante du projet. On peut même identifier des étapes au cheminement critique où on communiquera « officiellement » de l'information au sujet du projet.

VOTRE PROJET

Vous devez prévoir des étapes durant le déroulement où vous souhaitez communiquer sur les progrès du projet. Par exemple, lorsque vous aurez tenu un contrôle sur la rencontre de l'objectif et sur le respect de l'échéancier et des coûts, vous pourriez très bien insérer dans le cheminement critique une étape appelée « communication ». À cette étape, vous tenez une réunion ou vous envoyez une note pour décrire où le projet en est rendu, s'il y a des modifications et, s'il y a lieu, quelles sont les mesures pour remettre le projet sur les rails. Vous verrez que c'est très important de faire ces communications et que le temps investi à le faire rapporte des dividendes. Vos équipiers seront plus motivés et énergisés et ils auront à cœur autant que vous la réussite du projet, car ils se sentiront impliqués.

Si vous ne le faites pas, vous aurez à investir plus de temps dans la résolution des cas imprévus et tout ce qui est en dehors du cadre planifié se retrouvera sur votre bureau. Vos équipiers seront « tièdes » par rapport à votre projet puisque ce ne sera que le vôtre...

Le suivi

Auparavant, cette phase était appelée « contrôle ». Le terme « suivi » est plus approprié car il est plus adapté à la réalité de la fonction. On veut suivre le déroulement d'un projet pour s'assurer qu'il se réalise selon ce qui est planifié et souhaité. Si ce n'est pas le cas, on peut réagir et modifier le plan pour s'assurer que le but du projet, ses objectifs et la qualité sont les mêmes, tout comme l'échéancier et les coûts.

Le suivi d'un projet doit d'abord et avant tout correspondre aux besoins du chargé de projet. Il y a de bonnes chances ensuite pour qu'il corresponde également aux besoins de toute l'organisation.

L'information disponible et à jour en est l'outil clé. Elle permet de savoir si on est sur la bonne route et de corriger la trajectoire si nécessaire. Bien évidemment, le chargé de projet possède un énorme pouvoir sur le projet puisqu'il en contrôle l'information. Qui possède l'information possède le pouvoir en quelque sorte. Le chargé de projet a intérêt à travailler à « livre ouvert » avec son entourage. Autrement, s'il filtre ou cache trop d'informations, le lien de confiance entre la direction et lui tout comme celui avec son équipe sera brisé. Les véritables contrôles viendront ensuite et d'ailleurs. Bien qu'il ne soit pas bon de tout dire, le chargé de projet se doit de pouvoir expliquer les différences entre la planification et la réalité. Pour ce faire, il doit maintenir un lien étroit avec le projet et s'y intéresser.

Le suivi doit être équilibré entre les besoins de l'organisation et l'énergie requise pour nourrir le système. On comprend facilement que plus le système de suivi sera élaboré, plus il sera lourd à maintenir. Cela demande énergie et temps. De plus, un système lourd risque d'être rapidement abandonné si les intervenants au projet n'en comprennent pas l'utilité. Le système de suivi doit être utile et éloquent, simple à comprendre et à nourrir. « Le remède ne doit pas faire plus de mal que le bobo ! »

Le système de suivi retenu doit être rigoureusement et régulièrement mis à jour. Autrement, le lien de confiance entre l'information commune disponible et le savoir des chargés de projet est brisé. S'ensuit un désintéressement de la part de tous et on abandonne graduellement les outils de suivi pour revenir à la bonne vieille méthode : rien du tout ! En conséquence, cela requiert plus de temps par la suite pour obtenir l'information exacte et à jour. Le chargé de projet doit faire preuve de rigueur dans la mise à jour du suivi et y inscrire comme complètes les étapes qui le sont réellement. Par exemple, une approbation verbale d'un projet est-elle suffisante par rapport au permis approuvé et reçu en bonne et due forme ?

LE PROGRÈS

Il y a deux éléments qu'on doit suivre : l'objectif du projet et sa qualité. Le cheminement critique établi permet de suivre adéquatement le projet. Le projet a été décortiqué en ses divers éléments livrables et des étapes de contrôle qui permettent de faire le point ont été établies avec la possibilité si nécessaire de faire approuver les modifications par le promoteur ou la direction. On doit aussi vérifier si les critères de qualité du projet sont rencontrés.

Donc, à mesure que le projet se déroule, la « carte routière » sera suivie pour voir si le projet s'en va dans la bonne direction. Ces éléments livrables et leur suivi permettent de valider la réalité du projet par rapport à sa planification.

Pour ce qui est de la qualité, les étapes de contrôle servent de guide. On peut, par exemple, après quelques éléments livrables du projet, décider d'une évaluation des coûts actuels, vérifier la qualité du travail selon les devis établis et poursuivre le projet si le coût unitaire est conforme aux normes de l'entreprise.

EXEMPLES

- On détermine une étape d'évaluation pour vérifier si le coût de revient par hectare équivaut bien à 80 $.
- On place une étape dans le cheminement critique pour compter le nombre de larves d'insectes présentes sur les feuilles après le deuxième traitement.
- Après cinq jours de travail, on vérifie si les données de l'oxygène dissous recueillies dans l'eau sont conformes aux normes pour éviter la prolifération des algues bleu-vert.

Préférablement, la mise à jour est faite par le chargé de projet. Il est la « plaque tournante » du projet. Il se doit de bien posséder cette information et de pouvoir réagir rapidement si nécessaire. Aussi, cela lui permet et de communiquer régulièrement avec son équipe. Le chargé de projet envoie ainsi le message que le respect de la qualité, de l'objectif, de l'échéancier et des coûts sont importants, et il peut en profiter pour apprécier le travail de son équipe directement lors de ces communications.

Lorsque le chargé de projet constate des écarts importants entre ce qui a été planifié et la réalité, il doit réaligner le projet. Pour ce faire, il se met en mode « direction ». Il va, selon les circonstances, convoquer une réunion pour faire le point et prendre une décision avec son équipe. Il peut résoudre un problème au téléphone avec un membre de son équipe et il peut déléguer une tâche à quelqu'un pour que le projet se remette sur les rails. Dans tous ces cas, l'esprit de décision est essentiel. Pour les problèmes plus graves, il pourra même se rendre directement sur les lieux du projet pour constater la situation et induire les actions les plus satisfaisantes.

Le chargé de projet doit déterminer la fréquence des mises à jour officielles pour les projets dont il a la charge. Il peut évidemment faire ces mises à jour à mesure que les éléments livrables se complètent, mais il doit statuer un moment où l'information est réputée officiellement à jour et communiquée.

Normalement, une mise à jour chaque semaine est recommandée. Cela permet suffisamment de temps pour qu'un certain progrès se réalise et c'est assez fréquent pour réagir promptement aux problèmes, s'il y a lieu. Une fois la mise à jour complétée, il communique avec les intervenants qui peuvent ensuite consulter l'information s'ils le désirent. Si cela est possible et ne comporte pas trop de difficultés logistiques, on peut faire une réunion mensuelle pour discuter du déroulement du projet et planifier la suite.

On peut aussi déterminer à l'avance certains écarts qu'on va reconnaître comme acceptables, même s'ils dépassent l'échéancier ou les coûts. On utilise cette façon de faire lorsqu'on travaille sur un projet soumis à des variables hors de contrôle, notamment les conditions atmosphériques.

EXEMPLE

On peut prévoir le traitement à l'insecticide biologique d'un bloc de territoire pour une date cible, mais qui peut être dépassée de cinq jours dans le cheminement du projet si les conditions atmosphériques ne permettent pas le traitement. Une fois la date cible dépassée, le chargé de projet se doit d'être vigilant et d'être en contact régulier avec son équipe pour décider d'entreprendre ou non le traitement. Il est évident que plus la date ultime approche, plus on peut être tenté de procéder même si les conditions ne sont pas idéales. Il doit alors consulter au besoin les spécialistes du contrôle de la qualité pour prendre une décision éclairée : poursuivre ou reporter le projet. On détermine également une étape d'évaluation pour vérifier si le coût de revient par hectare dépasse 80 $.

Une situation semblable demande une bonne dose de jugement de la part du chargé de projet qui doit démontrer du leadership et s'assurer que la bonne décision est prise dans le meilleur intérêt du projet, du promoteur et de l'entreprise. Il a intérêt à aviser d'autres collègues et ses supérieurs dans les « gros cas ». Ce n'est surtout pas un signe de faiblesse de faire appel à des collègues pour des avis éclairés dans des situations délicates. On dit plutôt que c'est un signe de sagesse ! À cet effet, une réunion d'urgence peut être convoquée par le chargé de projet à laquelle sont conviées les personnes qu'il a lui-même choisies, incluant des membres de l'équipe.

Il est primordial que le chargé de projet réfléchisse lui-même et avec son équipe aux solutions. En plus d'utiliser les avis de l'entourage, d'experts, le chargé de projet peut envisager lui-même des solutions aux problèmes.

EXEMPLE

Il peut sembler facile pour quelqu'un de l'extérieur de simplement ajouter des ressources humaines lorsqu'un projet piétine. Cela fonctionne habituellement lorsqu'il s'agit d'activités administratives et répétitives qui demandent peu de compétences. Il n'est pas aussi simple d'affecter des ressources lorsqu'il faut de la main-d'œuvre spécialisée qui doit être formée rapidement. Cela ajoute habituellement à la complexité du projet, car on doit suivre ces nouveaux individus de plus près. On peut aussi faire des échanges avec d'autres chargés de projet lorsque la situation est plus corsée et qu'elle nécessite une personne d'expérience sur place. En cas de crise, on a toujours avantage à réaffecter des individus qui ont déjà participé au projet et dont la tâche est terminée. Ils ont déjà une bonne connaissance des objectifs du projet et ont à cœur sa réussite.

VOTRE PROJET

Dans le cheminement critique de votre projet, remplissez les cases des éléments livrables qui sont complétés. Si vous avez mis le tout sur Excel, utilisez la « petite chaudière » et remplissez la case. Vous constaterez que c'est un geste qui procure une grande satisfaction et qui vous mènera vers la réalisation complète du projet. Ce geste en apparence anodin revêt une grande signification !

Il se peut fort bien que vous ayez la responsabilité de diriger plusieurs projets en même temps, surtout si vous avez fait vos preuves comme gestionnaire de projets! Vous voudrez alors, en plus des outils de gestion de projets individuels, avoir une vue d'ensemble du progrès de chacun de ces projets. Si vos projets comportent plusieurs similitudes vous pouvez alors construire un cheminement critique commun pour ces projets.

Avec cet outil, vous pourrez suivre le progrès de chacun des projets et ainsi pouvoir réagir promptement lorsque nécessaire. Une maison d'édition, par exemple, mène des dizaines et dans certains cas des centaines de projets de livres en même temps. Avoir une vue d'ensemble de l'évolution de chacun des projets de livres permet la coordination de tous ces projets et, au besoin de substituer, des projets plus prometteurs quand d'autres traînent de la patte pour diverses raisons.

Le cheminement critique pour des projets semblables présenté à la page suivante est un bon exemple.

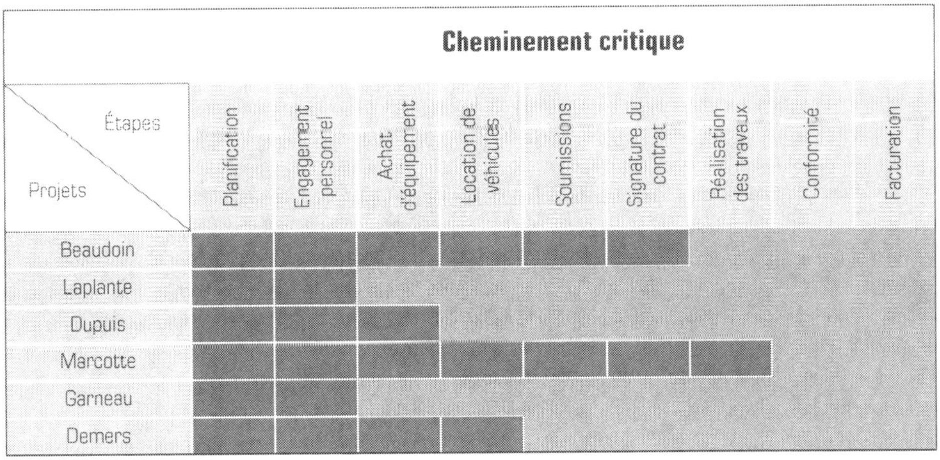

L'ÉCHÉANCIER

Pour pouvoir bien suivre l'échéancier, il faut l'inclure dans le cheminement critique pour qu'il constitue un élément important du projet. On a intérêt à identifier les personnes responsables de l'élément livrable tout comme la date à laquelle on planifie qu'il sera complété. Ainsi, on responsabilise les personnes et l'effet visuel démontre à tous que l'échéancier est un élément crucial du projet.

Dans le cheminement critique du projet, on devrait toujours insérer un espace pour inscrire des remarques. On peut donner une information pertinente à propos d'un élément livrable qui a du retard ou encore opter pour un scénario pessimiste, réaliste ou optimiste. Cela permet au chargé de projet de nuancer et de donner l'heure juste à son entourage. Pour l'entreprise dans son ensemble, cela permet aussi d'intégrer les projections de revenus et de dépenses avec plus de justesse.

Le chargé de projet doit être vigilant et communiquer clairement et régulièrement qu'il est important de respecter l'échéancier établi et les coûts prévus. Si le chargé de projet ne le fait pas, les intervenants au projet ne sentiront pas l'urgence d'agir pour compléter leurs éléments livrables selon l'échéancier et les coûts prévus.

Il doit aussi dans ses communications insister sur le fait qu'un échéancier qui s'allonge placera éventuellement le projet en mode « urgence ». Par ailleurs, on sait qu'un projet fait en vitesse diminue en qualité et que ses coûts augmentent.

Il ne faut pas exclure non plus la possibilité de le modifier ou d'augmenter les coûts. Bien que ces solutions ne soient pas souhaitables, ce sont souvent les plus évidentes.

De plus elles sont fréquentes. Il faut cependant éviter de reporter l'échéancier ou d'augmenter les coûts par négligence.

Pour s'assurer que les délais sont respectés pour les étapes qui nécessitent des approbations externes et qui sont en dehors du contrôle du chargé de projet, il a avantage à établir un contact avec les personnes responsables de ces approbations. Il doit « suivre » son dossier ! Par exemple, il s'informe si le dossier est bien reçu et demande si tout est conforme. Il demande si les analystes prévoient être en mesure de livrer le permis pour la date prévue.

De plus en plus, les organismes qui délivrent des permis et des autorisations s'établissent un délai maximal à l'intérieur duquel une réponse positive ou négative sera donnée au demandeur. Ce sont habituellement des organismes gouvernementaux (fédéral, provincial et municipal) qui « s'autodisciplinent » et s'en tiennent à leurs engagements.

Cependant, pour ce faire, les demandes d'autorisation doivent être complètes et compréhensibles. Le chargé de projet a donc intérêt à étoffer sa demande et à « respecter » les analystes qui se pencheront sur son dossier. Cette forme de respect mutuel établit une relation solide entre l'entreprise et les organismes qui donnent les autorisations. Cette approche aide beaucoup à rencontrer les délais et évite bien des tracas.

Le chargé de projet doit faire preuve de perspicacité dans son travail et être vigilant face aux problèmes d'un projet qui peuvent signifier un changement souvent fatal. Certains indices ne trompent pas et l'expérience du chargé de projet l'aide à réagir promptement lorsqu'il observe certains éléments qui vacillent : un délai d'approbation qui tarde, des matériaux dont le fournisseur retarde la livraison avec, en arrière-pensée, l'idée de livrer des matériaux comparables à la dernière minute alors que le client est coincé, ou une promesse non tenue pour fournir de la main-d'œuvre alors que les employés sont occupés ailleurs et vraisemblablement non disponibles. Le chargé de projet doit faire preuve de flair et se fier à ses intuitions lorsqu'il sent que quelque chose ne tourne pas rond. Il doit alors poser des questions et se faire une idée claire de la situation, sinon il risque d'être floué. Il demeure toujours responsable du projet.

La loi de Murphy :
« Anything that can go wrong will go wrong ! »
[« Tout ce qui risque d'aller mal, va aller mal ! »]

VOTRE PROJET

Mettez à jour l'échéancier de votre projet. Soyez conscient que si votre élément livrable est retardé de quatre jours, vous aurez probablement de la difficulté à rattraper ce temps. La livraison finale de votre projet s'en trouvera fort probablement tout autant décalée.

Inscrivez ensuite dans le cheminement critique, dans les espaces prévus, les scénarios optimiste, pessimiste et réaliste. Posez-vous la question ensuite si vous devez communiquer cette nouvelle information à vos supérieurs, au client et à votre équipe.

LE SUIVI DES COÛTS (LE BUDGET)

Le chargé de projet doit tout d'abord déterminer quelle information est nécessaire pour lui et son équipe. Normalement, la charge d'un projet est assortie d'objectifs et le respect des coûts estimés est un élément important.

Le chargé de projet doit se demander quelles dépenses il doit surveiller. C'est à lui de définir ses besoins et ce qu'il souhaite suivre par rapport aux coûts du projet.

Dans la plupart des entreprises, la comptabilité a déjà mis en place un système qui permet de suivre les dépenses. Un chargé de projet peut suivre ces dépenses par poste budgétaire, par exemple les salaires, les dépenses de voyage, l'achat de matériaux, les frais de sous-traitance, le nolisement d'aéronefs, les fournitures diverses, etc. C'est presque le niveau de détails le plus fin qui est disponible. Le chargé de projet a intérêt à voir lui-même les bons de commande, les réquisitions et les factures. Il peut même demander de les approuver ou à tout le moins d'y apposer ses initiales s'il n'a pas l'autorité de les approuver.

On a aussi besoin de l'information sur les dépenses engagées. Pour un chargé de projet, c'est au moment où ces dépenses sont autorisées que survient le point de non-retour. La facturation de ces dépenses survient souvent plus tard tout comme le paiement. Il doit donc garder la trace de ces dépenses qui surviennent bien en amont et qui peuvent causer de mauvaises surprises lorsque les factures arrivent ou lorsque les dépenses apparaissent dans l'information préparée par la comptabilité. Il sera trop tard pour réagir pour le chargé de projet. Il est important de « comptabiliser » la dépense engagée le plus tôt possible.

En parallèle, il gardera à l'œil les dépenses prévues et les dépenses réelles. Il est bon d'identifier les dépenses engagées par quiconque intervient au projet. C'est ce qui est important pour le chargé de projet. La comptabilité, pour sa part, s'intéresse plutôt aux dépenses engagées, aux factures reçues qui justifient les dépenses engagées et aux factures payées. Il faut comprendre qu'à l'étape du paiement des factures, il y a longtemps que l'argent est « sorti » et si le chargé de projet attend au paiement pour en tenir compte, le projet sera probablement sur le point d'être terminé. Un contrôle déficient des coûts risque de causer des désagréments.

Le chargé de projet a grandement intérêt à consulter la comptabilité et à lui faire part de ses besoins. Ainsi, la comptabilité préparera un système simple que le chargé de projet pourra « nourrir » et qui répondra à ses besoins. Le chargé de projet démontrera alors qu'il se sent responsable du projet et qu'il souhaite prendre les moyens nécessaires pour atteindre ses objectifs.

Dans ce cas également, on peut déterminer un écart négatif ou positif des coûts par rapport à la planification. On identifie le montant réel de l'écart ainsi que son pourcentage. Il peut arriver dans certains cas que l'entreprise accepte comme « normal » un écart de 5 % par exemple. Ainsi, lorsque le projet implique de travailler avec la nature et qu'il est dépendant des conditions atmosphériques, on peut s'attendre à des écarts qui sont inévitables et incontrôlables. C'est pourquoi l'entreprise peut déterminer des écarts acceptables à l'intérieur d'un certain pourcentage.

Dans certains cas, pour un projet qui peut comporter des écarts incontrôlables, on peut déterminer qu'un écart de 5 % ne nécessite pas d'explications alors qu'un de 10 % nécessite une justification au supérieur immédiat. Quand un écart atteint plus de 15 %, une approbation de la haute direction ou du CA est requise. C'est une façon d'insister sur l'importance du respect des coûts d'un projet et, surtout, après l'analyse des écarts, de proposer des façons d'améliorer les processus de gestion ou de réalisation des projets. Il faut voir dans cette procédure un processus d'amélioration continue, à la façon d'un coroner qui enquête sur un accident, par exemple, qui en explique les causes et qui propose des moyens pour éviter qu'un accident semblable se reproduise à l'avenir.

Tout comme on l'a fait pour le progrès et l'échéancier, on peut prévoir des scénarios pessimiste, réaliste et optimiste.

Le tableau construit pour planifier le budget sert maintenant pour suivre l'évolution des coûts du projet.

BUDGET	$ budget	$ réel	Variance	% variance	Projection	Remarques
REVENUS						
Budget de base	25 000 $	23 000 $	– 2 000 $	– 8 %	23 000 $	Complete
Autres revenus (prêt)	200 000 $	200 000 $	0 $	0 %	200 000 $	Complété
Total des revenus	225 000 $	223 000 $	– 2 000 $	– 1 %	223 000 $	Complété
DEPENSES						
Achat de terrain	25 000 $	25 000 $	0 $	0 %	25 000 $	Complété
Arpentage et certificat de localisation	7 000 $	8 500 $	+ 1 500 $	+ 21.4 %	8 500 $	Difficulté a localiser les vieilles bornes : surplus aux frais des proprios
Chargee de projet	15 000 $				15 000 $	Contrat ferme a moins de demandes des propios
Entrepreneur général	166 000 $				166 000 $	Contrat ferme à moins de demandes des propios
Décorateur	4 500 $				4 500 $	Estimation
Articles de décoration	5 500 $	8 500 $	+ 3 000 $	+ 55 %	8 500 $	Estimation
Peinture (amis)	1 500 $				1 500 $	Estimation
Déménagement (amis)	500 $				500 $	Estimation
Total des dépenses	225 000 $	42 000 $	+ 4 500 $	– 2 %	229 500 $	
Revenus - dépenses	0 $	181 000 $	– 6 500 $	– 3 %	- 6 500 $	

Dans le cheminement critique, on complète l'information pour les scénarios pessimiste, réaliste et optimiste. Il faut établir un lien étroit et essentiel de collaboration avec la comptabilité qui, de son côté, consolide et fait concorder les dépenses engagées par des bons de commande, des contrats, etc. avec les factures à recevoir et les paiements. Ici le travail du chargé de projet et de la comptabilité est très important. Il doit s'appuyer sur la complicité, le respect mutuel et un travail d'équipe pour réaliser un projet équilibré par rapport aux objectifs, à l'échéancier et aux coûts.

On doit déterminer la fréquence des mises à jour et des coordinations nécessaires. Règle générale, les mises à jour doivent être immédiates, c'est-à-dire que lorsqu'on engage une dépense, on « entre » l'information et on peut réviser l'état des dépenses à la semaine.

VOTRE PROJET

Faites la mise à jour du budget de votre projet. Une fois vos calculs faits, demandez-vous si les coûts que vous avez prévus et estimés au départ sont toujours réalistes. S'il y a dépassement (c'est le cas habituellement) devez-vous en aviser quelqu'un dans votre entourage ? Devez-vous communiquer avec les membres de votre équipe pour les informer de la situation ? Écrivez cette nouvelle information dans le cheminement critique. Il y a des cases où vous pouvez déterminer les scénarios optimiste, pessimiste et réaliste.

Normalement, avec ce qui précède, un chargé de projet possède l'information nécessaire pour bien suivre et gérer les projets dont il est responsable. Encore une fois, c'est une question d'équilibre entre les outils utilisés et leur pertinence. Le cheminement critique et le budget sont deux outils simples qui permettent de bien conduire et suivre le projet. Ces outils ne sont pas trop énergivores et conviennent pour la majorité des projets.

➢ LES BESOINS DE LA DIRECTION

On verra aussi à déterminer les besoins de la direction qui souhaite sans doute suivre l'évolution de tous les projets de l'entreprise. On présente ses outils de suivi à la direction qui peut souhaiter y ajouter certains éléments ou encore décider de ne recevoir qu'une partie de l'information.

Le type de rapport requis par la direction doit être précisé. Il est bon que la direction ait accès à l'information sur l'échéancier et l'état du budget en tout temps. Encore une fois, le chargé de projet met constamment à jour cette information et l'officialise chaque semaine. Cependant, il est souhaitable que le chargé de projet et son équipe fassent chaque mois le point de manière plus réfléchie sur les projets et qu'ils fassent un bref rapport à la direction. Ces rapports, pour être profitables, doivent être brefs et, en plus de qualifier l'état du projet, être orientés vers les actions qui prendront place dans les semaines à venir.

Comme déjà mentionné, on peut prévoir une ou des visites de terrain avec les membres de l'équipe, la direction ou le client. Ces visites sont importantes à plusieurs points de vue. Elles ajoutent une perception et une compréhension essentielles pour tout le monde, elles soudent l'esprit d'équipe, les membres se sentent estimés et appréciés et non seulement déportés sur le « site d'un projet ». Les visites permettent à la direction d'apprécier les difficultés reliées à la « vie » d'un projet, etc. Elles permettent aussi aux membres de l'équipe d'être exposés à la haute direction et aux clients dans leur zone de confort qui est souvent inconnue ou mal appréciée par les intervenants au projet.

Il est aussi essentiel de présenter à la direction les dépenses planifiées et d'indiquer quand ces déboursées sont prévus. S'il s'agit de montants substantiels, la comptabilité peut gérer cet argent et prévoir les sorties de fonds de façon à maximiser les revenus d'intérêts et de placements, c'est ce qu'on appelle le flux de trésorerie (*cash flow*). On déterminera également une approche pour le paiement des factures. Plusieurs entreprises paient les factures après 30 jours, ce qui permet une meilleure gestion des fonds qu'on a en sa possession.

LE SUIVI À LONG TERME

Certains projets sont réalisés dans le but d'un effet durable. Le suivi à long terme du projet signifie qu'on déterminera si les résultats sont conformes aux attentes. On verra à inclure la vérification de certains critères, non seulement durant le projet mais également, si nécessaire, plusieurs semaines, mois ou années après que le projet soit terminé pour vérifier si les effets attendus à long terme se sont concrétisés.

Il faut alors désigner des responsables et des protocoles de suivi pour que l'action se prenne et surtout qu'on n'oublie pas. Les individus passent, les institutions demeurent; il faut donc alors s'assurer que des personnes, plusieurs années plus tard s'il y a lieu, pourront déterminer si le projet a été une réussite.

Les protocoles de suivi à long terme doivent alors être clairs et simples. Il faut penser que des individus devront appliquer ces protocoles parfois plusieurs années après la réalisation du projet et que les « auteurs » du projet ne seront plus disponibles. C'est donc la responsabilité du chargé de projet de voir à ce que ces protocoles soient aisés à appliquer.

Le suivi à long terme fait partie intégrante du projet et doit être considéré comme une étape incontournable.

LA FERMETURE DU PROJET

Il faut mettre un terme officiellement au projet, mettre tous les documents pertinents en ordre et surtout réviser le projet complété pour faire de son déroulement un moyen d'apprentissage. Chaque projet est une école !

L'ACCEPTATION DU PROMOTEUR

On doit d'abord s'assurer que le projet terminé est accepté par le promoteur. Bien que cela puisse sembler évident, on se doit d'officialiser cette acceptation. Une personne désignée, qui peut être le chargé de projet, doit contacter le promoteur-client et l'en informer. Lors de la demande d'acceptation du projet, on en profite pour s'enquérir du degré de satisfaction du client, de ses observations et d'autres éléments qui pourraient contribuer à mieux gérer les prochains projets.

LA FERMETURE DES DOSSIERS

L'étape précédente complétée, il faut fermer les dossiers et mettre à jour l'information du projet. La rédaction d'un rapport ou un plan qui décrit le projet tel que réalisé peut être nécessaire. Pour plusieurs projets, la seule information qui existe demeure des plans et des devis préparés lors de la planification. Le projet peut probablement avoir subi des modifications substantielles en cours de route et on peut avoir effectué ces changements à la main sur un chantier par exemple. Dans ces cas, on ne possède pas de documentation qui décrit les caractéristiques du projet final tel que réalisé.

Il faut garder à l'esprit qu'avec le temps, on ne se souviendra plus de ces éléments et que les individus passent. Il faut donc un document qui décrive le projet final pour référence future. Cette information est aussi très utile lorsqu'on a à travailler sur des projets semblables dans le futur. On possède alors des données utiles pour pouvoir mieux planifier les projets subséquents. De plus, on remet normalement le projet terminé au promoteur ou à une équipe différente qui assurera son exploitation et son entretien. Il est utile que cette équipe connaisse les caractéristiques du projet. On y trouve, bien sûr, les recommandations quant au suivi à effectuer sur les effets attendus du projet, à l'entretien des équipements et au protocole d'exploitation, s'il y a lieu.

Afin de profiter de l'expérience acquise par une organisation, on a intérêt à implanter un système de vérification des projets complétés qu'on peut appeler un « audit » interne. Bien qu'il y ait plusieurs possibilités, la plus pratique est d'avoir une personne à l'interne qui est mandatée par le conseil d'administration (CA) pour scruter un ou quelques projets. Le but de cet exercice est de déterminer si les politiques et les procédures de l'entreprise ont été bien suivies et de s'assurer de la pertinence de les maintenir ou de les modifier.

Le « vérificateur » va, par exemple, examiner les contrats accordés, les achats faits et constater au dossier si les procédures d'appel d'offres et de commande ont été bien suivies. Il vérifiera aussi si le niveau d'autorité accordé aux individus a été respecté. Avec cette information, l'entreprise peut alors améliorer ses politiques et ses procédures. Le suivi servira à alléger certaines façons de faire ou encore à renforcer certaines politiques.

Pour être efficace, une telle approche doit se faire dans le respect des individus et doit avoir pour but l'amélioration des procédures internes de l'entreprise. Si cet exercice se réalise dans un climat « policier », il risque de tuer l'initiative et l'innovation qui sont essentielles en gestion de projets. Le vérificateur remet son rapport directement au CA qui discute ensuite avec la direction des conclusions et recommandations.

L'AUTOÉVALUATION (UN PROJET EST UNE ÉCOLE !)

L'autoévaluation d'un projet par l'équipe de réalisation demeure sans contredit l'exercice incontournable et le plus bénéfique d'entre tous. Le chargé de projet doit faire avec son équipe le *post-mortem* du projet et en réviser le déroulement pour identifier les éléments positifs et ceux qui peuvent être améliorés. Par exemple, on peut remarquer que les estimations doivent être faites en étroite collaboration avec les contremaîtres de terrain qui ont l'expérience. On peut aussi déterminer qu'à l'avenir, il serait souhaitable de valider le cheminement critique avec un autre chargé de projet d'expérience pour donner plus de profondeur à l'exercice. Les apprentissages faits en cours de projet peuvent être appliqués aux projets futurs. Cet exercice accroît la motivation de l'équipe, car les idées proviennent des intervenants eux-mêmes et ils se sentent alors partie prenante du projet.

EXEMPLE

Certains points à couvrir lors de l'autoévaluation :

- La planification a-t-elle été respectée, sinon pourquoi ?
- L'organisation était-elle adéquate ?

- Le suivi nous a-t-il permis de constamment savoir où en était le projet ?
- La direction (conduite de réunions, délégation de tâches, résolution des problèmes et *feedback* aux intervenants) était-elle correcte ?
- Le client est-il satisfait du projet livré et du déroulement des travaux ?
- Y a-t-il des modifications que nous devons apporter dans nos façons de faire ?
- Peut-on générer des données sur les coûts unitaires des travaux que nous avons effectués : le coût/km^2, le coût moyen d'un m^2 de surface de plancher ou une autre donnée qui pourra servir pour un projet futur ?

Pour conclure, le chargé de projet mettra des notes au dossier de l'évaluation de la performance des personnes qui ont participé au projet. Ces commentaires documentés serviront lors de la revue annuelle qui est souvent plutôt terne, faute d'avoir écrit nos observations en temps opportun.

Finalement, le chargé de projet verra à souligner et à célébrer la fin du projet. C'est un élément important qui renforce l'esprit d'équipe et qui a beaucoup de valeur pour chaque personne qui a participé au projet. Il n'est pas nécessaire d'organiser un événement à grand déploiement pour célébrer les bons coups. Un café–muffin, un *toast* au café durant une réunion, un petit-déjeuner ou un bière–pizza lors d'un lunch. Plusieurs formules simples et sobres sont possibles et il convient d'adapter la célébration à la mesure de l'accomplissement. On en profite pour remercier les personnes de leur contribution au projet et pour souligner les contributions exceptionnelles s'il y lieu. Ce simple geste de reconnaissance est très significatif et contribue à la motivation.

Cette fermeture est une occasion pour le chargé de projet de mesurer son leadership et d'apprécier dans quelle mesure il a bien géré le projet. Dans la plupart des cas, la rétroaction est subtile et tient plus au comportement des individus en rapport avec le chargé de projet plutôt qu'à des commentaires verbaux. Il faut savoir décoder. Si le chargé de projet a bien planifié le projet, a bien impliqué les membres de son équipe, s'est intéressé au projet en cours de route et a bien communiqué, il y a de fortes chances pour que la rétroaction soit verbale, claire et élogieuse. Encore une fois, il n'est pas nécessaire d'être flamboyant pour bien gérer un projet. Les jeux de base suffisent ! C'est le moment où le chargé de projet récolte le fruit des efforts mis dans le projet.

➢ Conclusion

La gestion d'un projet nécessite de multiples talents de la part d'un chargé de projet. Il doit avant tout démontrer une bonne attitude et rallier les membres de son équipe pour réaliser le projet avec succès. Il doit clarifier ses attentes et celles de l'entreprise auprès des individus qui participent au projet.

Il doit aussi être présent et disponible pour bien diriger son équipe. Il doit réfléchir, s'adapter, prendre des décisions et surtout communiquer régulièrement avec les membres de son équipe et la direction. Il est la « plaque tournante » du projet.

Ce rôle va bien au-delà de la connaissance des outils de gestion de projet, car il implique une notion de leadership auprès des individus.

Gérer un projet veut dire gérer des humains,
bien avant les outils !

2 LA DÉLÉGATION DE TÂCHES

LES OBJECTIFS DE CE CHAPITRE

- Acquérir une méthode efficace de délégation de tâches
- L'intégrer désormais aux pratiques quotidiennes de gestion
- Convaincre de déléguer à son entourage et de façon efficace

INTRODUCTION

Savoir déléguer est un art ! Mais il existe une façon de faire, une démarche, une « recette » qui, si elle est suivie, est garante de succès continu. La délégation réussie augmente la productivité de l'entreprise. Elle permet aux gens de connaître clairement la tâche à réaliser. Ainsi, le produit fini correspond au produit attendu, ce qui évite de devoir le reprendre.

Les organisations où la délégation règne offrent un potentiel de développement et de croissance personnelle à l'entourage. On découvre ainsi des compétences insoupçonnées. La délégation crée une relation de confiance entre la direction et le personnel. Les employés sont valorisés quand ils se voient confier du travail parce qu'après tout, c'est pour cette raison qu'ils ont été embauchés. Les gens sont plus portés à rester à l'emploi de cette organisation car ils y voient des occasions de se réaliser pleinement.

Pour les gestionnaires, la délégation permet de dégager du temps qu'ils consacrent à leurs subordonnés. C'est un des éléments clés d'une bonne gestion. Ils peuvent ainsi prendre du recul et consacrer du temps à la planification (mission, vision et réflexion stratégique).

Pourquoi hésite-t-on à déléguer des tâches ? Les réponses classiques sont que cela prend moins de temps de le faire soi-même que de l'enseigner ! On se complaît aussi dans l'idée de travailler sur des tâches confortables pour soi-même. Plusieurs croient également que le fait de déléguer et de développer des compétences chez leur entourage peut mettre leur propre emploi en péril.

Les arguments qui vont à l'encontre de ces réponses sont qu'à toujours le faire soi-même, il faudra effectivement toujours le faire. Comme certaines tâches sont dites « spécialisées», elles demeurent la charge de ceux qui ne veulent pas déléguer. Qu'on ne s'étonne pas qu'il y ait surcharge de travail parfois ! La « zone de confort » se veut rassurante et valorisante pour soi-même. Elle permet de mettre du temps dans des activités qui nous plaisent, où on réussit et qui nous occupent parce qu'on n'est pas toujours très à l'aise avec les activités de gestion. Enfin, pour ce qui est d'avoir peur pour son emploi, qu'il suffise de dire que les organisations sont bien plus en mal de trouver de bons gestionnaires que de bons exécutants.

QU'EST-CE QUE LA DÉLÉGATION ?

La délégation est le fait de confier des tâches à réaliser à un ou des individus. La délégation efficace consiste à déléguer ces tâches aux bons individus et avec l'autorité adéquate pour qu'ils puissent les réaliser.

En d'autres mots, on fait réaliser du travail par d'autres personnes, on choisit les bonnes personnes pour le faire et on leur fournit les outils et le pouvoir nécessaires.

DÉFINITIONS

Une tâche

Une tâche est un travail précis à faire soi-même ou à confier à quelqu'un. Il peut s'agir de préparer un rapport sur un sujet, faire une recherche, réviser un texte, écrire une note à certaines personnes.

Un délégateur

C'est la personne qui délègue une tâche à une autre, à un délégataire.

Un délégataire

C'est la personne qui se voit déléguer une tâche par un délégateur.

LES PRINCIPES DE LA DÉLÉGATION

Lorsqu'une tâche est déléguée, on peut croire que le gestionnaire-délégateur s'en dégage entièrement. Ce n'est pas le cas. Les principes de la délégation sont les suivants :

- le gestionnaire demeure toujours responsable de la tâche déléguée;
- le gestionnaire prend un certain risque quand il délègue une tâche;
- le gestionnaire doit investir sa confiance dans le délégataire;
- le gestionnaire doit surtout se concentrer sur le résultat de la tâche et moins sur la façon de produire ce résultat;
- le délégataire doit avoir l'autorité nécessaire pour réaliser la tâche.

LES ÉTAPES DE LA DÉLÉGATION EFFICACE

1. Identifier la tâche à déléguer
2. Choisir à qui déléguer la tâche
3. Déterminer le bon style de supervision pour la tâche
4. Rencontrer le délégataire
5. Effectuer un suivi de la tâche
6. Faire son autoévaluation

IDENTIFIER LA TÂCHE À DÉLÉGUER

Les gestionnaires d'une organisation deviennent nécessairement les répartiteurs du travail à exécuter. Ils sont des « plaques tournantes » par qui passe le travail à faire et ils répartissent alors à qui ils délèguent les tâches. Il est fréquent qu'on ne se demande pas si la tâche vaut vraiment la peine d'être exécutée. Plus la hiérarchie est élaborée et la chaîne de commande longue, moins on se le demande. Bien des gens prennent pour acquis que toute tâche doit toujours être exécutée. Dans une organisation « pensante», toute personne devrait pouvoir justifier la pertinence du travail à faire. Les gestionnaires en particulier devraient déterminer si une tâche doit être réalisée et être capables d'aligner cette même tâche avec les stratégies de l'organisation.

C'est le superviseur qui identifie la tâche à déléguer et il le fait seul. C'est une partie cruciale de la démarche et elle est souvent négligée et expédiée sans trop de réflexion. C'est le cas souvent quand c'est une commande qui « vient d'en haut » ou quand c'est une tâche répétitive dont on souhaite se débarrasser parce qu'elle nous répugne. La délégation est faite à la sauvette et le résultat du travail est décevant. Le délégateur doit souvent reprendre le travail lui-même, parfois en dehors des heures normales. Il faut se souvenir que chaque fois qu'une tâche est déléguée à quelqu'un, cela demande temps et argent pour l'entreprise et souvent une surcharge pour les subordonnés !

La haute direction doit être tout aussi prudente quand il est question d'initiatives, de commentaires demandés, de notes explicatives et de rapports de toutes sortes. Ces tâches imposées ont des conséquences sur l'organisation. À répétition, cela devient démotivant, car les personnes qui ont à exécuter ces tâches doivent mettre de côté leur travail principal pour les accomplir.

EXEMPLE

Un membre de la direction d'un hôpital réagit à un article paru dans un journal au sujet d'un patient qui s'est plaint de manquer de soins adéquats. Cette personne demande des commentaires, des précisions à son subordonné. Ce même subordonné descend ensuite dans la hiérarchie de son service et, finalement, une personne possédant la connaissance du dossier produit une note explicative qui remontera la chaîne tout en étant filtrée et épurée en cours de route. C'est comme un réflexe et, graduellement, demander des notes explicatives devient la norme et fait partie de la « culture ». Ces notes exigent du temps et sont particulièrement inadéquates dans les grandes organisations. Comme il faut respecter la hiérarchie, le délégataire est assez souvent très loin de la personne qui commande la tâche. La nature de la demande est déformée en cours de route et le produit peut être décevant une fois retourné en haut lieu. Cela se comprend puisqu'on a perdu la trace de l'esprit et du contexte dans lequel la tâche a été conçue. Ce qui est encore plus important, c'est que la personne qui a commandé la tâche n'a pas réfléchi s'il vallait réellement la peine de réagir à cet article de journal. Peut-être qu'un contact direct de quelques minutes avec l'expert qui connaît le dossier serait plus approprié pour comprendre pourquoi l'organisation a cette approche ou cette politique. C'est moins dérangeant et plus motivant pour un professionnel qui connaît bien un sujet d'être en contact avec la personne qui requiert l'information que de se voir demander de l'information sans savoir d'où vient la commande et pourquoi il exécute cette tâche.

Les « allers-retours » dans l'organigramme sont très énergivores. C'est pourquoi les personnes qui commandent du travail doivent être sélectives. Elles doivent prendre conscience qu'à la longue, ces tâches peuvent ralentir, voire paralyser leur organisation.

QUELLE EST LA TÂCHE À RÉALISER ?

Il importe de réfléchir correctement à la tâche qu'on souhaite déléguer. Il sera aisé de décrire le travail à faire à quelqu'un d'autre s'il est absolument clair pour soi-même. Si la réflexion a précédé l'acte de la délégation, il sera aussi plus facile de justifier le travail à faire.

QUEL EST L'OBJECTIF POURSUIVI AVEC LA TÂCHE À RÉALISER ?

C'est le pourquoi de la tâche, c'est-à-dire ce qui justifie le besoin d'accomplir cette tâche, si petite soit-elle et, encore plus important, quel est « l'esprit » dans lequel la tâche sera réalisée. Quand une tâche est déléguée par quelqu'un, il y a toujours une vision, un contexte, un esprit derrière la tâche. C'est cette pensée et cet esprit que le délégateur doit communiquer et transmettre à son délégataire. Cela lui permet de bien saisir si le produit doit être sobre, somptueux et quel est le degré d'effort à y mettre. Ce sont en quelque sorte les attentes du délégateur et il doit les préciser.

EXEMPLES

- Les documents promotionnels de votre entreprise sont à refaire dans le but de mieux vous positionner face à vos compétiteurs. Doivent-ils avoir une image sobre et efficace ou ultramoderne et osée ?
- Quelle est la vision des décors pour une pièce de théâtre ? Modernes et épurés ou traditionnels et authentiques ?

Il est primordial que le gestionnaire réfléchisse bien aux besoins et à ce qu'il souhaite accomplir. Cela l'incitera à être clair et précis sur le produit de la tâche désiré. Il sera plus facile de l'expliquer au délégataire si c'est limpide et bien pensé.

QUEL EST LE PRODUIT ATTENDU DE CETTE TÂCHE ?

Une fois que le « pourquoi», c'est à dire l'objectif, est clair, il faut déterminer le « quoi ». Quelle est la vision du résultat ? Concrètement, ce qui doit être produit comme travail pour atteindre l'objectif.

EXEMPLES

- Une présentation pour convaincre un client potentiel ?
- Un rapport détaillé ou succinct pour une présentation au CA ?
- Un dépliant promotionnel, un site Web ?
- Un plan détaillé ou un croquis d'un projet de remise à jardin ?

La meilleure façon de préciser clairement le produit de la tâche est de se demander ce qu'on fera avec le travail à produire. Quel usage aura-t-il ? Cela aidera à déterminer quelle forme et quelle ampleur donner à la tâche.

EXEMPLE

Si l'on souhaite déléguer la préparation d'un rapport pour convaincre le conseil d'administration, il faut envisager qu'habituellement, les membres d'un CA sont très occupés et qu'ils ont peu de temps pour lire de longs documents. Par ailleurs, il faut les convaincre avec des arguments solides. On peut penser produire un rapport détaillé et en même temps faire un résumé très succinct des principaux points du rapport. Ainsi, les membres qui veulent avoir des détails ont accès à toute l'information et les autres moins préoccupés par les détails pourront rapidement connaître les conclusions et les recommandations qui leur sont proposées. Cette approche a aussi l'avantage de démontrer que l'administration a un souci de transparence.

Cette réflexion sur le produit attendu est cruciale, car elle assure que le travail exigé correspond aux besoins réels de l'organisation. Dans la plupart des cas, les délégateurs demandent trop d'informations pour leurs besoins. En conséquence, les délégataires consacrent trop de temps à réaliser la tâche et il y a perte de temps pour l'organisation. C'est aussi démotivant pour les délégataires que de produire un travail qui ne sert qu'à moitié. C'est au délégateur à effectuer le bon dosage.

QUELS SONT LES ÉLÉMENTS DE LA TÂCHE À RÉALISER ?

Le délégateur doit pouvoir visualiser la tâche dans son ensemble et être capable également de la segmenter en ses divers éléments. C'est la division de la tâche en différentes étapes. Il faut ici être capable de voir le travail à faire et l'ordonnancer pour mener à la réalisation de la tâche.

EXEMPLE

Pour la préparation d'un rapport, il faut compiler les données, analyser ces données, faire une revue de littérature sur les derniers développements dans le domaine, faire un plan du rapport, rédiger des textes, les faire réviser et éditer diverses versions jusqu'à la version finale.

Cette vision des éléments de la tâche permet au délégateur d'apprécier l'ampleur de la tâche. Délèguera-t-il la tâche à un seul individu ou devra-t-il associer plusieurs personnes pour la réaliser ? Cela permet aussi au délégateur d'apprécier quels sont les éléments qui sont névralgiques et pour lesquels il est préoccupé. Il pourra alors préciser quand il voudra suivre ou approuver ces éléments en cours de réalisation de la tâche.

POURQUOI DÉLÉGUER CETTE TÂCHE ?

Le délégateur doit se demander pourquoi il ne peut ou ne doit pas effectuer lui-même cette tâche. Soit il n'a pas le temps ou les compétences pour le faire, soit il souhaite que quelqu'un d'autre développe ses compétences en faisant cette tâche. Il se peut aussi que toute son équipe soit déjà très occupée et qu'il ne veuille pas surcharger ses équipiers.

Les gestionnaires sont constamment appelés à choisir entre leur rôle de gestionnaire et celui de « faiseur ». Rares sont les gestionnaires qui ne font que gérer et qui ne réalisent pas eux-mêmes des tâches où ils produisent du travail, au même titre que leurs équipiers. Les gestionnaires doivent être très vigilants sur ce point car il peut arriver qu'ils soient débordés par du travail à produire eux-mêmes et qu'ils s'y concentrent à plein. Cependant, ils ne doivent jamais oublier que leur fonction de gestionnaire est prépondérante et qu'ils doivent en priorité consacrer du temps à la direction de leur équipe. Une équipe qui manque de direction se démotive rapidement, ne se sent pas appréciée et est en mode « croisière douce ». Il vaut mieux que le chef de cette équipe soit lui-même en mode direction et qu'il accorde du temps de qualité à son équipe plutôt que de consacrer ses énergies à la préparation d'un rapport, par exemple. Toutefois, certains gestionnaires se confortent en s'occupant à des tâches qu'ils peuvent déléguer, car cela camoufle leur inconfort à s'acquitter de leur rôle de gestionnaire. Ainsi, ils peuvent invoquer leur surcharge de travail pour justifier le peu de temps qu'ils consacrent à leur équipe.

S'il est une suggestion à faire, c'est de déléguer le plus souvent possible. Le gestionnaire qui délègue beaucoup libère du temps pour la direction de son équipe, pour réfléchir aux stratégies de son organisation et pour développer des compétences parmi les membres de son équipe, car certaines tâches déléguées constituent un apprentissage pour les subordonnés.

QUELS BÉNÉFICES L'ENTREPRISE VA-T-ELLE RETIRER ?

Il est incontournable de répondre à cette question parce que s'il n'y a pas de bénéfices évidents pour l'entreprise, cette tâche ne mérite pas d'être accomplie. L'entreprise doit être le plus grand bénéficiaire de la tâche accomplie : pas un ou des individus, mais bien l'entreprise en premier lieu.

Si d'autres personnes de l'organisation doivent approuver des budgets pour permettre la réalisation de la tâche, ce sont ces bénéfices qu'ils évalueront. Il est donc primordial d'accorder une attention particulière à ce point. Le gestionnaire qui répond à cette question démontre à ses supérieurs qu'il a le souci de l'organisation en premier lieu et qu'il ne succombe pas à la tentation de déléguer de façon improvisée et non justifiée.

EXEMPLES

- Une meilleure productivité justifie des locaux plus fonctionnels.
- Des décors authentiques attireront inévitablement un plus grand nombre de personnes à la pièce de théâtre.

QUELS SONT LES BÉNÉFICES POUR L'ÉQUIPE ET POUR LE DÉLÉGATEUR ?

Une fois que les bénéfices pour l'entreprise sont précisés, il faut identifier les bénéfices pour son équipe et pour soi-même. Toutes les tâches n'ont pas le même impact sur une équipe, certaines sont carrément administratives et ennuyantes. Ces tâches désagréables bâtissent la solidarité, à condition qu'il soit reconnu que les individus ont consacré du temps pour les réaliser. Le travail apprécié est toujours important pour un délégataire, même si ce travail n'apparaît pas des plus excitant. Pour les tâches plus emballantes et qui exigent de l'initiative, le fait d'identifier les bénéfices pour l'équipe aidera à rassembler et à motiver les éléments hésitants. Tous n'ont pas le même enthousiasme pour l'initiative !

Pour le gestionnaire, la direction efficace d'une équipe contribue à asseoir solidement le leadership et l'image du gestionnaire. Ce sont aussi des occasions pour observer le travail de ses subordonnés et identifier des compétences nouvelles chez des individus. Les gestionnaires qui délèguent sont ainsi entourés d'équipiers polyvalents et « dégourdis » qui peuvent relever des défis en cas de crise ou de situations inhabituelles. Les équipiers y gagnent et le chef d'équipe est tout aussi remarqué dans des cas semblables.

EXEMPLES

- Même s'il s'agit d'une tâche simple et routinière, notre équipe sera fière d'avoir participé à réaliser un contrat pour le Cirque du Soleil.
- Dominique démontre de belles aptitudes pour communiquer et « vendre » notre produit à des clients. Cela peut être d'une grande utilité éventuellement.
- Martin a des qualités de leader évidentes. On pourrait éventuellement lui confier la responsabilité de diriger un groupe de travail.

- Je ferai un commentaire personnel à Marie et je soulignerai son bon travail à notre prochaine réunion d'équipe. Elle a exécuté une tâche ingrate avec minutie et professionnalisme.

QUELLES SONT LES RESSOURCES NÉCESSAIRES POUR ACCOMPLIR LA TÂCHE ?

LES RESSOURCES

Qu'est-ce qui est requis pour réaliser cette tâche ? Le délégataire aura-t-il besoin de temps-personne, d'argent, d'équipements ou d'expertise spécialisée.

L'identification de ces ressources peut aussi devenir un élément de la tâche déléguée.

Il est nécessaire que les ressources nécessaires soient bien définies avant le début de la tâche. Il est bon de savoir combien de temps-personne sera consacré à la tâche, et de connaître le budget nécessaire.

Pratiquement, on fera des estimations basées sur l'expérience et des initiatives passées. C'est encore la meilleure référence si on a cette information à l'interne. Sinon, on verra à comptabiliser le temps investi pour qu'une prochaine fois, on puisse avoir cette information. Toutefois, la pire des estimations est encore meilleure que d'y aller de façon improvisée.

On a intérêt à consulter la direction ou des collègues pour connaître le vécu de l'organisation pour des tâches identiques ou semblables à celle qui est à réaliser. Si on peut obtenir cette information, la tâche pourra alors être mieux planifiée.

L'AUTORITÉ DÉLÉGUÉE AU SUBORDONNÉ

Le délégateur doit préciser au subordonné s'il a ou non de la latitude quant à certains engagements de dépenses. Même si les ressources nécessaires pour accomplir la tâche sont identifiées, il faut déterminer qui a l'autorité pour engager les dépenses, acheter ou louer de l'équipement, un logiciel, des images ou embaucher un consultant, par exemple. En d'autres mots, qu'est-ce que le délégataire peut faire sans l'approbation de son délégateur et qu'est-ce qui requiert son approbation avant de procéder.

EXEMPLES

- Le délégataire doit obtenir l'approbation de son délégateur avant d'engager toute dépense nécessaire à l'accomplissement de la tâche.
- Le délégataire a carte blanche et 25 000 $ pour produire les décors d'une pièce de théâtre.

POUR QUAND LE PRODUIT DE LA TÂCHE EST-IL NÉCESSAIRE ET QUEL EST L'ÉCHÉANCIER ?

Il faut ici identifier la date la plus éloignée à laquelle le produit final est requis puis rétrodater selon le temps requis pour accomplir chacun des éléments de la tâche. Il faut aussi s'interroger pour savoir si ce temps est suffisant pour réaliser la tâche.

Le temps alloué à la réalisation d'une tâche est difficile à planifier. On peut réussir à déterminer le temps nécessaire à sa réalisation, mais il est plus difficile d'établir l'échéancier pour qu'une personne accomplisse la tâche. En général, l'humain a tendance à se fier au fait qu'il a du temps pour effectuer un travail et retarde aisément le début de l'exécution d'une tâche. Lorsque trop serré, un échéancier est irréaliste et il n'est convaincant pour personne.

On doit prévoir un « coussin » pour les imprévus, mais la meilleure approche est de s'entendre avec son délégataire sur un échéancier réaliste, qui comporte des « coussins » et qui constitue un défi. Si le délégataire convient que la date retenue est la bonne, il aura plus d'intérêt et de motivation à s'y conformer, car il aura lui-même fait l'exercice avec son délégateur.

Le délégateur doit également pouvoir justifier son échéancier. Si, par exemple, il a besoin d'un rapport à présenter au CA, il en connaît fort probablement la date. Il aura aussi besoin de quelques jours pour assimiler l'information. Dans ce cas, l'échéancier est assez facile à déterminer. Il doit alors s'assurer que son délégataire aura suffisamment de temps pour exécuter la tâche. Sinon, il peut décider de lui allouer d'autres ressources ou trouver d'autres moyens.

Il est toutefois incontournable que le délégateur demeure ferme sur les échéanciers une fois que tous s'entendent sur une date. Sinon, les délégataires s'habituent très rapidement au laisser-aller et finalement s'installe une culture selon laquelle les échéanciers n'ont aucune importance.

EXEMPLES

- J'ai besoin du plan final pour l'agrandissement de nos bureaux le 23 mai prochain. Est-ce suffisamment de temps pour réaliser cette tâche ?
- Les décors doivent être installés le 14 mai prochain pour les répétitions. Est-ce assez de temps et est-ce que Dominique peut rencontrer cet échéancier ?

Après ce cheminement, le délégateur sait ce qu'il veut déléguer et pourquoi. La tâche à accomplir devrait alors être claire et précise.

Comme on peut le constater, la majorité du travail doit être fait par le délégateur en premier lieu. Il doit savoir ce qu'il veut voir accompli avant tout. C'est crucial pour réussir à bien déléguer !

VOTRE TÂCHE À DÉLÉGUER

Pour la tâche que vous souhaitez déléguer, complétez maintenant les éléments suivants :

1. Quelle est la tâche à déléguer ?
   a. Quel est l'objectif poursuivi avec la tâche à réaliser ?
   b. Quel est le produit attendu de cette tâche ?
   c. Quels sont les éléments de la tâche à réaliser ?
2. Pourquoi déléguer cette tâche ?
3. Quels bénéfices l'entreprise va-t-elle retirer ?
4. Quels sont les bénéfices pour l'équipe et pour le délégateur ?
5. Quelles sont les ressources nécessaires pour accomplir la tâche ?
   a. Les ressources
   b. L'autorité déléguée au subordonné
6. À quelle date le produit de la tâche est-il requis et combien de temps cela prendra-t-il pour réaliser la tâche ?

Travaillez maintenant, vous n'aurez qu'à récolter plus tard !

Choisir à qui déléguer la tâche

Le but est d'identifier quel est ou quels sont les meilleurs éléments pour réaliser cette tâche. Les meilleurs éléments doivent avoir les compétences, de l'intérêt pour la tâche à réaliser et du temps à y consacrer. Il est reconnu qu'une tâche accomplie avec intérêt est toujours mieux réalisée. Par ailleurs, il est impossible que parmi les tâches à réaliser toutes soient intéressantes et qu'elles contribuent au développement personnel. Plusieurs tâches sont ingrates et ennuyantes. Le délégateur doit donc être vigilant et distribuer les tâches de la manière la plus clairvoyante possible.

Quelles sont les personnes qui possèdent les compétences pour la tâche ?

Le délégateur a intérêt à évaluer qui dans son équipe pourra accomplir la tâche avec succès. La qualité du travail dépend habituellement de la connaissance et de l'habileté de la personne qui le fait. Il peut s'agir de compétences particulières dans un domaine où quelqu'un possède une expertise fine pour l'écriture de texte, l'utilisation d'un logiciel, la pose de portes ou la conception d'un aménagement paysager, par exemple.

Il faut aussi reconnaître que la plupart ont soif d'apprendre et qu'ils veulent constamment améliorer leurs compétences personnelles. Avec le savoir vient l'estime de soi et la reconnaissance par ses pairs. La théorie de la motivation d'Abraham H. Maslow stipule que ce qui motive le plus tout humain est la réalisation de soi. Ainsi, quand quelqu'un possède une compétence particulière, il voudra s'en servir pour aller plus loin et parfaire d'autres compétences. Il ne se contentera plus de cette unique valeur.

Les délégateurs ont donc intérêt à développer des compétences parmi plusieurs membres de leur équipe. Ainsi, le fait de demander à une personne qui a déjà les compétences de former une autre personne bénéficie à toute organisation. Le gestionnaire qui délègue peut alors demander à quelqu'un de compétent de réaliser une tâche avec l'aide d'un autre qu'il devra entraîner. Il devra aussi expliquer les raisons qui motivent cette approche, car il ne faut pas que ce soit perçu comme un désaveu.

EXEMPLES

- Jeanne a-t-elle les compétences pour diriger le projet d'agrandissement des locaux ? Est-ce une tâche trop importante pour elle ? Puis-je la jumeler avec Mario qui a déjà fait une tâche semblable chez un employeur précédent ?
- Étienne a-t-il les compétences pour gérer le budget de la réalisation des décors ? Il est très créatif mais a peu d'intérêt pour l'argent. Je pourrais lui adjoindre Marie qui est plus préoccupée par le budget.

QUI A LA MOTIVATION POUR RÉALISER CETTE TÂCHE ?

Il ne fait aucun doute que de choisir un ou des individus qui ont un intérêt à accomplir la tâche est garant d'un travail de qualité. Le délégateur doit évaluer qui peut réaliser cette tâche dans son équipe. Il doit faire ce même exercice pour chacune des tâches qu'il souhaite déléguer ensuite.

En général, les personnes qui débutent dans leur carrière ont la motivation d'apprendre. Ils savent que les apprentissages nombreux nourrissent l'expérience et que cela les démarque de leurs collègues avec qui ils sont en saine compétition. Ils sont motivés mais possèdent peu d'expérience pour réaliser des tâches. Leur déléguer une tâche constitue un risque, car ils peuvent avoir de la difficulté à produire un travail de qualité, à rencontrer l'échéancier et cela peut les marquer pour longtemps, car l'échec a un effet durable sur l'estime de soi. Il importe donc de bien choisir les tâches qu'on délègue à des « verts ». On a bien souvent intérêt à les jumeler à des personnes expérimentées qui vont les accompagner.

Pour d'autres plus expérimentés, ils peuvent devenir un peu « rassis » et être moins vifs pour la réalisation de tâches. Ils possèdent la compétence pour plusieurs tâches, mais ils n'y voient pas d'intérêt pour eux-mêmes. La qualité du travail risque d'en souffrir et elle sera correcte, mais sans plus. Ce sont les éléments les plus difficiles à gérer dans toute organisation, non pas que ce soient de mauvaises personnes, mais les gestionnaires qui les ont supervisés dans le passé n'ont peut-être pas toujours été à la hauteur. Ils sont devenus désabusés, peuvent être négatifs et peuvent influencer les autres à ne pas se « défoncer » pour l'organisation, car ils constituent, à leurs propres dires, l'exemple parfait de gens qui ont donné beaucoup et dont on n'a pas reconnu la contribution.

Il y a également ceux qui démontrent un haut degré de professionnalisme et qui réalisent tout travail qui leur est confié au meilleur de leur connaissance et de leur capacité. Ils ont des valeurs solides et croient que le travail doit être bien fait. Ils démontrent du jugement, ce qui signifie qu'ils sont capables de flairer l'ampleur et l'importance de la tâche à accomplir et d'effectuer le bon dosage. Ils sont motivés par les résultats et l'accomplissement. Quand ils n'ont pas tout à fait les compétences pour réaliser une tâche, ils s'adjoingnent une autre personne ou ils trouvent les ressources pour se former, et ils réussissent à s'améliorer.

Il existe plusieurs nuances aux types de personnes décrits précédemment et c'est au délégateur à bien évaluer la motivation de ses équipiers pour réaliser la tâche qu'il doit déléguer. Il faut noter aussi que le degré de motivation est particulier à chacune des tâches à déléguer. Cette évaluation est à faire pour chaque tâche. De plus, rarement un subordonné va-t-il carrément refuser d'accomplir une tâche. Il n'a aucun intérêt à déplaire ou à faire des retraits dans son « compte affectif » à l'égard de son supérieur. Alors c'est au délégateur d'apprécier la motivation, et il est le seul à pouvoir le faire.

➢ QUI A LE TEMPS POUR RÉALISER CETTE TÂCHE ?

Très fréquemment, les délégateurs délèguent aux mêmes personnes qu'ils ont repérées dans leur entourage. Ils le font parce qu'ils savent que ces « abonnés » vont livrer la marchandise. Dans ces cas, les délégateurs sont trop centrés sur les résultats et se préoccupent peu de l'impact de cette pratique sur l'organisation.

Dans tout bureau il y a des personnes très organisées qui réussissent à produire un travail imposant. C'est qu'elles se branchent rapidement et sont capables de saisir aisément le sens du travail à réaliser tout en ciblant l'essentiel. Par exemple dans un bureau où travaillent une vingtaine de personnes, il y en a deux ou trois qui produisent 80 % du travail. Cela peut paraître étrange, mais si on pense bien à l'endroit où on travaille présentement, c'est probablement le cas là aussi. Non pas que les autres personnes soient toutes paresseuses, mais elles possèdent moins le discernement nécessaire pour évaluer la pertinence du travail à faire et la profondeur à lui donner.

Toutes les tâches n'ont pas la même importance et, parfois, sans être expéditif ni produire un mauvais travail, on peut livrer une tâche plus rapidement quand on sait quel usage sera fait du produit final. Pour les tâches qui importent vraiment, le temps qu'on y consacre est à la hauteur de leur importance !

Ainsi, il faut penser que, dans un bureau, tout le monde a du temps pour accomplir des tâches régulières et connexes au travail principal. Il s'agit d'éduquer les membres de son équipe et de les développer en ce sens. C'est une démarche parfois longue, mais qui porte toujours ses fruits. Il faut choisir les tâches à déléguer et, petit à petit, la fourmilière s'activera et les ressources disponibles seront plus aguerries et dégourdies.

Cela dégage les meilleurs éléments qui souffrent de surcharge, car bien qu'ils soient très performants, leur capacité a aussi ses limites. Il se crée alors un sentiment d'équité et tous ont l'impression de contribuer assez également au travail de l'organisation.

Quand un délégateur a une ou des tâches à déléguer, il doit donc là également réfléchir avant de la ou les confier toujours aux mêmes quelques personnes. Après avoir reconnu qui a les compétences pour réaliser la tâche, il doit aussi identifier qui a le temps pour cette tâche, même si ce temps ne semble pas égal pour tous. Il y a aussi d'autres moyens que de toujours faire appel à son équipe. La tâche peut être confiée à une entreprise de services externes, à des consultants, à un employé occasionnel ou un surnuméraire. C'est aussi une façon d'identifier des talents de gestionnaire chez le personnel, car superviser une tâche à faire à l'extérieur requiert aussi des habiletés de gestion.

VOTRE TÂCHE À DÉLÉGUER

Vous devez choisir une ou des personnes compétentes pour réaliser la tâche. Voyez aussi si vous pouvez développer cette compétence chez quelqu'un qui a le potentiel pour apprendre. Évaluez le degré de motivation de vos ressources pour cette tâche en particulier. Un travail est toujours de meilleure qualité quand l'intérêt y est. Finalement, évitez de surcharger vos meilleurs éléments tout en étant conscient qu'au bout du compte, les gens ont toujours du temps même si cela peut paraître paradoxal. Les gens qui travaillent intelligemment réussissent à accomplir beaucoup !

Revoyez la liste des membres de votre équipe et déterminez qui a les compétences et qui pourrait les développer, qui a la motivation pour cette tâche et qui a du temps. Vous pouvez alors décider de déléguer cette tâche à un ou plusieurs individus de votre équipe.

Choisissez la personne à qui vous avez décidé de déléguer cette tâche. Si la personne a besoin de formation, informez-vous des programmes de formation existants. Ou encore, demandez à cette personne de s'informer à propos des programmes offerts et de leur coût. Prévoyez le budget nécessaire pour ce faire.

Soyez prêt, si la personne vous le demande, à lui dire pourquoi vous l'avez choisie. Votre réflexion vous sera utile pour justifier votre choix, particulièrement dans le cas d'une tâche qui n'est pas très emballante.

Il se peut que votre délégataire vous demande quelle est la priorité à accorder à cette nouvelle tâche. Révisez avec lui ce sur quoi il travaille présentement et déterminez vous-même quel travail doit être prioritaire. Si quelque chose d'autre doit être sacrifié pour réaliser cette tâche, qu'est-ce que ce sera et comment cela va-t-il affecter le reste du travail ? Comme mentionné précédemment, la plupart des gens peuvent inclure de nouvelles tâches raisonnables dans leur quotidien sans que cela crée trop d'impact sur leurs objectifs de travail.

➢ DÉTERMINER LE BON STYLE DE SUPERVISION POUR LA TÂCHE

➢ UN STYLE POUR CHAQUE TÂCHE ET CHAQUE DÉLÉGATAIRE

C'est une étape très importante de la délégation ! La plupart des gestionnaires adoptent un seul style de supervision sans égard à la personne à qui la tâche est déléguée. C'est au délégateur à s'adapter au délégataire et non le contraire. C'est une règle fondamentale de la délégation. En s'adaptant ainsi, le gestionnaire verra au développement de son équipe. Il accompagnera les débutants et contribuera à l'épanouissement des plus chevronnés.

Chaque individu a un style naturel quand il s'agit de gérer des personnes. Il en va de même pour la délégation. On peut déléguer en restant très collé au travail effectué par quelqu'un d'autre. Certains « regardent par-dessus l'épaule » pour s'assurer que c'est fait selon leur goût et à leur manière. À l'opposé, d'autres délégateurs se concentrent uniquement sur le résultat attendu. Ils ne s'intéressent aucunement à la façon dont le travail est effectué. D'autres font preuve de discernement en évaluant les capacités du délégataire et en adaptant leur degré de supervision en conséquence. Cette dernière façon est la meilleure approche. Il faut donc que le délégateur corrige son style naturel de supervision au besoin pour s'adapter au délégataire. Parfois, il doit faire preuve de retenue et « donner de la corde » avec des personnes plus autonomes pour accomplir une tâche, alors qu'avec d'autres il faut assurer une plus grande présence et s'intéresser à comment le travail est effectué. Il est requis de tout bon gestionnaire d'être conscient de la bonne manière de faire.

Cette adaptation doit se faire pour chaque tâche déléguée et en fonction des besoins du délégataire. C'est une règle absolue. On ne doit pas donner carte blanche à une personne qui effectue une tâche pour la première fois, même si elle est expérimentée en d'autres domaines. C'est encore plus important si ce délégataire a peu d'expérience en général. Le progrès et le développement d'une personne peuvent être retardés si elle rate ses premières tâches à accomplir.

On peut penser qu'il est inapproprié d'adopter un style « contrôlant », car on l'associe souvent au style « belle-mère » qui surveille tout, qui voit tout et qui aime être au courant de tout. On voit cette personne poser des questions subtiles pour savoir comment avance sa tâche. On la voit « venir de très loin », si on peut dire. Parfois, cette façon de superviser la tâche s'impose pour éviter des dérapages et obtenir un produit de qualité. Cette manière de superviser rassure aussi le délégataire qui peut compter sur un appui solide et qui est sans doute très intimidé à l'idée de produire un travail de qualité une première fois. Il veut faire bonne impression et est stressé à l'idée de ne pas réussir à accomplir la tâche avec succès. Ces balises sont essentielles dans ce cas et le délégateur a intérêt à être directif dans son approche de délégation.

L'estime de soi sera renforcée par le succès réalisé en opposition à l'incertitude engendrée par des résultats mitigés qui seraient liés à un manque d'encadrement.

EXEMPLE

Un délégataire à qui on demande un première fois de commander des produits pour une chaîne d'alimentation afin d'approvisionner l'entrepôt qui va desservir tout le Québec sera intimidé à l'idée de passer une commande de plusieurs centaines de milliers de dollars de produits surgelés. Le délégateur doit nécessairement encadrer et superviser de très près le travail de cette personne. Préférablement, il va lui montrer plusieurs exemples et sources d'information avant de laisser le délégataire à lui-même. Le délégateur doit faire preuve d'empathie et se mettre dans la peau du délégataire pour bien saisir les états d'âme et adapter son style en conséquence.

Un bon délégateur module son style dans le cas d'une personne qui a déjà effectué une tâche semblable à celle qu'il s'apprête à lui déléguer. Il s'enquiert des connaissances et de l'aisance qu'a son délégataire et apprécie les limites dans lesquelles il peut accomplir la tâche. Au besoin, il l'aide lui-même à commencer la tâche ou confie à une personne expérimentée et aidante le soin d'encadrer le délégataire. Il faut toujours garder à l'esprit que la tâche doit être exécutée avec succès pour le plus grand bien de l'organisation et du délégataire. La personne qui délègue est donc responsable du travail produit et elle est liée à la réussite ou à l'échec de la tâche. Elle doit donc prendre les moyens nécessaires pour s'assurer que la tâche est accomplie avec succès. Elle doit aussi voir à bâtir la confiance et la compétence des membres de son équipe pour que d'autres tâches puissent ensuite être réalisées avec efficacité.

EXEMPLE

Pour la préparation d'un rapport mensuel, un délégateur montre à son délégataire des exemples de rapports précédents ou assiste à la préparation du premier rapport que la personne a à faire. Même si le délégataire est expérimenté, il doit préparer un document (chaque organisation a ses façons de faire) qui est nouveau pour lui. Dans ce cas également, le délégataire est préoccupé par la réussite de la tâche, car qu'on soit débutant ou expérimenté, on tient à accomplir toute tâche avec succès.

Dans le cas où le délégataire sait comment faire une tâche et qu'on juge qu'il a l'expérience nécessaire pour la réussir, le délégateur démontrera une confiance plus large. Il prendra une bonne distance une fois la tâche déléguée et se mettra en mode « disponibilité ». Il fera comprendre à son délégataire que la tâche est claire et qu'il a les capacités pour l'accomplir avec succès. Il insistera aussi pour lui signifier qu'il est disponible en tout temps pour résoudre tout problème si le délégataire en sent le besoin. Il mentionnera aussi que toute question ou clarification ne sera pas interprétée comme un signe de faiblesse mais plutôt comme de la sagesse.

EXEMPLE

La préparation du budget annuel par un comptable est toujours une tâche cruciale dans toute organisation. Dans sa délégation au comptable, le gestionnaire insistera sur le ton et les grandes lignes sur lesquelles il souhaite « peser » au cours de l'année qui vient. Ce peut être un investissement important, une consolidation des initiatives des années précédentes ou une augmentation du profit. Ensuite un comptable expérimenté qui a déjà fait cet exercice auparavant pourra poursuivre le travail. Le gestionnaire demeure disponible au besoin.

Un délégateur peut être très détaché de la manière dont s'accomplit la tâche et être centré sur le produit de la tâche uniquement. Il délègue et attend le produit pour la date fixée. Un point c'est tout ! Cette manière de superviser une tâche a sa place quand on délègue à une personne qui sait comment l'accomplir ou qui prendra les moyens pour l'accomplir avec succès. Les personnes qui ont un naturel pour ce style doivent par ailleurs s'attarder lorsqu'elles délèguent à des débutants qui accompliront une tâche la première fois. C'est intimidant d'avoir à produire un travail sans trop savoir comment. Ces personnes ont aussi tendance à déléguer avec une préparation minimale et, bien qu'elles aient une vision du produit désiré, elles ne vont pas nécessairement la décrire à leur délégataire. Elles doivent donc prendre le temps nécessaire pour bien identifier la tâche à déléguer.

EXEMPLE

Le chef de la direction d'une organisation qui délègue à la personne qui dirige les communications la tâche de mettre à jour le site Internet donnera quelques indications sur le pourquoi, l'objectif et sa vision du projet. Il donnera aussi les moyens nécessaires pour effectuer ou faire effectuer le travail à l'extérieur, s'il y a lieu. Ensuite, il travaillera sur un autre dossier et attendra qu'on lui présente le produit dans ses phases finales.

En plus du style naturel qui colle plus à sa personnalité, le poste occupé par les délégataires joue aussi un rôle important dans le style de supervision des tâches. Généralement, les gestionnaires de la haute direction ont un style plus détaché et centré sur les résultats de la tâche. Cela s'explique par le nombre de dossiers d'importance qu'ils ont à traiter. Ils n'ont pas vraiment le choix de s'en tenir aux résultats sans trop d'intérêt pour les aspects de la réalisation de la tâche.

Les gestionnaires qui sont nouveaux dans un rôle de gestion sont plus portés à déléguer en surveillant de plus près l'exécution de la tâche. Ils ont leur propre expérience et leur manière de faire et croient que c'est la seule bonne. Ainsi, ils délèguent mais en gardant la « corde courte ».

On ne saurait trop insister, déléguer est un acte de gestion de première importance. Les délégateurs doivent donc moduler leur style en fonction du délégataire.

LES ÉTAPES DE CONTRÔLE ET L'ÉCHÉANCIER

Un contrôle est un point de vérification sur le progrès de la tâche à accomplir. Le délégateur choisit ici des éléments de la tâche pour lesquels il veut évaluer le progrès ou approuver ces éléments en cours de route avant de poursuivre le travail. C'est une manière de s'assurer que l'accomplissement de la tâche se déroule correctement. C'est aussi une façon de se rassurer soi-même et de rassurer le délégataire. Ces étapes de contrôle sont appropriées pour vérifier que le travail progresse bien, pour faire les ajustements nécessaires et autoriser la poursuite.

On comprend également qu'un délégateur qui a choisi un style de supervision qu'il veut serré établira plusieurs étapes de contrôle pour pouvoir vérifier fréquemment le déroulement de la tâche. À l'opposé, un délégateur qui a choisi de demeurer détaché de l'accomplissement de la tâche en aura très peu. Il se peut même qu'il choisisse de recevoir le produit final de la tâche uniquement, sans aucune étape de contrôle durant sa réalisation.

Les étapes de contrôle sont des points de vérification significatifs, comme une esquisse, un croquis, une ébauche de plan ou de budget. Quand il vérifie ces éléments de contrôle, le délégateur approuve une tranche du produit de la tâche et sait plus à quoi ressemblera le produit final.

EXEMPLES

- Une rencontre d'information sur l'évolution de la tâche est prévue le 3 novembre à 13 h 30. Son but est de s'assurer que l'échéancier sera bien respecté.
- Jeanne présentera les besoins en espaces de bureaux communs qu'elle a identifiés le 10 décembre. Le but est de vérifier que ces besoins communs sont acceptables.
- Étienne présentera le budget et une esquisse des décors pour la pièce de théâtre le 30 janvier. Le but de cette rencontre est d'autoriser le budget pour la production des décors.

Il s'agit de déterminer pour quels éléments de la tâche et quand ces contrôles auront lieu.

EXEMPLE

Le réaménagement d'un bureau			
Éléments de la tâche	Étapes de contrôle	Échéancier	Responsable(s)
Enquête auprès des chefs de service		6 décembre	Jeanne
Détermination des besoins individuels	Rencontre avec Maurice	10 décembre	Jeanne et Maurice
Détermination des espaces communs	Rencontre avec le designer	12 décembre	Jeanne
Estimation des coûts	Rencontre avec Maurice	14 janvier	Jeanne et Maurice
Présentation au CA	Approbation par le CA	30 janvier	Maurice et Jeanne
Présentation des plans et devis	Révision et approbation	15 mars	Jeanne et Maurice

L'échéancier est l'ensemble des délais auxquels la tâche doit être soumise. Comme déjà mentionné, le délégateur doit pouvoir justifier pourquoi la date retenue est importante. Il peut ensuite déterminer des dates cibles pour les éléments de la tâche. En scindant la tâche en éléments, le délégateur s'assure que l'échéancier sera respecté, car il peut vérifier des éléments de contrôle en cours de réalisation de la tâche et voir si le « plan de match » est maintenu.

VOTRE TÂCHE À DÉLÉGUER

Identifiez votre style de supervision pour la tâche que vous souhaitez déléguer. Pour ce faire, visualisez d'abord qui vous êtes.

Si vous êtes de style « contrôlant », c'est que vous avez de la facilité à travailler avec des personnes nouvelles et sans expérience. Elles apprécient votre style de supervision car elles en ont besoin. Une fois qu'elles auront appris comment, il vous faudra lâcher du lest et prendre vos distances. C'est un peu contre nature, car il est certain que la tâche ne sera pas accomplie comme vous le souhaitez. Le résultat est ce qui compte. Il vous faut réaliser que les jeunes arrivent sur le marché du travail avec de nouvelles méthodes et qu'ils sont formés adéquatement. Leur façon de faire peut innover dans votre organisation. Il faut s'adapter ! Si vous occupez un poste de haute direction, il faut habituellement adopter un style plus détaché pour la plupart des tâches. Un gestionnaire de haut niveau qui adopte un style de « micro-manager » est encombrant inutilement et ralentit la bonne marche de toute organisation. Toutefois, pour une tâche importante faite pour une première fois, vous aurez intérêt à suivre cela de près.

Si vous êtes « pédagogue », vous aurez de la facilité à déléguer à des personnes qui aiment avoir de l'autonomie et qui ne veulent pas rater la tâche à accomplir. Vous saurez flairer les besoins de vos délégataires et vous y adapter avec diplomatie. Vous leur enseignerez comment accomplir les tâches et serez capable de vous retirer ensuite.

Si vous êtes empathique, vous vous rendrez disponible en tout temps pour aider au besoin. Votre délégataire sentira votre confiance et n'hésitera pas à vous consulter et à vous informer du progrès de la tâche. Cette complicité naturelle donnera de bons résultats.

Par ailleurs, un délégateur qui croit que tous savent comment faire délègue en exprimant sa vision et se met ensuite en attente du résultat. Les personnes qui ont un naturel pour ce style réussissent avec des gens autonomes.

Il vous faut donc retenir que c'est au délégateur à adapter son style, et ce, pour chaque tâche qu'il délègue. Vous devrez adopter une attitude directive pour une tâche réalisée par un débutant qui la fait pour une première fois. En revanche, votre attitude devra être détachée pour un travail confié à une personne autonome et expérimentée. Vous devrez adapter votre style de supervision avec des variantes modulées entre ces deux extrêmes lorsque nécessaire.

Retenez que vous devrez faire évoluer votre style quand vous déléguerez une tâche répétitive à une même personne. Votre style se modulera selon l'évolution du délégataire et de son aisance à réaliser la tâche. Il passera donc de directif, pour une première fois, à détaché et centré sur la tâche, après plusieurs fois que cette même tâche aura été accomplie par la même personne.

Choisissez donc le style de supervision à adopter pour votre tâche. Précisez ensuite la date ultime de fin de votre tâche. Identifiez les étapes de contrôle que vous souhaitez établir ; il s'agit de définir les éléments de la tâche que vous souhaitez vérifier. Déterminez un échéancier et une ou des personnes responsables. Préparez enfin un tableau qui vous permettra de voir clairement le tout.

RENCONTRER LE DÉLÉGATAIRE

Jusqu'à présent, tout le travail a été fait par le délégateur uniquement et il l'a fait seul. Certains peuvent penser que c'est encore une façon de mettre du temps dans une activité de gestion inutile. Toutefois, réfléchir et bien cadrer ce geste administratif qu'est la délégation est important et pertinent. Quand on considère mettre un ou des individus au travail pendant quelques heures, voire plusieurs jours, il vaut la peine de bien les orienter et de les faire réaliser un travail intelligent et pensé.

Cela prend une quinzaine de minutes en moyenne pour bien préparer une délégation. C'est un bon investissement de temps qui est rapidement rentabilisé, car si le délégataire doit ensuite travailler quatre heures sur la tâche, ce doit être profitable pour l'organisation.

Une tâche mal déléguée résulte la plupart du temps en du travail dont le résultat ne correspond pas aux attentes. Cela se comprend, car les attentes se précisent au moment de la réception du produit. C'est alors à ce moment que le délégateur commence sa réflexion sur ce qu'il entrevoit comme produit de la tâche. Il est bien sûr trop tard. Le travail est donc parfois à reprendre dans sa totalité. Le délégataire est déçu d'avoir mis du temps qui a abouti à une insatisfaction et il ne tient pas du tout à retravailler sur cette même tâche. Il sera aussi sur ses gardes lors d'une prochaine délégation et il y mettra un minimum d'énergie. Le délégateur, de son côté, ramasse le tout et poursuit lui-même la tâche, car il sait maintenant ce qu'il veut. Travail en surtemps, empiètement sur le temps de famille, moins de temps pour son équipe en seront les conséquences…

Lors de la rencontre avec son délégataire, le délégateur peut tout simplement utiliser ses notes et suivre la démarche d'une bonne délégation. Le délégataire qui voit les notes sera rassuré et y verra une délégation articulée et réfléchie. Ce ne sera pas une tâche demandée futilement et, en contrepartie, le travail sera fait sérieusement.

LA RENCONTRE

Le superviseur accueille cordialement la ou les personnes et utilise ses notes. Cela démontre qu'il est bien préparé à cette rencontre. C'est un signe de respect et de professionnalisme.

Les personnes présentes s'entendent ensuite sur les étapes de contrôle et les échéanciers. Pour ce qui est des échéanciers, le délégateur a intérêt à signifier que tout report de la date d'échéance doit être discuté à l'avance et non le matin même de l'échéance. En d'autres termes, il tient à être informé de tout retard dès que le délégataire réalise qu'il y aura un retard. Tout gestionnaire a intérêt à être ferme sur ces aspects. Il réussira alors à inculquer de bonnes habitudes de travail et de discipline chez ses équipiers.

Ils discutent ensuite des étapes de contrôle et s'entendent sur le calendrier des rencontres.

L'ENGAGEMENT

Le délégateur demande si la ou les personnes peuvent exécuter la tâche et selon les échéanciers établis. C'est un engagement important qui doit être obtenu de la part du délégataire. Même si cela peut paraître futile, il faut obtenir ce « contrat verbal ». Le délégateur doit absolument entendre un oui clair et ferme. Cet engagement fait en sorte que le ou les délégataires acceptent d'accomplir la tâche, et ce, dans les termes établis.

EXEMPLE

Demandez clairement : « Pouvez-vous faire cela Jeanne ? » Attendez ensuite un oui clair de la part de Jeanne.

LES QUESTIONS DU DÉLÉGATAIRE

Une fois que le délégataire a signifié son engagement à réaliser la tâche, il est en quelque sorte « commis et engagé » et il peut réaliser à ce moment-là qu'il est bel et bien « embarqué » dans une nouvelle tâche. Il se peut qu'il ait des questions et qu'il ait des précisions à demander.

Si le délégataire pose des questions, cela a l'avantage de confirmer son intérêt et son engagement pour la tâche.

➢ LES QUESTIONS DU DÉLÉGATEUR

Poser des questions au délégataire est facultatif mais peut être à propos, selon la personne à qui la tâche est déléguée. Le délégateur peut poser des questions pour se rassurer et s'assurer que la tâche est bien comprise. Il n'y a pas de règles strictes dans ce cas mais, avec la pratique, les délégateurs en viennent à connaître avec qui ils doivent se rassurer. Il est toutefois recommandé de poser des questions à un délégataire peu expérimenté qui peut être intimidé par l'idée de se voir déléguer une tâche. Il se peut que son esprit s'égare vers d'autres considérations pendant que le travail lui est délégué. Il peut être surpris qu'on lui fasse confiance ou il se voit en parler à son entourage ensuite ou même être terrorisé à l'idée de rater cette première vraie occasion de se mettre en valeur. Il faut alors user de tact pour bien percevoir les états d'âme.

EXEMPLES

- Le but de la tâche est-il clair ?
- Est-ce bien clair pour vous pourquoi nous avons besoin de réaliser cette tâche et ce que vous avez à accomplir ?
- Votre mandat est-il assez précis ?
- Êtes-vous à l'aise avec l'échéancier ?
- Avez-vous des questions ?

➢ LA CONCLUSION DE LA RENCONTRE

C'est au délégateur à terminer la rencontre sur une bonne note. Il remercie le ou les participants, leur souhaite bon succès et il conclut en disant au revoir jusqu'à la première date prévue aux étapes de contrôle, tel qu'entendu. Il peut mentionner être disponible au besoin et que cela ne sera pas interprété comme un signe de faiblesse ou d'incompétence si quelqu'un a des précisions à demander ou des questions à poser. Il doit de nouveau répéter que, si le délégataire s'aperçoit qu'il aura du retard sur l'échéancier, il veut en être avisé dès qu'il le réalise et non le matin même de la date d'échéance.

Il est aussi très important que le délégateur inscrive à son agenda la ou les dates qui correspondent aux étapes de contrôle et à l'échéancier, avec un bref descriptif. Cela aidera à planifier le travail de la journée ou de la semaine et surtout à ne pas prendre d'autres rendez-vous en même temps. Oublier le moment d'une étape de contrôle équivaut à renier l'importance des échéanciers.

EFFECTUER UN SUIVI DE LA TÂCHE

Selon le calendrier prévu, il y aura une ou plusieurs rencontres pour les étapes de contrôle incluant la remise du produit attendu de la tâche. Le délégateur consulte ses notes pour se remémorer les points importants et il mentionne la raison de la rencontre.

PRÉSENTER L'ÉTAPE DE CONTRÔLE

Il doit signifier aux personnes présentes quelle est l'étape de contrôle et pourquoi elle est tenue.

EXEMPLE

«Jeanne, merci d'être là. Nous sommes ici pour faire le point sur le projet d'agrandissement de nos locaux. Nous avions convenu de nous revoir aujourd'hui pour que vous me présentiez les besoins en espaces communs que nous aurons. Je vous écoute Jeanne.»

Il faut ensuite se mettre en mode écoute. Écoute véritable devrait-on dire ! Il faut d'abord écouter les paroles, puis se concentrer sur ce que dit la personne en gardant un contact visuel et, finalement, on paraphrase. Paraphraser signifie qu'on répète dans ses propres mots ce qu'on a compris des propos énoncés. Le délégateur envoie ainsi un message de confirmation à son délégataire. Il lui indique qu'il a bel et bien compris et bien écouté.

LES PRODUITS ATTENDUS

Le délégataire présente ou remet le travail effectué à ce jour et soumet le tout au délégateur. Ensuite le délégateur doit commenter le travail reçu. Soit il l'approuve immédiatement, fait les modifications nécessaires ou prend le temps requis pour regarder le travail et l'évaluer.

La bonne façon de faire est, en premier lieu, d'énoncer les points positifs en se basant sur des faits ou des exemples précis qui témoignent du fait que les commentaires ont un point d'appui. En deuxième lieu, il convient d'énumérer les points à améliorer ou à corriger, toujours en s'appuyant sur des exemples concrets.

C'est la seule façon d'être crédible. Les commentaires généraux qui ne sont pas assortis d'exemples précis ont peu de valeur et ne sont pas sérieux. Il est aussi important de respecter l'ordre des points positifs en premier et des points à améliorer en second.

EXEMPLES

- « J'approuve le travail et vous pouvez continuer ainsi Dominique. Ça va très bien et vous faites preuve de ténacité même si cette tâche n'est pas très agréable. J'ai remarqué, l'autre jour, que vous avez réussi à convaincre Marie que cette tâche était importante pour notre organisation. Vous-même y avez accordé la priorité. Je suis content et satisfait de ce que vous avez accompli à ce jour. Continuez comme ça. »
- « Jeanne, je crois que ce que vous avez fait à ce jour est du bon travail. Nos besoins en espaces communs sont très bien identifiés, vous avez pris soin de consulter tous nos services. Vous avez également considéré le tout sur un horizon de cinq ans, ce qui est une belle initiative. Vous êtes sur la bonne voie. J'aurais cependant apprécié que vous consultiez une ressource à l'extérieur de notre organisation pour connaître comment ont été établis les espaces communs. Je crois que ça aurait permis à notre organisation d'avoir des locaux modernes et de bien servir notre personnel. Pouvez-vous faire cet exercice rapidement et respecter tout de même notre échéancier ? »

LES REMERCIEMENTS

On remercie les délégataires pour avoir présenté le fruit du travail fait à ce jour et le délégateur encourage la poursuite du travail. Il mentionne aussi la date de la prochaine rencontre pour l'étape de contrôle suivante.

EXEMPLE

« Merci Jeanne. Vous avez bien travaillé et vous avez rencontré votre échéancier, je l'apprécie. Continuez comme ça et on se revoit le 14. »

FAIRE SON AUTOÉVALUATION

Pourquoi apprécier soi-même sa démarche de délégation ? Pour améliorer sa technique et identifier s'il y a des éléments à modifier dans la structure ou le fonctionnement de son équipe.

SA PROPRE PERFORMANCE

Il faut être objectif et ne pas dorer la situation inutilement. C'est une partie du succès de pouvoir analyser sa performance correctement. Lorsqu'on commence à mettre en pratique la démarche de la délégation de tâches, il faut s'autoévaluer avec rigueur et être constructif dans son approche. Cette étape réalisée efficacement permet au délégateur de maîtriser tous les aspects d'une délégation efficace.

On doit alors analyser sa performance en identifiant d'abord les points positifs avec des exemples précis et on procède de même pour les points à améliorer.

EXEMPLES

- « J'étais très bien préparé. La tâche a été bien comprise, mais je n'ai pas mis assez d'étapes de contrôle et le produit a été livré en retard. Donc pour une prochaine fois, je vais travailler davantage cet aspect. Je vais mieux segmenter le travail et je mettrai plus d'étapes de contrôle. »
- « Mes délégataires ont semblé à l'aise avec ce processus et ont également apprécié la clarté de la tâche et ont dans l'ensemble bien répondu à mes attentes. Ils ont surtout apprécié voir que j'étais préparé. »

Il se peut fort bien que le délégateur oublie certains aspects de la délégation lors des premières tentatives. Une fois sa performance analysée, il doit capitaliser sur ses points positifs et travailler les aspects qui demandent une amélioration pour une prochaine fois.

LES ÉLÉMENTS À MODIFIER DANS LA STRUCTURE ET LE FONCTIONNEMENT DE L'ÉQUIPE

Durant l'exercice de la délégation, le délégataire interagit avec ses subordonnés. Il se peut qu'il observe certains problèmes par rapport à la structure hiérarchique, aux procédures, ou qu'on lui rapporte subtilement des tensions entre des individus, par exemple. Tout gestionnaire doit être vigilant face à ces signaux. Par exemple, la clarté des relations hiérarchiques entre les individus d'une équipe est garante d'un bon fonctionnement et de relations interpersonnelles correctes. Le traitement équitable est aussi important et les individus s'observent plus que les gestionnaires ne le pensent. Un bureau avec une vue intéressante, un ordinateur récent, un ameublement spécial peuvent être source de commentaires et même aviver des tensions entre les équipiers. Le gestionnaire qui ignore ces détails s'expose à devoir résoudre des conflits plus tard. Ces tensions anodines au début ne font que grossir si elles ne sont pas traitées adéquatement quand elles naissent. Ce n'est pas pour rien que les entreprises de grande taille établissent des normes précises et claires pour tous ces aspects. L'espace de bureau en mètre carrés, le type de poste de travail autorisé par catégorie d'emploi, les normes pour des dépenses de voyage, par exemple, sont des éléments bien décrits et il y a des personnes chargées de leur application.

EXEMPLE

- « Jeanne m'a dit que ce n'était pas une bonne idée de mettre Marcel et Maurice dans des bureaux voisins. Elle l'a fait très discrètement, mais ai-je bien compris ? Y a-t-il des tensions ou un conflit entre Marcel et Maurice ? Qui peut m'en dire plus là-dessus ? »
- « Doit-on prévoir un espace pour une garderie dans nos nouveaux locaux car je viens d'apprendre que plusieurs de nos employés ont de jeunes enfants ? »
- « Nous allons acheter de nouveaux ordinateurs sous peu. À qui devrions-nous attribuer ces nouveaux équipements pour que le tout soit équitable ? »

LES BESOINS DE FORMATION POUR LES MEMBRES DE L'ÉQUIPE

En écoutant les personnes durant tout le processus de la délégation de tâches, il est possible que le délégateur décèle des besoins de formation. Certaines compétences nécessaires au travail mériteraient peut-être d'être bonifiées. Il doit régulièrement se demander si son équipe est assez formée et quelles compétences il souhaite développer.

EXEMPLES

- Jeanne a besoin de mieux gérer son temps en fonction des priorités de son travail.

- André est un *crack* de l'informatique et je crois qu'il gagnerait à maîtriser certains logiciels. Ça nous serait utile dans les moments où nous avons des présentations à produire.
- Dominique est souvent appelée à faire des présentations à des clients. Elle pourrait bénéficier d'une formation pour la rendre encore plus à l'aise de parler devant un groupe.

DES NOTES AU DOSSIER DE LA PERFORMANCE DES ÉQUIPIERS

Évaluer la performance est une responsabilité importante de tout gestionnaire. Ce geste de gestion doit être fait régulièrement quand on constate qu'une personne a réalisé un travail significatif qu'il soit satisfaisant ou non. Trop souvent hélas, ce sont les personnes des ressources humaines d'une organisation qui réclament que ce soit fait par les gestionnaires à la fin de l'année fiscale. Les gestionnaires n'ont pas toujours beaucoup d'éléments à relever, car ils n'ont pas eu la discipline de prendre en note les faits marquants du travail durant l'année qui vient de s'écouler. Ils prennent donc tous les moyens possibles pour invoquer une surcharge et finalement bâcler cet exercice à la hâte.

Une tâche qui a été accomplie avec succès et qui est significative mérite au délégataire que son travail soit apprécié. Ces remarques sont consolidées dans le dossier personnel et quand on a à faire la rencontre annuelle, le « délégateur-gestionnaire » a des aspects concrets qu'il peut relever. Le travail se doit d'être apprécié pour une amélioration constante de la performance. C'est une source de motivation très importante pour les membres de l'équipe.

EXEMPLES

- André a préparé une présentation hors pair pour illustrer le budget. Il est très talentueux. Par contre, il n'a pas rencontré les échéanciers prévus bien que cela lui ait été dit à plusieurs reprises. Il a besoin de mieux organiser son temps. C'est un employé valable et compétent et il vaut la peine d'investir dans une formation pour qu'il développe ses compétences.
- Jeanne a bien travaillé pour préparer le projet d'agrandissement. Elle a pris soin de consulter tous les services, a tenu compte de leurs besoins et leur a demandé des commentaires par la suite. Elle est très bonne communicatrice et a bien joué son rôle, soit fournir des espaces adéquats et fonctionnels pour notre personnel.

DE LA RÉTROACTION AUX DÉLÉGATAIRES

Lorsque la tâche est terminée et que le produit a été livré, il se peut fort bien que le délégateur doive procéder à une demande, une autorisation, faire une présentation ou une proposition avec le travail effectué par son délégataire.

Le délégataire de son côté ne sera plus nécessairement impliqué ni préoccupé par la tâche qu'il a terminée.

Il est important de lui donner de l'information sur ce qui a été fait avec le travail accompli. Il faut lui mentionner à quoi ont servi ses efforts et quel est le résultat d'une décision, d'une approbation, ou lui faire part de la réaction du client. Si c'est positif, le délégataire doit mentionner la qualité du travail produit et quels sont les éléments qui ont animé les décideurs ou les clients. Ce renforcement envoie un message d'appréciation et prépare le terrain pour une prochaine délégation. Ce délégataire se souviendra de ces éléments précis qui ont retenu l'attention et il y portera une attention toute particulière une prochaine fois.

EXEMPLES

- Je dirai à Jeanne combien les gens sont enchantés par nos nouveaux locaux et qu'ils apprécient leur fonctionnalité. Ils sont particulièrement heureux des espaces communs et de leur commodité. La nouvelle garderie est très fréquentée et les parents sont rassurés. Cela contribue grandement à la motivation et au bonheur au travail. Quand nous allons inaugurer officiellement nos locaux, je mentionnerai à toutes et à tous l'excellent travail effectué par Jeanne.

- Je dois faire part à Étienne des commentaires du public sur les décors de la pièce de théâtre. Je lui rapporterai des commentaires précis. Par exemple, certains m'ont mentionné que la reconstitution d'un camp de bûcherons a mis des images sur les histoires racontées par leurs parents. De plus, les décors ont été réalisés avec un budget modeste. Je lui dirai que cela a contribué grandement à faire un grand succès de la pièce et a permis de générer des profits intéressants.

Ainsi, le délégateur souligne et célèbre les « bons coups ». Si c'est une tâche appréciable et significative, il peut même prévoir une rencontre spéciale comme un cinq-à-sept, un café–muffins ou une inauguration pour souligner cette importante réussite. Au cours d'un semblable événement, le délégateur dit simplement que la rencontre a lieu pour apprécier le bon travail accompli. Il en profite alors pour souligner l'apport d'un ou de plusieurs membres de son équipe pour la réalisation de cette tâche. Il doit aussi appuyer ses commentaires généraux en faisant part des qualités des personnes qui ont permis que la tâche soit bien exécutée.

C'est en faisant son autoévaluation après chaque tâche déléguée que le délégateur en viendra à maîtriser le geste de la délégation efficace.

Conclusion

Déléguer efficacement est un gage de succès pour l'organisation, le délégateur et le délégataire.

Déléguer efficacement signifie en premier lieu de bien cadrer la tâche à déléguer et ensuite de la déléguer à la ou aux bonnes personnes. Le délégateur doit ensuite moduler son style de supervision pour chaque tâche en fonction de la motivation et de la compétence de la personne à qui la tâche est déléguée.

La délégation efficace garantit au délégataire que la tâche à accomplir est importante, même si elle peut être ennuyante et désagréable. Tout travail accompli et qui a un sens a de la valeur.

Bien déléguer comporte des avantages pour le délégateur et les délégataires. S'il est un conseil à réitérer, c'est de déléguer le plus souvent possible…

Les pièges à éviter !

1. On entend souvent dire : « Je vais le faire moi-même, ce sera moins long… » C'est un des pièges à éviter, probablement le plus pernicieux. Certains semblent offrir une forme de résistance à déléguer du travail. C'est qu'ils aiment garder la main à la pâte. Réaliser du travail soi-même place les gestionnaires dans une zone de confort qui donne l'impression d'accomplir beaucoup plus que s'ils se contentaient uniquement de gérer. En situation de gestion, ils ont le sentiment de ne rien faire. Il est vrai qu'il n'est pas facile de prendre ses distances vis-à-vis des tâches qui sont familières et qui offrent une gratification concrète quand elles sont accomplies. L'inconvénient, avec cette attitude, est que si personne d'autre ne devient familier avec cette tâche, il reviendra au gestionnaire qui peut la réaliser de l'accomplir pour un grand bout de temps…
2. Un autre piège dans lequel tombent fréquemment les gestionnaires est de continuer à effectuer des tâches exigeantes tout en étant dans un poste de gestion. Gérer une équipe requiert que du temps de qualité soit consacré à sa direction, et ce doit être une priorité, bien avant de faire les tâches administratives liées au

travail de bureau. Beaucoup de gestionnaires ont de la difficulté à séparer leur rôle de gestionnaire de celui de « faiseur ».

Il est également bon que les gestionnaires demeurent impliqués dans des tâches qu'ils réalisent eux-mêmes. Ils gardent ainsi un contact avec la réalité du « terrain » et sont plus en mesure de comprendre les situations auxquelles leurs subordonnés font face. Il est cependant primordial qu'ils réussissent à garder un juste équilibre entre leur fonction de gestionnaire et celle de « faiseur ».

Certains gestionnaires aiment paraître très occupés, car cela camoufle leur inconfort dans la gestion. Ils peuvent ainsi prétexter qu'ils n'ont pas ou pas eu le temps de penser ou de prendre une décision à propos de tel ou tel sujet. La gestion des personnes est une fonction et réaliser des tâches soi-même en est une autre totalement différente. Encore une fois, la priorité doit être accordée à la gestion des personnes. Les employés coûtent cher à l'entreprise et s'ils ne travaillent pas bien ou sur les bonnes tâches, cela occasionne des dépenses improductives pour l'entreprise. De plus, l'entreprise rémunère davantage les gestionnaires que les emplois dits de professionnels ou techniques. C'est que le rôle de gestionnaire implique des responsabilités et une imputabilité pour le travail des autres. Il faut que les organisations aient un bon retour sur l'investissement et, pour cela, il faut que les gestionnaires consacrent la majorité de leur temps à la gestion. S'ils sont inconfortables dans leur rôle de gestionnaire, ils doivent y renoncer ou s'améliorer par de la formation.

3. Certains gestionnaires craignent de se faire « voler leur job » s'ils délèguent trop de tâches. Ils craignent d'être perçus comme des gens qui ne font rien. En fait, le temps épargné en faisant faire des tâches par leur équipe devrait être consacré à réfléchir sur la mission, la vision, les stratégies et l'atteinte des objectifs annuels et à long terme. En d'autres mots, s'occuper de planification et de développement dans leur organisation. Penser et réfléchir sont des tâches importantes que les gestionnaires doivent accomplir. Ils ne doivent pas se sentir coupables quand le bureau est libre et qu'ils n'ont « plus rien à faire ». C'est là que commence leur travail le plus important : la réflexion !

Les bénéfices d'une bonne délégation

1. Pour le délégateur et l'entreprise

Les gestionnaires qui réussissent à « ne rien faire » ont plus de temps à consacrer à leur équipe. Cette interaction doit être constante et est garante d'une équipe motivée et aguerrie. La direction d'une équipe implique de déléguer des tâches, d'apprécier le travail accompli, de diriger des réunions pour orienter des projets, de prendre des décisions en équipe ou de faire le point. Elle signifie aussi résoudre les problèmes qui surviennent quand une activité ne se déroule pas comme prévue ou que des tensions s'installent entre des individus. Les gestionnaires doivent aussi pourvoir les postes à combler au besoin. Donc, quand ils délèguent beaucoup, ils dégagent du temps qu'ils doivent consacrer à ces activités de gestion.

Penser est aussi une activité « autorisée » pour toute personne d'une organisation et pour les personnes qui occupent des postes de direction en particulier. La réflexion stratégique doit être régulière et continue. On voit bien plus souvent des sessions de réflexion stratégiques forcées par la haute direction qui veut extraire des gens de leur quotidien pour les obliger à penser. Quand ils ont délégué, les gestionnaires doivent prendre du recul, anticiper ce qui vient, bref, penser... C'est une activité permise en gestion. Une demi-journée consacrée à réfléchir peut faire épargner temps et argent à une organisation. Les procédures, systèmes et façons de faire doivent évoluer avec le temps, les marchés, la compétition. Ces changements doivent être induits par des gens qui prennent le temps de réfléchir à ces éléments.

On remarque que quand une équipe est bien gérée, elle est motivée, elle sait quel travail elle a à faire et qu'il a un sens. La motivation au travail influence énormément la productivité. La délégation de tâches, même si elle occasionne parfois un surplus de travail pour certains, anime les équipiers et les fait sentir essentiels à l'avancement de l'organisation.

En cas de problèmes dans une organisation, leur « employabilité » est accrue. Pour une organisation, avoir des personnes qui peuvent accomplir une gamme de tâches élargies est toujours un avantage. Le délégateur retire du crédit d'une telle gestion.

Dans une organisation où il y a des gestionnaires qui délèguent beaucoup, on remarque que le leadership grandit. Ils ont du temps pour mettre en pratique des activités de gestion. Ils s'améliorent en les pratiquant et deviennent des gestionnaires de haut calibre. Comme le leadership est contagieux, c'est toute l'organisation qui devient en mode leadership.

2. Pour les délégataires

À force de se voir déléguer des tâches variées, les délégataires développent de nouveaux talents et constatent les avantages de se voir déléguer des tâches. Ils sont plus motivés au travail car ces tâches, qui parfois sont une surcharge, sont vues comme un travail intéressant (ce n'est pas le cas pour toutes les tâches toutefois...) qui va parfaire leur savoir et « garnir leur CV ». Il est fréquent dans les organisations de voir des individus spécialisés occuper des postes en dehors de leur domaine de spécialité. Leur cheminement provient la plupart du temps d'une tâche qui leur a été déléguée et qu'ils ont accomplie avec succès. Comme ils ont démontré de l'intérêt pour la tâche, au moment où la direction souhaite aller plus loin, elle confie de nouvelles responsabilités à ces personnes. Les tâches les plus simples peuvent parfois amener les délégataires vers de nouveaux horizons. Les fonctions liées aux communications, aux ressources humaines, à la vente et aux relations publiques sont souvent occupées par des personnes qui ont au début réalisé des tâches simples dans ces domaines.

Des personnes peuvent également devenir des spécialistes de certaines tâches. On n'a qu'à penser à la fonction d'exploitation et d'entretien des locaux, ou de gestion de la flotte de véhicules et de l'équipement technologique. De simple tâche déléguée à quelqu'un au début, ces fonctions peuvent occuper beaucoup de place dans une organisation qui progresse. La direction confie alors des responsabilités supplémentaires à ces personnes qui ont réalisé des tâches associées à ces domaines. L'organisation crée un poste et, après quelque temps, la personne se trouve en position de gestionnaire à la direction d'une équipe.

Les tâches ne sont pas toujours excitantes et intéressantes cependant. Mais il vaut la peine d'y consacrer du temps de qualité pour les délégataires. On ne sait jamais où l'accomplissement d'une tâche anodine ou ennuyante peut mener.

Quand les membres d'une organisation observent ces changements positifs, ils font aisément le lien entre accomplir des tâches et les possibilités de grandir. Leur motivation et leur productivité augmentent car ils se sentent plus utiles. La complicité entre l'organisation et les humains qui y travaillent s'installe. Il existe alors un climat de travail agréable où les individus s'épanouissent.

La motivation est un facteur très important pour tout humain. De sentir que son travail est utile et qu'il est apprécié par son entourage répond à un besoin viscéral. Avoir de l'entrain pour aller travailler chaque jour vaut bien des milliers de dollars de salaire, pourrait-on dire. Trouver un sens à son travail et se réaliser soi-même est tout aussi important. Réussir sa carrière a plus de valeur que de garnir son compte en banque. On peut remarquer que les personnes qui sont heureuses au travail le sont aussi dans leur vie personnelle. On ne peut dissocier les deux.

C'est l'attitude qui peut faire toute la différence. Les humains n'ont pas peur du travail. Ils ont plus peur de travailler sur des tâches inutiles dont le résultat ne servira à rien. Ainsi, les délégataires qui trouvent des avantages aux tâches à accomplir vont les réaliser avec bon vouloir. Ils sont prêts à « aller au front » pour une organisation qui les fait grandir.

3 LA CONDUITE DES RÉUNIONS

LES OBJECTIFS DE CE CHAPITRE

- Acquérir une méthode de conduite des réunions
- Apprendre à maîtriser les diverses situations pouvant survenir durant les réunions
- Connaître les aptitudes requises pour conduire efficacement des réunions
- Développer la confiance et appliquer continuellement les apprentissages

Introduction

La plupart des gens sont plutôt négatifs quand ils pensent à une réunion. Bien qu'elles soient rarement complètement mauvaises, il arrive très souvent que les réunions soient plutôt « ordinaires ». Plusieurs considèrent les réunions comme une perte de temps, ils disent qu'on les invite pour leur opinion et qu'en cours de réunion, on ne leur a pas donné l'occasion de s'exprimer. Plusieurs réunions sont tenues sans ordre du jour et forcément sans trop savoir ce qu'on voulait y accomplir. La plupart des gens les trouvent trop longues. Quelqu'un a déjà dit que pour qu'une réunion soit bonne, il faut enlever les chaises…

C'est dommage, car les réunions représentent des occasions formidables d'échanges, des rencontres où on peut résoudre très rapidement des problèmes, prendre des décisions, informer correctement. Les réunions favorisent le contact humain qu'on ne trouve pas dans un courriel, un mémo, une note de service. On peut facilement identifier les caractères et les personnalités des individus. Pour quelqu'un qui débute dans une organisation, par exemple, une première réunion mettra en lumière les personnalités des individus avec qui il travaillera, permettra de comprendre la culture de l'organisation et de jauger le style de gestion qui y règne.

Pour les chefs d'équipe, les personnes qui dirigent des projets, les personnes qui sont chargées d'une initiative, les réunions offrent des occasions de communiquer de l'information, de faire des mises au point, de remettre un projet sur les rails et de motiver les troupes.

Il est primordial que les réunions soient efficaces car, si l'on y pense bien, les professionnels passent au moins 25 % de leur temps en réunion. Dans les niveaux supérieurs d'une organisation, c'est encore plus. Les coûts sont énormes, car il faut compter qu'une réunion qui dure une demi-journée à sept personnes représente trois personnes-jour et plus. L'organisation doit donc en avoir pour son argent.

Il est donc essentiel que les réunions tenues par des gestionnaires, des professionnels ou des techniciens soient dirigées efficacement.

Les personnes qui organisent des réunions pensent que de bien connaître les sujets qu'on abordera est suffisant. Diriger une réunion implique aussi un savoir-faire pour bien la préparer et la conduire avec doigté.

QU'EST-CE QU'UNE RÉUNION ?

Une réunion est la rencontre de deux personnes ou plus, dans un lieu physique, au téléphone ou virtuellement, qui échangent pour arriver à un résultat à la satisfaction des participants et qui correspond à l'objectif de la réunion, et ce, dans un minimum de temps.

C'est une activité d'équipe où un groupe choisi se rassemble pour faire un travail, par exemple, une réunion d'affaires dans le cadre du travail ou une réunion du comité social d'une association.

Bien conduire une réunion s'apprend. Il faut une base de naturel, mais il faut suivre une démarche structurée qui permet d'abord de réfléchir à la réunion qu'on souhaite tenir. Il faut aussi consacrer le temps nécessaire à la préparation, ce qui est manifestement une partie souvent négligée. La personne qui organise une réunion doit convoquer des participants qui apporteront de la valeur à la réunion et pas nécessairement des habitués qui ont plus ou moins rapport avec la réunion prévue.

L'organisateur doit nécessairement réussir à impliquer les participants à la réunion. À moins que ce soit strictement une réunion d'information, on doit laisser s'exprimer les participants. Il faut aussi mettre de l'ordre dans le déroulement de la réunion et s'assurer qu'elle cheminera vers l'atteinte de l'objectif sans dévier. À la longue, une personne qui met en pratique une démarche structurée développera ses talents de communicateur et d'animateur.

Il est aussi essentiel d'assurer un bon suivi de la réunion qu'on organise.

Mais avant tout, le succès d'une réunion se joue bien avant qu'elle n'ait lieu. Le succès réside dans la préparation adéquate de la réunion. Quand on assiste à une réunion comme participant, on peut aisément détecter si la personne a pris le temps de bien se préparer ou non. On réalise aussi qu'une réunion bien préparée se termine par un résultat et qu'il est agréable d'y participer.

LES ÉTAPES POUR CONDUIRE UNE BONNE RÉUNION

1. Décider de tenir une réunion
2. Préparer la réunion
3. Conduire la réunion
4. Faire le suivi de la réunion
5. Faire son autoévaluation

Décider de tenir une réunion

Il y a plusieurs avantages à tenir une réunion. On tient une réunion parce que c'est un moyen de communication efficace et rapide. La réunion est utilisée pour diffuser de l'information importante. On peut aussi demander à un groupe de prendre des décisions ou de résoudre des problèmes sur-le-champ. C'est un endroit pour échanger des idées, concevoir un produit, un service, etc. On peut mettre en commun les idées d'une équipe et stimuler la discussion.

La réunion est aussi un outil de développement personnel pour certains individus. Les réunions permettent d'évoluer rapidement en étant fréquemment exposé à plusieurs facettes de l'entreprise. Elles permettent aux nouveaux de se forger des idées, des opinions et des jugements sur les activités de l'entreprise.

Les réunions permettent d'aboutir à un accord et de négocier une façon de faire sur-le-champ. Les participants sont plus flexibles durant une rencontre en face-à-face parce qu'ils peuvent immédiatement entendre les raisons qui font que telle ou telle position est défendue. Ils peuvent alors moduler leur opinion et cela permet souvent d'arriver à des compromis qui constituent des solutions. Le face-à-face dans une réunion permet de mieux percevoir la position et les priorités des parties.

Durant une réunion, on peut aussi mieux prendre le pouls sur un sujet. Les participants s'expriment spontanément et ils n'ont pas le temps de se relire ou de « filtrer » un mémo de réponse. Bref, il est plus facile d'avoir l'heure juste en direct !

La réunion permet également à une équipe de se structurer et d'y insuffler de l'énergie. Les réunions régulières et efficaces bâtissent l'esprit d'équipe d'une unité et établissent la collégialité entre les participants. On peut aussi mieux connaître les activités des autres membres de l'équipe.

Les réunions créent de la richesse d'idées. Les idées des uns induisent d'autres idées et confortent certains dans leur opinion. Elles permettent une ouverture d'esprit et un dialogue ouvert. On dit que c'est l'équation un plus un égale trois.

Ce sont des événements à haut profil. Donc il est possible que ça parle ferme après la réunion. Les réunions peuvent avoir des retombées très positives, comme très négatives.

Par ailleurs, les réunions coûtent cher à toute organisation. Il y a l'investissement de temps sans compter que souvent des gens ont à se déplacer pour y participer. Les coûts peuvent être très élevés, sans compter la perte de motivation si c'est une réunion peu profitable. Il faut donc s'assurer que les réunions soient productives et rentables.

Ainsi la personne qui décide de tenir une réunion doit justifier pourquoi elle décide de faire appel à un groupe et déterminer pourquoi c'est le meilleur chemin à suivre. C'est une étape qui peut sembler évidente mais qui a toute son importance. C'est la fondation qui soutient tout le reste du processus. Il faut se poser les questions suivantes : pourquoi cette réunion est-elle nécessaire tout à coup ?; que se passerait-il si elle n'avait pas lieu ?; et est-ce le moyen le plus simple de regrouper des individus ?

Il faut considérer d'autres outils avant de convoquer une réunion, parce qu'elle est coûteuse !

EXEMPLES

- Faut-il tenir une réunion ou est-ce qu'un appel à chaque individu concerné, un appel conférence, un mémo, etc., conviendraient mieux?
- La situation commande-t-elle que cette réunion soit tenue maintenant ou si cela peut attendre encore quelque temps; si une réunion est prévue d'ici quelques semaines, pourrait-elle inclure l'objet (le but) de la réunion dont il est question maintenant ?

La personne qui pense tenir une réunion doit être convaincue que de regrouper des gens est le meilleur moyen pour atteindre ce qu'elle souhaite. De cette manière, les participants y viendront avec empressement et intérêt. Ils s'habitueront aussi au style de la personne et ils sauront si, lorsqu'elle convoque une réunion, celle-ci en vaut la peine ou non…

VOTRE RÉUNION

Après avoir réfléchi aux divers moyens possibles, êtes-vous certain que de tenir une réunion soit la meilleure approche ? Si oui, vous pourrez justifier auprès des participants que cette réunion est utile et importante. Cela confortera les participants de savoir qu'ils sont là pour une bonne raison et non pour « encore une autre réunion »…

Préparer la réunion

Le pourquoi de la réunion

Par « le pourquoi » de la réunion, on entend que l'instigateur de la réunion doit s'interroger sur le but de la réunion. Pourquoi veut-il faire appel à un groupe et dans quel but ?

C'est la raison d'être de la réunion.

EXEMPLES

- Je veux informer régulièrement mon équipe sur le déroulement des activités.
- Je veux obtenir l'opinion de mon équipe sur la vente d'une usine.
- On a un problème avec le service aux membres. Je veux réunir toute l'équipe pour obtenir différents points de vue.
- Je dois prendre une décision concernant l'avenir de notre magasin. En réunissant toute l'équipe j'obtiendrai l'information nécessaire.
- Nous perdons des parts de marché et je veux mobiliser notre personnel pour que l'entreprise reprenne sa croissance.

Plusieurs termes tels objet, but, pourquoi, objectif, sujet, thème, sont souvent utilisés pour traiter des aspects liés au contexte des réunions. Ils peuvent avoir des sens différents selon les individus. On n'a qu'à penser à but et objectif qui sont souvent confondants, et confondus.

Le pourquoi de la réunion

C'est la raison d'être de la réunion. On peut aussi utiliser les mots « but » ou « objet » de la réunion.

L'objectif de la réunion

C'est le produit mesurable attendu à l'issue de la réunion. L'objectif est plus étroit et plus précis que le but. Parfois, l'objectif et le but peuvent être les mêmes.

Les sujets

Les sujets sont les points énumérés à chacun des articles de l'ordre du jour de la réunion.

EXEMPLES

- Le pourquoi de la réunion est de discuter de l'implantation du nouvel atelier d'usinage.
- « Je veux que notre équipe soit bien informée des activités et des performances de notre service. Chaque deux semaines, je vais organiser une réunion qui permettra de visualiser le progrès du service de l'entretien électrique. » Le pourquoi de la réunion est donc d'informer l'équipe du progrès deux fois par mois.

Une fois que l'organisateur a décidé de tenir une réunion et qu'il en a identifié le pourquoi, il doit ensuite se préparer à l'organiser.

L'OBJECTIF DE LA RÉUNION

Après avoir identifié le pourquoi de la réunion, qui est assez « large », l'organisateur doit ensuite déterminer l'objectif de la réunion. L'objectif est plus étroit et doit pouvoir se mesurer par un résultat. L'organisateur doit pouvoir clairement préciser ce qu'il souhaite accomplir durant la réunion. Il peut aussi y avoir plusieurs réunions avec le même « pourquoi » ou but, et avec des objectifs différents pour chacune.

EXEMPLES

Le pourquoi de la réunion est de discuter de l'implantation du nouvel atelier d'usinage.

- L'objectif d'une première réunion est de décider de l'endroit où sera implanté ce nouvel atelier.
- L'objectif d'une deuxième réunion sera de décider de la superficie nécessaire pour ce nouvel atelier.

Il est également possible qu'une seule réunion n'ayant qu'un « pourquoi » comporte plusieurs objectifs. Toutefois, pour que la réunion soit productive, il est préférable de limiter à un ou deux les objectifs. Cela devient une question de jugement. Si on fait déplacer des personnes à grands frais pour une réunion, il vaut la peine de rentabiliser la réunion et d'y mettre plusieurs objectifs et sujets. Règle générale, il vaut mieux faire plusieurs réunions courtes et productives que de longues réunions.

L'organisateur doit ensuite déterminer clairement ce qu'il attend comme résultat de la réunion et également ce qu'il attend des participants en groupe. Les participants sont convoqués pour apporter de la valeur et de la substance à la réunion. Il faut préciser ce qui est attendu d'eux.

EXEMPLES

- « J'aimerais une discussion ouverte sur le nouvel horaire variable. Je veux que les participants puissent s'exprimer librement sur ce sujet. »
- « Je veux obtenir l'opinion du groupe sur la possibilité d'ouvrir une garderie en milieu de travail. Je m'attends à ce que la plupart soient d'accord avec l'idée. Par ailleurs, seraient-ils prêts à payer les coûts d'opération ? »

Il est important de bien formuler et d'écrire l'objectif de la réunion et de l'avoir à la vue tout au long de la démarche de la préparation. C'est le cadre, le corridor qu'il faudra respecter durant la préparation et durant toute la réunion pour éviter déviations et apartés. Il est préférable d'utiliser un verbe d'action pour formuler l'objectif, cela aide à être plus précis et à orienter l'objectif vers une action.

EXEMPLES

- L'objectif de la réunion est de décider de la superficie nécessaire pour le nouvel atelier d'usinage.
- L'objectif de la réunion est de distribuer la tâche des enseignants du département de chimie.
- L'objectif de la réunion est de donner de l'information et répondre aux questions du personnel sur le nouveau système de remboursement des dépenses de voyage.
- L'objectif de la réunion est d'obtenir l'opinion du personnel sur la possibilité d'ouvrir une garderie en milieu de travail et d'en payer les coûts.

En résumé, il est primordial de faire la distinction entre le « pourquoi » (but ou objet) et l'objectif. Le « pourquoi » est plus vaste, plus global, alors que l'objectif est plus ciblé, il est mesurable et plus précis. La clarté de l'objectif est synonyme d'adhésion et d'implication des participants. L'objectif est le produit final attendu de la réunion.

VOTRE RÉUNION

Réfléchissez bien au pourquoi et à l'objectif de la réunion à organiser. Formulez le pourquoi et l'objectif de votre réunion. Il se peut que le pourquoi et l'objectif de votre réunion soient les mêmes. Mais si vous avez la charge d'un projet, d'une initiative ou si vous souhaitez implanter un nouveau système d'horaire variable, il est probable que vous ayez un « pourquoi » et plusieurs réunions avec des objectifs différents. Soyez le plus précis possible sur l'objectif de votre réunion. Que souhaitez-vous obtenir comme résultat ? Une décision prise en groupe, l'opinion de votre équipe pour que vous puissiez prendre une décision ensuite, la répartition des tâches pour réaliser un projet ?

➢ LA RÉFLEXION SUR LA RÉUNION

Il appartient à l'organisateur de réfléchir plus précisément au « pourquoi » et à l'objectif de la réunion. C'est cette réflexion qui va ensuite le guider pour inviter les participants et préparer l'ordre du jour de la réunion. C'est une étape souvent négligée à cause des occupations multiples des gestionnaires. Très souvent, ils se présentent à la réunion non préparés !

La réflexion est importante, car c'est à cette étape que la stratégie est établie en vue de la réunion. C'est le moment de la mise en scène de la réunion. Avant que les acteurs ne se présentent, il faut déterminer ce qui est déjà connu sur le pourquoi et l'objectif, penser aux travaux faits auparavant et aux opinions sur le sujet. Il faut aussi penser à la forme que prendra la réunion. Si on désire recueillir l'opinion d'un groupe de personnes sur une situation ou un projet, comment procéder ? Un tour de table où chaque personne devra parler ou encore poser une question et laisser les gens s'exprimer *ad lib* ? C'est important car, dans ce dernier cas, il se peut que ce soient les mêmes personnes qui parlent tout le temps. Elles influenceront les autres et il se pourrait que ce soit leurs idées qui soient retenues. Par ailleurs, il se peut que ce soit la meilleure façon de faire si l'animateur croit que ces idées sont les bonnes. Souhaite-t-il une discussion sur un sujet ou une séance ou il donne de l'information avec quelques questions de précision ensuite ? Y a-t-il des données à fournir avant d'amorcer un sujet ? Il peut être très à propos de préparer un tableau, un graphique ou une synthèse en quelques points avant d'amorcer une discussion ou une analyse.

Ainsi, on gagne du temps car les participants ont déjà des informations sur lesquelles se baser. Autrement, il se peut qu'on réalise que ces informations seraient utiles et, comme elles ne sont pas disponibles immédiatement, il faudra les obtenir à la suite de la réunion. Il faudra peut-être tenir une autre réunion avec cette fois les informations adéquates. L'animateur a donc intérêt à maximiser le temps que les participants consacreront à la réunion. Plus ils auront d'éléments pour discuter, prendre une décision ou préparer un plan, plus la réunion sera productive et satisfaisante. Vaut-il mieux distribuer ces mêmes informations avant la réunion pour que chacun puisse en prendre connaissance ou le faire quand on parlera du sujet en question ? Il ne s'agit pas d'arranger la réunion au préalable mais bien de s'assurer que les participants utiliseront leur temps correctement.

On peut penser aussi à distribuer des documents qui vont stimuler la réflexion chez les participants. Un article de journal ou de revue, les résultats d'un sondage, un texte qui a stimulé une réflexion chez l'animateur, les résultats d'une campagne de promotion, un exemple de plan stratégique pour une organisation, sont autant d'éléments qui peuvent contribuer à ce que les participants arrivent à la réunion avec enthousiasme. Cependant, il faut à tout prix éviter de distribuer de longs documents car ils risquent de ne pas être lus. Ces aides à la réflexion doivent être concis et aller directement au sujet de discussion souhaité.

Il faut aussi s'interroger sur ce que les participants peuvent apporter à la réunion. Peuvent-ils avoir une opinion sur tel ou tel sujet ? Peuvent-ils faire une présentation sur un sujet ? Plus l'animateur orientera la réunion vers les participants, plus elle sera fructueuse. Y a-t-il lieu de faire présenter un sujet par un des participants et ensuite de poursuivre avec une discussion dirigée par l'animateur ?

L'animateur doit aussi envisager comment il va synthétiser l'information ou les opinions recueillies. Quelqu'un prendra les notes à l'écran et le tout sera visible à tous les participants, l'animateur notera sur une grande tablette les idées ou encore il référera au compte rendu de la réunion. Il est toujours préférable pour le bénéfice des participants d'afficher l'information en direct. Ainsi, elle n'est pas déformée et les participants peuvent préciser leur pensée et leurs idées si elles ont besoin d'éclaircissements.

EXEMPLES

- Le but de la réunion est de discuter de la pertinence d'ouvrir une garderie en milieu de travail. L'objectif de la réunion est de prendre une décision en groupe à savoir si une recommandation sera faite à l'organisation.

L'animateur, après avoir réfléchi à sa réunion, décide qu'il fera un tour de table et demandera l'opinion de chaque participant sur la pertinence ou non d'un tel projet. Il décide aussi que ces opinions seront anonymes dans le compte rendu. Il croit que d'enregistrer l'information en direct à l'écran est la meilleure façon de faire. Il aura donc recours à une autre personne pour transcrire les idées et les opinions sur-le-champ. Si la majorité des participants est en accord avec l'idée, il y aura une proposition de faite à l'organisation, sinon le projet sera oublié. Il fera un tableau pour enregistrer les opinions des personnes, favorables ou non. De même, il prévoit noter les arguments selon les points positifs et les points négatifs. À la fin des débats, il prévoit un vote final verbal où il demandera l'opinion de chacun. Puis, il fera part de la suite du projet. L'animateur croit qu'il serait pertinent qu'il fasse une mise en situation en disant comment cette idée a germé et pourquoi aujourd'hui il est question de ce projet. Il fera donc lui-même cette mise en contexte avant de procéder au tour de table.

- Vous souhaitez préparer un plan stratégique pour une unité de travail, car un copain vous a convaincu de ses bénéfices. Vous avez décidé d'impliquer votre équipe dans la préparation d'un tel plan. Le pourquoi de la réunion est donc la préparation d'un plan stratégique. Les objectifs pour la première réunion sont d'informer votre équipe sur les avantages d'avoir un plan stratégique, de discuter et de décider si l'équipe a bel et bien besoin de ce plan et, si oui, de mettre en place une structure de travail pour préparer un tel plan. Vous réfléchissez ensuite au déroulement de la réunion.
  - Vous aurez besoin d'un exposé convaincant sur un plan stratégique. Votre équipe est composée de gens pratiques et il serait avantageux d'avoir quelqu'un qui en a déjà préparé et qui, surtout, a l'expérience de la mise en place d'un tel plan. Votre copain ferait-il un bon travail ? Sans doute, mais tous connaissent votre relation avec lui et cela enlèverait de la crédibilité à l'exercice. Alors, vous optez pour quelqu'un de son équipe qui a été associé à la préparation et à la mise en œuvre de leur plan.
  - À l'étape discussion, est-ce que vous souhaitez que cette personne assiste à la discussion et à la prise de décision ? Vous optez pour une présentation suivie d'une période de questions et ensuite vous allez libérer votre invité.
  - Vous souhaitez, à moins d'avis contradictoires de votre équipe, préparer un plan stratégique. Vous pensez mettre en place une équipe spéciale formée de tous les membres ou de quelques membres de votre équipe

pour piloter ce dossier. Bien sûr, vous souhaitez l'unanimité, mais à défaut de l'avoir, vous prendrez la décision finale selon votre perception de leurs opinions. Si ces opinions vous apparaissent partagées, vous planifiez faire un tour de table pour obtenir plus clairement « les pour et les contre ». Ensuite, vous ferez connaître votre décision.

- À la fin de la réunion, vous souhaitez que tous soient d'accord pour une structure de travail afin de préparer un plan stratégique. Vous êtes prêt à y renoncer si les membres de votre équipe arrivent à vous en convaincre.

L'animateur prévoit aussi la durée de la réunion, bien que ce soit difficile à évaluer. Habituellement, les réunions durent plus longtemps que prévu. Toutefois, la durée de la réunion doit être établie pour que les participants puissent savoir combien de temps ils doivent planifier pour participer à la rencontre.

La durée d'une réunion peut être un peu élastique, mais il n'est pas conseillé d'étirer pendant trois heures une réunion censée durer deux heures, par exemple. L'attention des participants risque d'être détournée vers leurs activités à venir, et les participants auront hâte que ça se termine. L'animateur a intérêt à prévoir différentes options. Il pourra poursuivre les discussions avec quelques participants par la suite et inclura le tout au compte rendu. Soit il demande au groupe de poursuivre la réunion, si la majorité des participants est disponible. Il peut aussi décider de continuer sur le sujet principal quitte à laisser tomber les autres sujets à l'ordre du jour. Enfin, il peut choisir de tenir une autre réunion sous peu pour terminer. Au moment de sa réflexion sur la réunion, l'animateur envisage ces différents scénarios et est prêt selon les événements qui se présenteront.

Toujours dans sa réflexion, il s'interroge sur les interventions que feront les participants. Qui risque d'intervenir le plus et quels seront leurs propos ? Apporteront-ils de la valeur ou au contraire cela risque-t-il de perturber la réunion ? La réunion doit être productive et positive avant tout. Il faudra donc voir à équilibrer les opinions pour éviter une polarisation des idées. Si la réunion implique beaucoup d'enjeux importants, il peut être judicieux d'engager un animateur professionnel. Il n'a pas besoin de contenu, car son rôle est uniquement de diriger la réunion. De plus, il apporte de la neutralité car il n'a aucun parti pris au départ. Il est objectif et il tempère les états d'âme des plus émotifs. Comme ces services sont assez coûteux, on doit y recourir pour des réunions importantes où il y a beaucoup en jeu.

Il sera question du compte rendu de la réunion plus loin. Toutefois, il faut identifier qui sera responsable de sa préparation et quelle sera la forme du compte rendu. Il est toujours préférable que ce soit quelqu'un d'autre que l'animateur qui prépare le compte rendu. Animer la réunion est déjà exigeant.

En quelque sorte, l'animateur a visualisé le déroulement de sa réunion. Non pas pour piper les dés, mais plutôt pour que le déroulement aboutisse à l'atteinte de l'objectif. Il faut en somme identifier le fil conducteur, le scénario qui aidera à atteindre l'objectif de la réunion.

VOTRE RÉUNION

Prenez le temps de réfléchir à comment vous voyez le déroulement de votre réunion. Pensez à une introduction percutante qui résumera l'historique du projet, du problème ou de la situation en cause. Vous devez réussir brièvement à faire le point. Ensuite, déterminez si vous devez demander l'opinion des gens, faire faire une présentation par quelqu'un, afficher un tableau qui permettra de travailler efficacement. Vous pouvez aussi afficher sur une grande tablette ou à l'écran comment vous voulez noter les propos des participants.

Une fois les discussions terminées, vous allez compiler l'information et faire part de la suite des choses.

Durant la réunion, vous récolterez au centuple votre investissement dans la réflexion.

QUI DOIT PARTICIPER À LA RÉUNION

On doit inviter des individus qui peuvent apporter de la substance ou connaître le ou les sujets pour pouvoir éclairer les autres participants. On va privilégier l'hétérogénéité des participants car elle apporte de la richesse et de la diversité dans les idées. Les bons apports proviennent d'expériences, de cultures et de vécus différents.

L'organisateur de la réunion dresse tout d'abord une liste de ceux et celles qui devraient normalement assister à la réunion. C'est-à-dire les personnes qui par leur poste ou leurs connaissances apporteront de la valeur à la réunion. Il faut ensuite enlever les noms des personnes dont la contribution ne sera pas significative.

Les questions abordées intéresseront-elles les participants inscrits sur la liste ? Si tel n'est pas le cas, on enlève alors ces noms et on s'assurera qu'ils soient informés si nécessaire. Une note de service, l'envoi du compte rendu, par exemple, sont des moyens de les informer correctement. Il faut faire attention aux participants retranchés. Il y a des groupes immuables, comme les représentants, les équipes de travail, tous les directeurs d'une entreprise, etc., qu'il vaut mieux ne pas diviser. Il est fort probable que l'organisateur n'ait pas le choix d'inviter tous les membres de ces unités, même si leur contribution n'est pas toujours celle attendue. Il doit ménager les *ego* de ses collègues, car ne pas les inviter serait un grave manquement à la diplomatie. Pour ces bonnes raisons, il vaut donc mieux inviter plus de gens que nécessaire, que le contraire.

On doit se rappeler que les personnes invitées à la réunion se sentiront l'obligation de parler et de participer activement. Donc plus il y a de participants, plus la réunion sera longue. Bien qu'on n'ait rarement le choix, la réunion idéale compte sept personnes, incluant l'animateur. À sept, il y a assez de participants pour permettre des apports et des échanges fructueux et c'est un groupe qui se gère bien.

L'animateur doit aussi être capable de dire à ceux qui sont invités pourquoi ils le sont et de même à ceux qui ne le sont pas.

Un élément qui mérite une attention particulière, c'est d'inviter des personnes provenant de l'extérieur d'un service, d'une équipe ou même issues d'une autre organisation. Ces invités spéciaux peuvent apporter un nouvel angle à la discussion. Une expérience et un vécu différents apportent habituellement beaucoup de valeur.

EXEMPLE

Si vous êtes dans une entreprise de commerce, le commerce électronique prend de plus en plus d'ampleur. Votre entreprise y est-elle ? Qui pourrait vous entretenir quelques minutes sur ce sujet et vous faire part de son expérience pour stimuler la discussion ?

Il faut ensuite poursuivre sa réflexion sur la réunion. Maintenant qu'il sait qui sera présent, l'organisateur doit se demander s'il est valable qu'un participant amorce une réflexion sur un des sujets à l'ordre du jour et même qu'il se prépare à présenter ce sujet durant la réunion. Il se peut même que plusieurs participants aient à préparer chacun un des sujets traités. Cette approche est particulièrement fructueuse pour des réunions périodiques qui durent quelques jours. Cela favorise l'implication de tous les participants et brise la monotonie de la réunion.

Un autre aspect à considérer est de se demander si les participants peuvent proposer des sujets à inclure à l'ordre du jour. Toutefois, il faut que ces sujets soient en lien avec le pourquoi et l'objectif de la réunion.

VOTRE RÉUNION

Vous devez identifier qui participera à la réunion, s'il y aura un invité spécial et s'il y aura des documents préparatoires à envoyer auparavant. Vous déterminez si les participants auront des sujets à préparer et à présenter et, enfin, qui sera responsable de la rédaction du compte rendu et quelle en sera la forme ?

QUAND TENIR LA RÉUNION

On doit réfléchir au meilleur moment pour tenir la réunion. Il y a les classiques réunions du lundi matin où l'équipe de direction ou une équipe se rencontre pour discuter des progrès de la semaine précédente et pour planifier la semaine à venir.

Toutefois, dépendant du type de réunion à organiser, il y a lieu de penser qu'une réunion qui demande de la concentration conviendra mieux en début de semaine et en début de journée, quand les participants sont plus « frais ». Il va de soi que les réunions en soirée après une journée de travail sont moins productives. Si on pense organiser une réunion lors d'une fin de mois correspondant à un moment où plusieurs rapports sont à préparer, il y a de fortes chances que les participants limitent leurs interventions car ils auront autre chose en tête. Leur quotidien les accaparera et ils n'auront pas vraiment la tête à la réunion planifiée.

Autant que possible, on doit tenter de varier la formule. Par exemple, un petit déjeuner ou un lunch permet de briser la routine des lundis matin, ou encore une visite sur un chantier au cours de laquelle on tient une réunion. Pour réfléchir et planifier l'avenir d'une organisation, quelques jours de retraite à l'extérieur du bureau sont parfois nécessaires. On peut aussi associer réunions et loisirs dans un endroit propice à la retraite et à la réflexion. L'atmosphère périphérique favorise la détente des participants qui sont plus enclins à parler ouvertement.

Pour les réunions où l'on discute de l'avenir, on peut prévoir deux jours avec une nuitée à l'hôtel. Cela permet aux participants de se concentrer réellement sur le sujet et d'échanger en dehors des heures normales. Ces réunions deviennent des mini-sommets, communément appelés « Lac à l'Épaule » !

Pour célébrer un événement heureux, comme le lancement d'un dépliant, la mise en service d'un site Internet ou la fin d'un projet, on peut organiser un café–muffins le vendredi matin. On peut aussi terminer la semaine avec une annonce heureuse le vendredi après-midi et accorder un congé imprévu. Il faut faire attention toutefois, car cela ne doit pas causer préjudice aux autres employés. Cela doit demeurer le privilège du « grand patron ».

Quand tenir la réunion peut aussi dépendre de la disponibilité des personnes clés que l'organisateur souhaite avoir. Un participant vedette peut très bien dicter la date de la réunion à tenir.

➢ OÙ TENIR LA RÉUNION

Généralement on s'en tient à la salle de réunion du bureau. C'est pratique et peu coûteux. Toutefois, on se doit de choisir un endroit qui correspond au type de réunion à tenir.

Pour célébrer un événement heureux, on peut aller au restaurant. On peut aussi aller dans un restaurant pour le petit-déjeuner et poursuivre avec une réunion de travail. Lorsqu'on a des nouvelles officielles au sujet de l'entreprise et surtout si elles sont mauvaises, on s'en tiendra à la salle de conférences. Si on a besoin de concentration, on ira dans un endroit tranquille, loin des distractions du téléphone, des courriels et de l'entourage. On peut aussi penser à des « retraites fermées » avec des activités de plein air qui permettent de s'aérer et de refaire le plein d'énergie entre les sessions de réunion. Pour des remises en question et pour planifier l'avenir de l'entreprise, on privilégiera les réunions à l'extérieur du bureau. Pour des réunions spéciales, on essaiera de créer une atmosphère différente. Les réunions à l'extérieur envoient le signal d'une réunion différente de l'ordinaire et importante, vu les coûts impliqués. Cependant, quel que soit le lieu où la réunion se tiendra, il ne faut pas oublier de réserver la salle.

Lorsqu'on a une entreprise avec plusieurs succursales, on tentera de visiter les bureaux régionaux. En général, on tiendra les réunions en région pour recueillir des idées et au siège social pour conclure et terminer le processus. C'est un signe de respect pour le personnel en région et la direction peut ainsi avoir des contacts sur le terrain avec le personnel. Lors de réunions tenues en région, on peut en profiter pour combiner la réunion avec la visite de clients, de partenaires, par exemple.

Il est important d'indiquer aux participants comment se vêtir si la réunion a lieu à l'extérieur du bureau, surtout si elle est assortie d'activités de plein air. Même lors d'une réunion sans activités de plein air, il est parfois à propos de suggérer un code vestimentaire aux participants.

Si la réunion a lieu dans des endroits éloignés et difficilement accessibles, on indiquera aux participants les moyens de communication d'urgence, les services médicaux disponibles, etc.

On doit aussi s'assurer que la salle est suffisamment silencieuse (ventilateurs, bruits extérieurs, réparations en cours), qu'on peut contrôler la température efficacement (22 à 23 °C) et que l'éclairage peut se tamiser, surtout si on doit projeter des images.

Pour ce qui est du téléphone dans la salle, il est préférable qu'il n'y en ait pas, car il constitue un dérangement. Par contre, il est bon d'en avoir un et de pouvoir l'activer en mode main libre si des participants de l'extérieur ne peuvent se déplacer pour assister à la réunion. Ce n'est pas l'idéal, mais c'est d'une bonne efficacité et d'un excellent rapport coût-bénéfice. Il existe aussi des téléphones munis de microphones que l'on distribue aux participants pour que les personnes de l'extérieur puissent bien les entendre. Les moyens électroniques avec écran sont aussi une avenue intéressante

Si la réunion doit être longue, il faut être vigilant pour voir au confort des sièges et des équipements.

LA DISPOSITION DE LA SALLE

Pour la plupart des réunions de quinze personnes et moins, une table rectangulaire, ovale ou ronde convient parfaitement.

S'il s'agit d'une réunion d'information avec une courte période de questions, on prévoira le type classe, c'est-à-dire des rangées de chaises où l'animateur s'assoit face au groupe. Si on prévoit des travaux en petits groupes durant la session de travail, on placera des petites tables dans la salle pour permettre à ces petits groupes de bien travailler.

Un aménagement approprié de l'espace de réunion favorise le dialogue.

VOTRE RÉUNION

Déterminez maintenant qui doit participer à votre réunion. Quand et où la tiendrez-vous ? Avez-vous besoin d'équipements électroniques ? Quelle sera la disposition de la salle que vous souhaitez ?

L'ORDRE DU JOUR

C'est l'ordre du déroulement des sujets de la réunion. À moins d'exception, on doit préparer un ordre du jour pour chaque réunion, même s'il n'y a qu'un seul sujet. À tout le moins, l'objectif et le sujet constituent l'ordre du jour. C'est essentiel ! C'est l'outil qui va guider l'animateur et les participants vers l'atteinte de l'objectif. C'est en quelque sorte la carte routière qui va conduire à destination.

Lors de la réflexion, l'organisateur choisit la séquence des sujets. C'est un aspect très important dont il faut tenir compte. On a intérêt à « attaquer » les principaux sujets au début de la réunion. À la rigueur, on peut mettre un sujet léger pour permettre une période de réchauffement mais il ne faut surtout pas garder le sujet principal pour la fin. Les sujets les plus pertinents et les plus corsés se traitent en début de réunion. Si on les met à la fin, cela exaspère les participants et les impatiente. Cela envoie le message que l'organisateur craint de parler des sujets les plus importants en les plaçant à la fin, quand tout le monde a hâte que la réunion se termine. Pour le dernier tiers, on placera surtout des sujets pour information et discussion et on terminera avec des sujets plus aisés à traiter pour lesquels le consensus sera plus facile à atteindre. Il est important de terminer sur une bonne note ! On peut aussi annoncer que si on réussit à traiter avec efficience et succès des sujets les plus pertinents qu'on réussira à passer au travers de tout l'ordre du jour. Par ailleurs, l'organisateur peut décider qu'il consacrera tout le temps nécessaire aux sujets les plus importants, quitte à en laisser tomber d'autres au besoin. Il peut décider de garder ce coussin.

Une fois l'ordre du jour préparé, on peut se demander s'il est nécessaire de le faire valider auprès des participants (tous ou quelques-uns). Les participants peuvent apporter des éclaircissements ou des points positifs pour la réunion. Un regard externe est toujours utile.

L'organisateur, en plus des sujets qu'il a lui-même choisis, peut demander aux participants de suggérer des sujets à inclure à l'ordre du jour. Il faut préciser quel délai il accorde pour recevoir leurs suggestions. C'est une approche très valable surtout pour les réunions régulières. Les participants sentiront que les réunions sont profitables car ils peuvent y discuter des sujets qui les préoccupent aussi.

Cependant, il est préférable de mettre à l'ordre du jour uniquement les sujets proposés qui vont contribuer à l'atteinte de l'objectif. Si le sujet proposé ne cadre pas avec l'objectif, on peut le noter dans un fourre-tout, c'est-à-dire un dossier qu'on consulte à chaque réunion qu'on organise. L'organisateur peut à l'occasion tenir une réunion pour couvrir ces sujets proposés et il n'est pas obligatoire qu'ils aient un lien commun. Il est possible aussi d'inclure quelques sujets proposés à la fin d'une réunion pour en discuter. On peut inclure des sujets divers qui n'ont pas nécessairement un lien avec l'objectif de la réunion. On les placera dans la dernière partie de la réunion (Divers).

Il faut prévoir des pauses toutes les 90 minutes. C'est la durée maximale estimée pour la concentration d'un groupe de travail. Lors des pauses, en plus de l'éternel café, on peut innover en offrant des fruits, de l'eau, du thé, des tisanes. L'organisateur peut se donner un mandat santé ! Si le lunch est pris sur place, on doit prévoir une nourriture saine et légère sinon l'après-midi risque d'être lourd et long et susciter de la somnolence.

Autant que possible, on a intérêt à allouer une période de temps pour chacun des sujets. Il est plus facile ensuite de respecter le temps prévu pour la rencontre. Bien que ce soit optionnel, cette approche aidera à guider les participants et l'animateur dans le déroulement de la réunion.

On peut aussi désigner une personne qui verra au respect du temps consacré à chacun des sujets. Ce « gardien du temps » est neutre et guide l'animateur dans son choix de poursuivre sur le sujet ou non. Ce rôle est d'autant plus important lorsque des participants ont à faire des présentations. Il dégage l'animateur de cette responsabilité et envoie le message que le temps est important. Ainsi, les réunions auront plus de chances de se terminer à l'heure prévue.

Une personne qui organise une réunion peut aussi avoir un objectif précis et plus personnel qu'elle souhaite atteindre durant cette réunion. C'est ce qu'on appelle « l'ordre du jour caché » ! Par exemple, il peut s'agir d'améliorer les relations entre deux collègues, faire pression sur la direction, évaluer le personnel, etc. Par exemple, un gestionnaire peut demander à un participant de faire une brève présentation sur un sujet pour « tester » ses aptitudes de communication devant un groupe. La discussion peut permettre aux participants de comprendre qu'on insistera désormais sur la ponctualité et la rigueur s'il est question des horaires de travail ou des comptes de dépenses.

Tout organisateur doit aussi savoir que les participants eux-mêmes viennent à la réunion avec leurs propres objectifs et leur « agenda caché ». C'est normal. Pour certains, c'est d'aimer être le centre d'attraction lors d'une réunion ou de tout autre rassemblement. D'autres sont là pour faire avancer un dossier car le dénouement de la réunion contribuera à l'atteinte de leurs objectifs de travail personnels. Ils peuvent vouloir que quelqu'un d'autre prenne en charge un travail pour ainsi éviter d'avoir à le faire eux-mêmes. Ils peuvent être là aussi parce qu'ils vivent un réel problème au sein de leur équipe et qu'ils souhaiteraient bien le résoudre avec l'aide du groupe. Enfin, certaines personnes y voient une forme d'échange social, une raison pour écouler du temps et procrastiner dans leur travail. Parfois, même si cela peut paraître farfelu, certaines personnes veulent absolument être invitées à une réunion pour des attentes d'ordre affectif. En sachant qu'une personne sera présente, ils veulent y être aussi pour réussir à établir une relation affective avec cette personne. L'organisateur ne peut connaître ni exercer de contrôle sur ces éléments. Il doit toutefois savoir que chaque personne autour de la table de réunion a cet « agenda caché ». Il a donc intérêt à avoir le sien aussi…

Au nom de toutes ces motivations, il est crucial que la réunion se centre sur un objectif clair qui constitue le point de ralliement pour tous.

L'ordre du jour de la réunion doit inclure toute l'information nécessaire pour que les participants puissent y trouver ce qui a trait à l'aspect matériel et au contenu de la réunion. On doit pouvoir dans un seul document retrouver tout le nécessaire, et éviter d'expédier l'information dans des messages différents. Les participants n'ont pas le souci de compiler le tout et ils arriveront à la réunion avec une information incomplète. C'est l'organisateur qui doit s'assurer que ce soit complet.

EXEMPLE

Pourquoi de la réunion : La mise en place d'un nouvel atelier d'usinage

Organisateur : Jori Plannix (Tél. : 418 658-4444; Cell. : 418 580-3333)

Date : Mardi 17 octobre 2010

Heure : 9 h à 12 h

Endroit : Musée de la civilisation du Québec, 15, rue Dalhousie, Québec, G1Y 3N9

Téléphone : 418 649-8777

Télécopieur : 418 649-8776

Salle : Principale (8.02)

Participants invités : Marie Tremblay, Denis Roy, Maurice Lévesque, Jacinthe Gagnon, André Zaski, Wyonna Stascek. (André Zaski a déjà indiqué qu'il ne pourra être présent.)

Objectif de la réunion : Recueillir des suggestions et les analyser en vue de la mise en place du nouvel atelier.

SUJETS	Durée prévue	Leader de la discussion
Accueil	9 h à 9 h 05	Jori Plannix
L'objectif de la réunion	9 h 05 à 9 h 10	Jori Plannix
1. Historique (rappel des faits et état actuel du projet)	9 h 10 à 9 h 20	Wyonna Stascek
2. Commentaires et questions	9 h 20 à 9 h 30	Jori Plannix
3. Suggestions des participants (tour de table)	9 h 30 à 10 h	Jori Plannix
PAUSE	10 h à 10 h 15	
3. Suggestions des participants (suite)	10 h 15 à 11 h	
4. Conclusion	11 h à 11 h 10	Jori Plannix
5. Les services offerts par notre direction	11 h 10 à 11 h 30	Jacinthe Gagnon
6. Divers (sujets variés)	11 h 30 à 12 h	Jori Plannix
7. Ajournement	12 h	

On peut inclure une carte ou un lien Internet pour que les participants puissent avoir un plan de localisation et se rendre aisément à l'endroit de la réunion.

S'il y a des acronymes utilisés, on doit s'assurer que tous les participants en connaissent la signification. En bas de page, on indique ce qu'ils signifient.

L'ordre du jour reflète le sérieux que l'organisateur accorde à cette réunion.

VOTRE RÉUNION

Préparez maintenant l'ordre du jour de votre réunion. Décidez d'allouer ou non une période de temps pour chacun des sujets, cela aidera à déterminer la durée totale de la réunion. N'oubliez pas de placer les sujets les plus importants en début de réunion.

LA PRÉPARATION DU MATÉRIEL NÉCESSAIRE

On peut décrire un cas type pour illustrer l'importance de bien préparer le matériel nécessaire.

EXEMPLE

L'organisateur arrive en retard alors que tous les participants sont déjà présents. Certains participants ont oublié l'ordre du jour, la salle est en désordre et il y a des chaises qui ont été récupérées pour mettre dans d'autres bureaux. Le fil n'est pas assez long pour brancher l'ordinateur portable, il fait trop clair dans la salle pour bien voir à l'écran, l'ordinateur et le projecteur multimédia ne sont pas bien configurés, l'animateur ne sait pas comment utiliser tout cela et attend un technicien qu'on vient d'appeler d'urgence pour régler le problème. L'animateur est dérangé par tout ce qui lui tombe dessus. Il perd ses moyens et les participants attendent. En somme, on a déjà pris vingt minutes de retard parce qu'on a attendu l'organisateur, et là la technologie s'en mêle. Certains participants retournent dans leur bureau pour attendre que le tout soit réglé. C'est le chaos !

L'animateur passe à un plan B improvisé et commence la réunion sans tous les outils nécessaires. Le technicien arrive et mobilise l'attention. Les participants constatent que l'animateur est mal à l'aise et perd ses moyens. Déjà la blague est évidente, c'est mal parti ! On a perdu le climat positif de la réunion. Ce cas type n'est pas exagéré ! Il se produit malheureusement trop souvent.

Pour prévenir un chaos semblable. on a intérêt à ne négliger aucun aspect, incluant la logistique qui entoure la disponibilité et le fonctionnement des équipements nécessaires, car, quand ce n'est pas bien planifié et que tout se dérègle, cela devient gênant, voire distrayant. L'objectif est donc qu'on ne remarque pas les efforts déployés pour que tout aille sur des roulettes, c'est alors signe que tout a été bien préparé auparavant !

S'il s'agit d'une réunion de grande envergure, on a intérêt à inspecter les lieux la veille de la rencontre. Cela permet aussi d'apprivoiser l'endroit et de voir comment on souhaite disposer les tables et le reste du matériel. On pourra ensuite en parler avec la personne responsable de l'installation. Il est rare et exceptionnel que les préposés à la préparation de la salle s'en tiennent exactement aux instructions qui leur ont été données.

S'il s'agit d'une réunion majeure, il est suggéré d'arriver trente minutes avant le début de la réunion et d'inspecter les lieux. On vérifie les bruits, l'éclairage, on branche l'ordinateur et le matériel de projection (avec une lampe de rechange pour le projecteur) pour vérifier s'ils sont bien configurés, on prépare les documents appropriés à distribuer aux participants, les cartons d'identification, le papier, les crayons, les boissons, un petit-déjeuner s'il y a lieu. On s'assure qu'il y a assez de chaises pour tous les participants, qu'on dispose d'exemplaires supplémentaires de l'ordre du jour, d'une grande tablette pour écrire, de crayons qui fonctionnent et de ruban adhésif, si on souhaite coller des feuilles au mur (on s'assure aussi d'avoir la permission de l'établissement). Il faut vérifier tous ces petits détails.

L'animateur choisit sa place et y dépose ses affaires. Il s'assoit en bout de table pour bien diriger la réunion. Il doit être vu des participants et bien les voir.

Au préalable, on aura fait une liste des besoins en matériel et équipements et, une fois dans la salle, on n'a qu'à vérifier si tout est prêt. En étant bien organisé et en arrivant dans la salle plus tôt, on a ainsi quelques minutes pour réagir et corriger un problème.

Au moment de la préparation de la réunion, on peut prévoir une personne ressource en cas de difficulté avec l'équipement audiovisuel.

On se souviendra que le côté matériel ne remplace pas le contenu de la réunion. Par contre, s'il est mal organisé, il peut drôlement le perturber.

VOTRE RÉUNION

Préparez une liste du matériel dont vous aurez besoin pour la conduite de votre réunion. N'oubliez pas de réserver le matériel nécessaire si vous n'avez pas le tout sous la main. Réservez aussi la salle de réunion si nécessaire.

LA CONVOCATION À LA RÉUNION

Le moment est venu de convoquer les participants à la réunion.

Ici, il faut faire preuve de jugement. Si on prévoit tenir une réunion dans un mois, il serait judicieux de convoquer les participants et de leur demander de réserver la ou les dates de la réunion. On mentionne à tout le moins le pourquoi et l'objectif de la réunion. On précise que le reste de l'information sera communiqué aux participants à l'avance. À deux semaines de la réunion, la convocation et l'ordre du jour sont expédiés en même temps.

La convocation est un court message accompagné de l'ordre du jour de la réunion. On y ajoute, au besoin, une carte ou un lien Internet pour donner la route à emprunter.

Il est possible d'utiliser le logiciel Outlook pour déterminer quand les collègues ont des plages de temps libre pour participer à la réunion. Ainsi on peut déjà choisir des périodes où, à tout le moins selon leur agenda, ils sont disponibles.

Pour la convocation, on envoie un message électronique avec l'ordre du jour et la carte (si nécessaire) en pièces jointes. C'est simple et rapide. Ainsi, ce sera possible d'imprimer des exemplaires de l'ordre du jour à apporter à la réunion. Toutefois, par souci de conservation de l'environnement, on tente de réduire l'usage du papier.

Les éléments suivants sont à inclure dans le message qui accompagne l'ordre du jour :

- le pourquoi et l'objectif de la réunion;
- la demande de confirmation de présence et le nom de la personne à qui on doit le faire;
- la demande de préparation aux participants, s'il y a lieu, soit en lisant des documents, soit en élaborant la présentation de sujets à l'ordre du jour;
- la liste des documents que les participants doivent apporter à la réunion (budget, rapports, etc.);
- des précisions sur le code vestimentaire, si nécessaire;
- l'horaire de la réunion, incluant la mention que la réunion débutera à l'heure précise.

EXEMPLE

« Vous êtes convoqué à une réunion dont le but est de discuter de notre nouvel atelier d'usinage. Durant cette réunion, l'objectif sera de recueillir des suggestions et de les analyser en vue de la mise en place de ce nouvel atelier. Trouvez ci-joint l'ordre du jour. Je vous demande de confirmer votre présence au plus tard d'ici vendredi 16 h 30 auprès de Marie au 580-3333 ou par courriel à marie.l@initium.ca. J'ajoute un document de réflexion que je vous demande de lire avant notre réunion. Il saura vous inspirer. Apportez également de l'information sur les dépenses allouées à l'usinage par votre service l'an passé. Je m'attends à une discussion ouverte durant cette réunion. Il n'y aura donc pas de sujets tabous et je vous invite à votre franchise habituelle. Nous serons là pour discuter de l'atelier d'usinage dans le meilleur intérêt de notre entreprise. Au plaisir de vous rencontrer le 23 octobre prochain. »

La convocation, accompagnée de l'ordre du jour, devrait parvenir aux participants une semaine à l'avance. Est-t-il nécessaire de faire un rappel aux participants peu de temps avant la réunion ?

Si on demande à certains participants de présenter des sujets à l'ordre du jour, on doit leur indiquer au moment de l'invitation le temps dont ils disposeront. On a intérêt à être clair sur ce point pour éviter les dérapages. Il faut, par exemple, dire que la présentation durera vingt minutes et qu'elle sera suivie d'une période de questions et de discussion de dix minutes. L'organisateur insistera sur le fait que les vingt minutes accordées doivent être respectées et que le présentateur sera avisé du temps qu'il lui reste (à cinq minutes et à une minute) avant la fin de sa présentation. Ainsi, l'animateur s'assure du respect de l'horaire.

Les participants apprécieront le sérieux de la réunion à la lecture de la convocation. Ils y participeront avec intérêt. Les participants se prépareront tout aussi sérieusement par la suite pour les réunions convoquées par l'organisateur.

VOTRE RÉUNION

Préparez maintenant la convocation à votre réunion en mentionnant le pourquoi et l'objectif et en joignant l'ordre du jour. Vous devrez aussi préciser le lieu et le moment de la rencontre et spécifier la préparation attendue des participants (présentations, lecture préalable, etc.). Vous devrez demander une confirmation de leur présence.

➢ LES RÈGLES DE FONCTIONNEMENT DE LA RÉUNION

Les règles de fonctionnement sont des procédures que l'organisateur désire mettre en place pour le bon déroulement de la réunion. Idéalement, il n'y a aucune règle imposée aux participants. Les règles viennent un peu briser la spontanéité et peuvent mobiliser l'attention inutilement. Selon la taille du groupe et en fonction des personnes qui seront présentes, l'animateur choisit d'établir ou non des règles de fonctionnement. S'il souhaite une réunion détendue et légère, il n'y en aura aucune. S'il prévoit une réunion plus rigide où les participants ont des sujets à défendre, il est préférable d'en imposer. Tout dépend du climat et de l'atmosphère qu'il veut donner à la réunion.

En règle générale, on privilégie les réunions détendues, car elles facilitent les échanges et sont souvent plus productives ainsi. Lorsque les participants ont du plaisir, ils se détendent et recherchent moins l'agressivité. L'animateur doit reconnaître au départ que les individus sont différents et que cela constitue une richesse pour réussir à atteindre l'objectif. On invite alors les gens à être authentiques et à laisser les « masques » à la porte !

Par règles de fonctionnement, on entend par exemple que les participants qui désirent prendre la parole doivent d'abord s'adresser à l'animateur qui leur accordera ce privilège à tour de rôle. Que les participants doivent respecter la règle de la confidentialité et ne pas ébruiter le contenu de la réunion pour le moment. Ce qui se dit dans la salle reste dans la salle… L'animateur peut exiger de fermer les appareils électroniques (blackberry, ordinateur, cellulaires, etc.) pour éviter des distractions. Il peut aussi demander aux participants de faire des interventions brèves et concises ou de ne pas interrompre un participant qui est en train de parler. Pour les personnes qui font des présentations, une limite de temps leur est imposée et elles sont averties quand il reste cinq minutes et une minute, par exemple.

Ces règles visent à ce que la réunion soit conduite de manière efficace et ordonnée. Elles visent aussi à éviter que quelques personnes viennent perturber le déroulement de la réunion. Les « grands parleurs », les personnes qui font des présentations interminables, les agressifs, les négatifs, peuvent mobiliser l'attention et le temps de parole au détriment des autres participants. Il appartient à l'animateur de s'assurer que tous les participants sont traités avec équité et respect. Il peut aussi dire en début de réunion qu'il souhaite respecter le plus possible le temps prévu pour chacun des sujets, bien qu'il puisse décider de conclure sur un sujet et de poursuivre la réunion quand il sentira que le sujet est suffisamment couvert.

Les règles de fonctionnement sont une sorte de levier que l'animateur met en place et qui lui permet d'intervenir au besoin. Ainsi, s'il a d'abord averti qu'il souhaite une écoute respectueuse entre les participants, il ne surprendra personne lorsqu'il exigera cette écoute s'il constate un écart. Comme ce sont habituellement les mêmes individus qui ont des comportements indésirables, l'organisateur, sachant qui sera dans la salle, choisit les règles de fonctionnement en fonction des participants, au moment de la préparation.

L'animateur a le loisir de décider si on peut excéder le temps prévu pour un sujet. Il peut aussi décréter que les sujets les plus pertinents et importants seront traités avec discipline, et que le temps prévu peut être dépassé quitte à laisser tomber d'autres sujets à l'ordre du jour. Par contre, si les délibérations vont bon train, le reste de l'ordre du jour pourra être couvert.

Par ailleurs, l'animateur peut à tout moment imposer sur-le-champ toute règle de fonctionnement qu'il désire mettre en place. Il peut, par exemple, demander aux plus bavards de se taire pour permettre aux autres de s'exprimer sur un sujet avant de leur redonner la parole.

Le Code Morin (*Procédures des assemblées délibérantes*) contient les procédures applicables pour la tenue de réunions administratives au Québec. Ce sont surtout des règles relatives, par exemple, à la prise de décision, à la proposition et à l'adoption de résolutions, à l'allocation de fonds pour des organismes. Cet encadrement s'applique pour des organisations qui ont des responsabilités vis-à-vis des membres et qui sont reconnues par des autorités gouvernementales. Lorsque l'État accorde un statut à une organisation pour défendre des intérêts ou une cause, cette organisation peut demander des contributions financières à ses membres pour accomplir sa mission. On exige alors que les réunions du conseil d'administration et les assemblées générales des membres se déroulent dans le bon ordre. Le Code Morin est alors appliqué pour assurer ce bon déroulement. Par exemple, pour prendre une décision, on formule d'abord une proposition qui est discutée. On conclut par une résolution qui est officiellement proposée par un membre présent, appuyé par un autre membre. S'ensuit un vote à la majorité des voix. La proposition devient alors une résolution approuvée par le conseil d'administration et elle est ensuite mise en place. Les délibérations sont enregistrées par le secrétaire d'assemblée et gardées en dossier.

Le Code Morin vise d'abord à assurer l'intégrité des affaires d'une organisation. Les règles de fonctionnement dont il a été question précédemment ont pour but de tenir des réunions efficaces et satisfaisantes pour les participants et l'animateur.

Ainsi, l'animateur a la responsabilité d'établir certaines règles pour que sa réunion se déroule, selon ses attentes. Bien qu'elles imposent des procédures plus strictes et qu'elles atténuent la spontanéité, un minimum de règles doit s'appliquer. Cela dit, pour toute réunion, l'écoute et le respect sont des règles indispensables.

VOTRE RÉUNION

Déterminez les règles de fonctionnement que vous souhaitez mettre en place pour le bon déroulement de votre réunion. Il est suggéré de rappeler aux participants de respecter les autres et de ne pas couper la parole. Faire des interventions concises a toujours sa place aussi. C'est le minimum !

La préparation d'une réunion peut sembler exigeante et contraignante. Elle requiert qu'une personne occupée prenne le temps de réfléchir ! Il est malheureusement aussi possible de tenir une réunion de manière impromptue sans aucune préparation. On en voit trop souvent des exemples !

Le succès d'une réunion réside dans une préparation adéquate. Elle ne garantit pas la réussite de la réunion, mais on dit qu'elle constitue 60 % du succès. Tout organisateur qui consacre du temps de qualité à la préparation est donc assuré de la note de passage. La suite dépend des sujets et des enjeux à l'ordre du jour. Toutefois, être bien préparé donne confiance et permet à l'organisateur d'aborder sa réunion avec entrain et assurance.

CONDUIRE LA RÉUNION

L'ACCUEIL

L'animateur a la responsabilité du succès ou de l'échec de la réunion; il est bien préparé, l'objectif de la réunion est clair, il a établi des règles de fonctionnement et il sait ce qu'il attend des participants. L'animateur possède des trucs pour bien réagir dans les situations délicates, il est disposé à bien écouter et a la ferme intention de donner suite à la réunion par des actions précises.

Il peut donc anticiper un déroulement harmonieux, car il fait partie d'un faible pourcentage de personnes qui organisent des réunions et qui s'y préparent correctement. L'animateur, avec sa préparation, met toutes les chances de son côté pour bien réussir.

L'organisateur de la réunion se présente dans la salle au moins dix minutes avant le début de la réunion, comme déjà mentionné, il a aussi intérêt à avoir vérifié le tout trente minutes auparavant si c'est une réunion où il y a usage de matériel audiovisuel. Il a réservé sa place en y déposant quelques effets et il peut même être retourné à son bureau. Ainsi, il envoie un signal que cette réunion est importante et qu'il y est déjà.

Si ce n'est déjà fait, l'animateur choisit un siège en tête de table ou encore à un point central. Cette place permettra de bien voir tous les participants et d'être bien vu. Cela fait partie du rôle d'animateur d'être le centre d'attraction, même si cette position est inconfortable au début !

Il doit commencer la réunion à l'heure ! Quant au moins les deux tiers des participants sont déjà présents dans la salle, c'est le moment de commencer la réunion.

Il peut accorder un cinq minutes de grâce, parce que toutes les montres ne sont pas à la même heure, mais il ne faut pas tarder.

L'animateur doit fermer la porte, s'il y lieu, et commencer. Si des participants arrivent en retard, on ne s'en occupe pas ! Il ne faut pas faire perdre quinze minutes à cinq participants (ce qui fait 75 minutes de perdues pour l'entreprise) pour attendre un retardataire. Si l'animateur le fait, bientôt les retards s'accumuleront car les participants qui arrivent à l'heure sauront qu'il n'en vaut pas la peine parce qu'avec cet animateur, les réunions commencent toujours en retard.

LE DÉMARRAGE

Le groupe est probablement agité et les gens parlent entre eux. Il faut alors demander l'attention du groupe afin de commencer la réunion.

EXEMPLES

- Attendre en souriant vers les participants et ils vont finir par se taire.
- On demande clairement l'attention des participants : « S'il vous plaît, j'aimerais votre attention, nous allons commencer la réunion. » « Est-ce qu'on peut commencer ? » Il faut ensuite attendre le silence complet en faisant une pause puis on débute. On ne doit jamais parler devant un groupe qui parle plus et plus fort que soi. Il faut en premier lieu s'assurer d'avoir l'attention totale du groupe.

Si tous les participants ne connaissent pas l'animateur, il se présente (nom, titre, employeur et fonction principale). Il souhaite ensuite la bienvenue aux participants et énonce le pourquoi (le but) et l'objectif de la réunion. L'animateur peut aussi mentionner aux participants pourquoi ce sont eux qui ont été réunis et ce qui est attendu d'eux durant la réunion.

Il dit ensuite combien de temps la réunion va durer et quelle sera sa forme. Par exemple, des présentations avec commentaires, questions et réponses suivies d'une décision. Ou encore une présentation du problème, une analyse, une discussion et une proposition de solution au problème.

Mettre sa montre bien vue près de soi démontre sans qu'il ait besoin de le dire que le temps compte.

L'animateur énonce les règles de fonctionnement mises en place pour la réunion. Ce sont celles déjà établies à l'étape de la préparation. On aborde l'après-réunion en identifiant qui va s'occuper du compte rendu et quelle forme il aura.

Si nécessaire, il peut donner les informations techniques qui faciliteront le déroulement de la réunion. Les remarques de « l'aubergiste » en quelque sorte. Par exemple, l'emplacement des services, toilettes, boissons, etc. Si la réunion comprend des activités parallèles (loisirs, sous-groupes), ces remarques sont faites au début. Ainsi, les participants sauront à quoi s'en tenir dès le début. Si l'animateur devait quitter avant la fin de la réunion, il en donne la raison et il identifie la personne qui prendra la charge de la réunion. Si des participants doivent quitter la réunion, il le mentionne au reste du groupe. Il peut demander si d'autres participants ont des contraintes quant à l'heure de fin de la réunion, ainsi il s'assurera que tous seront présents jusqu'à la fin.

Si les participants ne se connaissent pas, l'animateur leur demande de se présenter. La formule classique est de décliner son nom, son titre, le nom de son employeur et sa principale fonction. S'il s'agit d'un gros groupe, l'animateur demande aux participants de se présenter au moment où ils prendront la parole. On peut aussi identifier les participants avec un carton, cela facilite la tâche de l'animateur quand il s'adresse à eux.

L'animateur revient ensuite à l'ordre du jour et il demande aux participants s'ils souhaitent des éclaircissements sur certains sujets à l'ordre du jour ou s'ils désirent en ajouter. Au point « Divers » (on dit à tort « varia »), on peut prévoir d'autres sujets si on le désire. Toutefois, il doit s'agir de sujets très légers, notamment de précisions sur des informations ou des événements récents qui peuvent intéresser les participants. On ne doit pas inclure là des sujets qui nécessitent une discussion profonde. Ce point « Divers » est placé à la fin de l'ordre du jour. Autrement dit, on ne doit pas commencer une autre réunion. Une fois cela fait, l'animateur demande clairement si l'ordre du jour convient à tous. C'est une forme d'engagement à participer activement à la réunion et à atteindre l'objectif.

L'animateur doit démontrer qu'il est détendu et qu'il est prêt à diriger solidement sa réunion. L'attitude démontre bien des choses ! À tout le moins, il tente d'être visiblement à l'aise. Si les participants sentent que l'animateur est tendu et sur la défensive, ils sentiront qu'il est mal à l'aise avec le sujet discuté ou même avec l'objectif de la réunion, et ils tenteront d'en profiter.

Même s'il y a beaucoup d'éléments, le démarrage est assez rapide lorsqu'on met le tout bout à bout !

EXEMPLE

« Bienvenue à cette réunion. Mon nom est Dominique Tremblay. Il y a quelque temps l'entreprise a décidé d'implanter un nouvel atelier d'usinage pour rendre nos activités plus fonctionnelles et c'est le pourquoi de la réunion d'aujourd'hui. L'objectif de la réunion est de discuter et de décider de la meilleure façon de mettre en place cet atelier. Donc, à la fin de la réunion, je veux que nous ayons décidé ensemble du meilleur scénario possible. Je vous ai réuni ce matin, les opérateurs ainsi que les chefs d'équipe, car vous êtes les meilleures personnes pour prendre cette décision en équipe. Je m'attends donc à une discussion ouverte et je vous invite à faire part ouvertement de vos idées et opinions. Je prévois que la réunion durera tout l'avant-midi.

Voici comment nous allons fonctionner. Il y aura quelques présentations suivies de discussion et nous conclurons à mesure sur chacun des sujets. Vous pouvez prendre la parole en tout temps à tour de rôle et encore une fois n'hésitez pas à émettre vos idées. Après la réunion, il y aura un compte rendu qui résumera les principales décisions que nous prendrons ce matin. J'ai demandé à Alexis de rédiger le compte rendu de notre réunion. Y a-t-il des questions, des commentaires, des sujets à ajouter à l'ordre du jour ? »

Après ce préambule, vous pouvez dire : « On adopte donc l'ordre du jour ? » C'est l'engagement des participants à contribuer à l'atteinte des objectifs. « Je vous demande maintenant d'éteindre vos cellulaires pour que nous ne soyons pas dérangés durant le déroulement de la réunion. » (Fermez le vôtre également, car il pourrait être resté allumé au cas où on voudrait vous prévenir d'un retard.)

Le succès d'une réunion dépend beaucoup du leadership de la personne qui l'anime.

LA RÉUNION EN CROISIÈRE

Une fois l'introduction faite, il faut plonger dans le cœur de la réunion. L'animateur a intérêt à ne pas passer trop de temps dans les préliminaires, car il risque d'impatienter les participants.

PRÉSENTER LE PREMIER SUJET

Lors de la préparation, l'animateur sait ce qu'il attend pour chacun des sujets à l'ordre du jour. S'il s'agit d'informations, ce sera bref avec quelques questions d'éclaircissement ensuite. S'il s'agit d'une discussion sur un sujet pour en arriver à prendre une décision, par exemple, l'animateur verra à suivre le cheminement normal du développement des idées. Il présente le sujet, demande de l'information aux participants, le groupe analyse cette information, pèse ensuite le pour et le contre et prend une décision. Dans la mesure du possible, on s'en tient à ce cheminement.

EXEMPLE

« Alors sans plus tarder, nous allons commencer par le premier sujet à l'ordre du jour qui est... J'aimerais que vous donniez votre opinion sur certains éléments, qu'on analyse le tout et qu'après avoir évalué les points positifs et négatifs, nous prenions une décision de groupe à la majorité des voix. »

Dans une réunion de discussion dont le but n'est pas de donner de l'information, l'animateur doit faire une introduction concise, rapide et claire avant d'aborder un sujet. Ensuite il laisse parler les participants. C'est la façon d'impliquer le groupe plus à fond. Les longs préambules, s'il y a lieu, doivent être des « discours à la nation », du nouveau et des sujets savoureux pour exciter et inciter à l'écoute. Ils doivent être alignés sur l'objectif de la réunion, sinon ils doivent être présentés en disant : « Je profite de cette occasion, même si ce n'est ni à l'ordre du jour ni l'objectif de la réunion, pour vous informer de cette situation ! »

Si l'animateur est bref et concis, les participants auront tendance à faire de même ! Plus on prend de temps à présenter, plus on perd l'attention des participants. Il faut se souvenir que l'on retient 10 % de ce qu'on lit, 30 % de ce qu'on entend, 40 % de ce qu'on voit, 50 % de ce qu' on voit et entend, 70 % de ce qu'on dit et 90 % de ce qu'on dit et fait. Donc, plus les gens participent activement à la réunion, plus ils se souviendront du contenu.

C'est le rôle et la responsabilité de l'animateur de faire participer activement les personnes invitées. À moins qu'il s'agisse d'une réunion où on veut donner de l'information, on doit impliquer à fond les participants pour qu'ils apportent de la valeur et de la substance.

LA PAROLE AUX PARTICIPANTS

Sur le sujet abordé, l'animateur demande une opinion, une idée ou des commentaires. S'il le faut, il peut demander à quelqu'un qui connaît bien le sujet et qui est à l'aise pour s'exprimer de donner son avis en premier ou de faire un résumé de l'information existante.

Il y a deux types de questions qu'on peut poser : des questions ouvertes et des questions précises. Dans l'ordre, on commence avec des questions ouvertes pour lancer la discussion et on clarifie graduellement un aspect avec une ou des questions précises. Une question ouverte est une question très générale.

EXEMPLES

- Pouvez-vous m'en parler ?
- Peux-tu m'en dire davantage ?
- De quoi s'agit-il ?
- Un commentaire ?
- Quelqu'un a une opinion ?
- Comment réagissez-vous à cet énoncé ?

La question ouverte est la première question à poser. Elle a pour but de recueillir des informations ou des opinions. Pour « ouvrir large » et pouvoir « rétrécir ensuite ». Les questions précises servent à clarifier, quantifier, préciser les informations à la suite d'une question ouverte.

EXEMPLES

- Quoi ?
- Combien ?
- Combien de fois ?
- Quand cela est-il arrivé ?
- Quelle quantité ?
- Qui ?
- À quel endroit cela s'est-il produit ?
- Quel service ?

On procède dans l'ordre avec des questions ouvertes et des questions précises. C'est Platon qui disait que : « Si l'on interroge les hommes en posant de bonnes questions, ils découvrent d'eux-mêmes la vérité sur chaque chose. »

Poser de bonnes questions est un art et, à la longue, l'animateur en viendra à en maîtriser les subtilités. C'est lorsqu'on aborde les sujets délicats qu'il est très utile de poser de bonnes questions. Rarement les personnes vont aller directement au but s'il s'agit d'une affaire litigieuse, de tensions entre des individus, de négligence de la part d'un collègue ou d'une manœuvre qui a mal tourné. C'est alors qu'il est profitable de poser des questions ouvertes et précises pour réussir à faire parler les gens. Il faut de la perspicacité et de la persévérance pour extraire des sujets délicats.

LES RÉPONSES DU NON VERBAL

Si poser les bonnes questions est un art, écouter les réponses l'est tout autant ! Il est impératif qu'une fois les questions posées ou un sujet amorcé, l'animateur de la réunion demeure vigilant et impliqué. Son rôle continue. L'animateur demeure la personne « contact » à qui les participants s'adressent. Il faut donc écouter les réponses et les commentaires. Il ne faut pas avoir l'air désintéressé une fois le sujet lancé ou les questions posées, on dit que le langage non verbal compte pour 55 % de ce qu'on communique. L'expression du visage, le contact visuel, la distance entre les personnes, la posture, l'usage des mains, des bras, des jambes, les mouvements du corps, le ton de la voix, sont autant d'éléments qui communiquent un message, même à notre insu. En d'autres mots, si on feint d'écouter ou d'être attentif, ça va paraître.

TRUC

Maintenez un contact visuel avec votre interlocuteur à 90 % du temps et surtout lorsqu'il parle. Vous pouvez aller à vos notes à l'occasion pour faire le point mais, en général, regardez les gens dans les yeux. Le meilleur moment pour détourner le regard est quand vous parlez et non quand les autres parlent. Lorsque vous êtes assis, ayez une posture droite et penchez-vous légèrement vers votre interlocuteur. C'est une posture qui confirme votre intérêt et votre disposition à l'écoute. Pour faire des affaires, il est recommandé de se tenir à environ un mètre de son interlocuteur. Avec des plus intimes, on peut être plus près, mais en affaires, il faut éviter d'envahir la « bulle » des gens.

Ayez des gestes amples de la main qui sont expressifs et qui deviennent l'extension de vos paroles. Vous pouvez désigner les personnes avec vos mains ou encore vous en servir pour arrêter une conversation et passer la parole à un autre participant. Faites des signes affirmatifs de la tête pour signifier une bonne compréhension.

Il est presque intimidant de penser qu'on puisse parler autant sans prononcer un mot ! La meilleure façon d'éviter d'avoir peur d'être lu est justement d'être lu pour ce qui est véritablement écrit par son corps, c'est-à-dire d'être authentique, avec ses qualités et ses défauts. On peut se sentir en pleine confiance pour conduire une réunion parce que bien préparé et enthousiaste.

Si on peut être écouté par ce que dit notre corps, on a aussi le pouvoir énorme de décoder le langage du corps des autres. Il faut donc observer avec attention les gestes, les tics, les silences et l'intonation de la voix chez les autres. On réussit à comprendre une bonne partie de ce qu'ils disent ou veulent dire. On peut même déterminer si les commentaires de la personne sont sincères à l'aide du langage du corps. Si la personne manque de sincérité, elle aura tendance à bouger, à détourner le regard, à s'éloigner de l'animateur par les bras, les jambes et le corps. De la même manière, si la personne est mal à l'aise à révéler quelque chose, elle aura tendance à croiser les bras et à refermer les jambes, à « distancer » son corps face à l'inconfort. Ce sont des indices qui peuvent mettre très souvent sur de bonnes pistes.

Quand l'animateur constate un malaise dans les propos, il a intérêt à approfondir le sujet par d'autres questions ouvertes. Il demandera d'élaborer sur un élément en particulier.

LES RÉPONSES VERBALES

En plus « d'écouter » ce que le corps dit, il faut également prêter une attention toute particulière aux paroles des participants. Il faut bien comprendre la pensée de l'autre. Comprendre ne veut pas dire accepter, mais il est crucial de bien saisir le message des autres.

En premier lieu, il faut se concentrer sur ce que dit la personne et non pas sur notre idée déjà faite sur le sujet. Cela demande de la retenue, de l'empathie et du temps. Bien des personnes vont considérer l'écoute comme une perte de temps, car de toute façon elles croient qu'elles ont raison et que finalement c'est leur idée qui primera. Avec cette attitude, l'organisation ne va bénéficier que de leur apport et de leur valeur, car les subalternes vont se contenter d'un rôle d'exécutant. Toute organisation a intérêt à faire participer son personnel à la génération d'idées et à suggérer des améliorations dans les procédures et les processus. Cela en fait des gens motivés qui apportent une valeur accrue.

Bien écouter encourage certainement la participation et l'apprentissage. Pour bien écouter, il faut d'abord se taire ! On pourrait presque énoncer la règle des trois T : taisez-vous, taisez-vous et taisez-vous… C'est une bonne habitude à prendre que de bien écouter et, chez les gens qui mettent la bonne écoute en pratique, c'est remarqué et très apprécié.

Il faut aussi éviter d'avoir des préjugés ou de juger immédiatement. On reçoit le message d'abord, ensuite on analyse l'idée, on s'en fait une opinion puis on fait un commentaire. C'est le processus normal de la pensée. On a tendance toutefois à « sauter » à l'étape commentaire et à présenter notre propre opinion sans avoir bien écouté l'idée et encore moins l'avoir analysée.

Donc la première étape d'une bonne écoute est de s'efforcer de bien entendre les paroles de l'autre. Pour y réussir, regarder son interlocuteur dans les yeux aide grandement. On garde le contact visuel, évitant ainsi d'être distrait par autre chose. On peut donc dire qu'on écoute d'abord avec ses oreilles et ensuite avec ses yeux.

Lorsqu'on écoute bien et avec attention, on reçoit et on comprend les idées émises. Toutefois, ce n'est pas tout ! Il faut également laisser savoir à la personne qu'on a compris ce qu'elle veut dire. C'est une forme très puissante de communication que de laisser savoir à son interlocuteur qu'on l'a bien compris.

Pour ce faire, il faut envoyer un message de bonne compréhension. On utilise alors la technique de la reformulation aussi appelée confirmation ou paraphrase. Il s'agit simplement d'énoncer dans ses propres mots l'idée émise par l'autre. Cela permet aussi de clarifier avec l'autre son idée. Tous n'ont pas la même facilité à exprimer clairement ce qu'ils conçoivent. La reformulation aide donc énormément en ce sens.

EXEMPLES

- Maurice : « Je pense que cette idée ne va pas dans la bonne direction. »
  Marie : « Donc, Maurice, vous croyez que nous n'irons pas au bon endroit avec cette idée. Vous pensez que nous n'atteindrons pas l'objectif ainsi ? »
- Marcel : « On devrait faire parler plus de nous autres… »
  Dominique : « Si je comprends bien, Marcel, vous souhaitez que notre entreprise soit plus persuasive dans nos activités de promotion ? »

Il faut répéter dans nos propres mots ce qu'on vient d'entendre. Cela permet d'énoncer plus clairement les sous-entendus et de demander au participant si c'est bien ce qu'il veut dire. L'animateur peut « étirer » quelque peu les propos, mais doit toujours demander à son interlocuteur si c'est bien ce qu'il veut dire.

En utilisant, les expressions « si je comprends bien... », « ce que vous voulez dire... », « ce que vous dites... », « selon vous... », « vous dites que... », « vous avez l'impression que ... », « vous pensez que... », « vous avez le sentiment que ... », on paraphrase, on reformule et on confirme à la personne qu'on l'a bien écoutée et qu'on l'a bien comprise.

Plus l'écoute sera bonne, plus les participants se sentiront à l'aise. Ils sauront qu'ils peuvent tendre des perches à l'animateur et que celui-ci les saisit pour aller au fond des choses. On constatera qu'une relation de confiance s'établit. Pour des propos qui ne sont pas clairs mais qui sont remplis de sous-entendus, l'animateur demeurera vigilant et posera d'autres questions ouvertes ou précises pour en arriver à bien saisir le message.

EXEMPLES

- Maurice : « Moi, je ne pense pas que ce soit une bonne idée pour diminuer les abus parce que... enfin, je me comprends. »
  Marie : « Si je comprends bien, Maurice, vous ne croyez pas que cette suggestion va limiter les abus parce qu'on a déjà utilisé un système semblable dans le passé sans succès ? »
- « Dominique, vous venez de nous dire que Maurice a parfois des commentaires "spéciaux" avec des clients, avez-vous un exemple ? »
- « Marcel, quand vous dites qu'avec Pierre, on sait ce que ça veut dire la rentabilité, qu'est-ce que vous voulez dire ? »

Il est permis de poser plusieurs questions pour en arriver à bien saisir le fond de la pensée. Les personnes nous tendent alors une perche et il faut aller jusqu'au bout pour leur faire dire ce qu'elles n'osent pas dire.

FAIRE DE FRÉQUENTS RÉSUMÉS

L'animateur tente de garder les discussions centrées sur le sujet abordé. Lorsque plusieurs participants se sont exprimés, il y a lieu de résumer ce qui a été dit jusqu'à maintenant. Il est très important de faire régulièrement le point sur chacun des sujets. Il faut juger du meilleur moment pour faire ces résumés, mais on suggère qu'après trois commentaires sur un sujet, on résume. Lorsqu'une discussion est survenue et qu'elle a été longue, il se peut très bien que le groupe soit un peu perdu. C'est le rôle de l'animateur de résumer et de faire le point sur ce qui a été dit.

On ne résume jamais assez. Les participants ont besoin de se faire conduire dans la réunion. Ils sont là pour donner leur opinion, faire des commentaires et ils sont généralement assez détendus. Il est important pour l'objectif de la réunion que les participants sachent où ils en sont rendus.

À la fin de chaque sujet, à la fin d'une longue discussion, d'un « long détour », il faut résumer l'essentiel de la discussion. Attention, résumer veut dire revoir les sujets principaux de la discussion, pas reprendre la discussion au complet ! L'animateur doit démontrer un esprit de synthèse.

Il n'y a pas de règle précise quant au moment de faire un résumé. Cependant, l'animateur est la personne qui suit le plus les conversations. Il est celui qui manifeste le plus d'intérêt durant la réunion. Donc, quand il se sent un peu égaré lui-même, il est certain que les participants le sont aussi. Alors quand il en sent lui-même le besoin, l'animateur fait un résumé de ce qui a été dit sur le sujet.

EXEMPLES

- « Si on résume ce sujet, on a d'un côté un projet qui semble intéressant d'après vous mais il vous semble mal structuré. Le montage financier ainsi que les partenaires au projet restent à éclaircir. Est-ce qu'il y d'autres commentaires ? »
- « Je vais faire le point sur le sujet car on a eu beaucoup de discussions. Vous me corrigerez si j'oublie des éléments importants. J'ai senti que le groupe est d'accord pour dire qu'on a besoin d'un nouvel atelier d'usinage. Également qu'il doit être d'une superficie de 1000 m^2. Par contre, nous n'avons pas encore convenu du meilleur endroit pour installer cet atelier dans l'usine. C'est bien cela ? Continuons la discussion sur ce sujet, car l'objectif de la réunion est de décider non seulement du besoin, de la superficie, mais aussi de son emplacement. Nous progressons bien. Des commentaires, des opinions sur l'emplacement de l'atelier ? »

Dans ce dernier exemple, l'objectif de la réunion a été réaffirmé et l'animateur a bien exprimé qu'il entend clore chaque sujet par une action concrète. Il a été dit clairement que le groupe a décidé du besoin d'un nouvel atelier, de la superficie nécessaire et qu'il reste à décider de son emplacement. C'est fondamental que chacun des sujets ait une conclusion et que cette conclusion soit une action tangible.

IL Y A DE L'INTÉRÊT

Dans le feu de l'action, il se peut que plusieurs participants souhaitent intervenir en même temps. Selon les règles de fonctionnement établies au début de la réunion, le droit de parole est accordé selon l'ordre dans lequel il est demandé.

EXEMPLES

- « Maurice, avant de vous entendre, Marie avait demandé la parole. Marie on vous écoute ! »
- « Une minute s'il vous plaît, Maurice. Nous devons entendre Marie qui a demandé à parler depuis plusieurs minutes maintenant ! Je vous reviens tout de suite, après Maurice. »

TRUCS

Si vous ne l'avez pas fait, vous pouvez aussi, en cas de tumulte, décider sur-le-champ que vous donnez le droit de parole à ceux qui le demandent en premier. Certains participants plus timides ont l'habitude de lever la main pour demander la parole, même si ce n'est pas une règle établie par l'animateur. Soyez vigilant, notez les noms et accordez le droit de parole à ces personnes lorsqu'un des participants a terminé son intervention.

Lorsque vous animez une réunion avec plusieurs inconnus assis dans une salle disposée en forme « classe », faites un schéma de la salle et notez l'emplacement des participants ainsi que l'ordre dans lequel ils ont manifesté leur désir d'intervenir. Il est utile parfois de noter quelques mots clés qui vous permettront de vous souvenir et de repérer les intervenants; les vêtements, la couleur des cheveux et la taille sont de bons indices

Il y a des nuances à apporter toutefois. Il faut avoir un style de conduite équilibré pour bien diriger une réunion. Il faut savoir faire la distinction entre les animateurs et les « animateux ». Trop de démocratie peut tuer une discussion; par exemple si on laisse quelqu'un intervenir sur un élément anodin et que son intervention est interminable. Dans ce cas, il faut interrompre le participant et lui demander de conclure son propos pour ne pas perdre le momentum des sujets précédents. Il faut parfois s'affirmer et s'imposer pour ne pas que les autres participants perdent leur énergie.

EXEMPLE

« Excusez-moi Maurice, puis-je vous demander d'exprimer votre point de vue s'il vous plaît ? »

DONNER SON OPINION ? MAIS BIEN SÛR !

Le rôle principal de l'animateur est de conduire la réunion pour qu'elle atteigne l'objectif établi. Il a avantage à faire participer amplement les gens. Toutefois, les participants s'attendent à ce qu'à l'occasion l'animateur donne son opinion sur des sujets. Cela fait aussi partie du rôle de leader que de donner son avis.

Habituellement, l'animateur est plus près de la haute direction de par son niveau hiérarchique. Il a donc en tête la mission, la vision, le plan stratégique et les objectifs annuels de travail de l'entreprise. Et bien sûr l'objectif de la réunion. Il doit laisser parler les participants, c'est une partie du succès. Mais il doit, lorsqu'il le juge à propos, et surtout « quand ça traîne », intervenir et donner son opinion.

S'il est en désaccord avec une opinion exprimée, il doit le signifier clairement et ensuite énumérer les raisons qui justifient son désaccord. Ne pas réagir quand on n'est pas d'accord peut être interprété comme un accord avec les propos émis.

EXEMPLE

« Je ne suis pas d'accord avec ce qui a été dit par Maurice à ce sujet. Je crois personnellement que cette approche n'est pas alignée sur le plan stratégique de notre entreprise et que cela suppose une divergence importante qui pourrait peut-être apporter des résultats intéressants, mais n'avait pas été retenue par le CA il y a deux ans. C'est pour ça que je ne suis pas d'accord. Maintenant, est-ce que le groupe pense ainsi ou s'il y a lieu de revoir cette question selon l'approche suggérée par Maurice ? »

À mesure que se déroule la réunion, l'animateur peut commenter une idée émise par un participant. Donner de la rétroaction (*feedback*) aux commentaires faits par les participants est de mise quand ils sont à propos et substantiels. L'animateur qui trouve une idée intéressante peut le dire. Il doit cependant retourner ensuite au groupe pour demander d'autres commentaires sur cette même idée.

EXEMPLES

- « Merci Marie pour cette précision. Ton intervention a clarifié cet élément. »
- « Dominique, merci. C'est un bon point et un élément substantiel du débat. C'est un aspect que nous n'avions pas considéré à ce jour. Il nous ramène à la réalité financière ! Que pensez-vous de cette idée alors ? »

On doit toutefois rester dans la bonne mesure avec des commentaires semblables. À trop en mettre, cela peut devenir agaçant et sans pertinence. Il faut garder l'encens pour les grandes idées.

UN PROPOS À CÔTÉ DE LA CIBLE

Si un énoncé fait par un participant semble hors propos, on peut lui demander en quoi cette idée contribue au sujet ou à l'objectif de la réunion. Il se peut que l'animateur ait mal compris et le participant expliquera son intervention de nouveau, sinon, il reconnaîtra son erreur.

C'est la responsabilité de l'animateur de voir à ce que les participants restent centrés sur les sujets à l'ordre du jour. S'il y digression, il faut intervenir immédiatement pour dire que ça n'est pas en rapport avec le sujet de discussion. Si c'est un bon sujet, dites que vous devrez parler de ça à un autre moment. Si la digression touche un autre sujet à l'ordre du jour, on invite le participant à se remémorer son intervention et à la soumettre plus tard, lorsque le sujet sera abordé.

EXEMPLES

- « J'aimerais que nous terminions la discussion sur cet élément de l'ordre du jour avant d'aborder ce sujet. Donc nous disions, Marie ? »
- « Maurice, je crois que votre idée cadre plus avec le sujet nº 5. Alors, s'il vous plaît, gardez-la en mémoire et revenez-nous au point 5. D'accord Maurice ? Continuons la discussion sur notre sujet. Où en étions-nous déjà ? »

UNE SEULE RÉUNION

Si des personnes entament des échanges à deux durant la réunion, l'animateur doit réagir. Les apartés dérangent le déroulement d'une réunion. On doit s'assurer que tous les participants comprennent bien les conversations. Il peut y avoir des personnes qui ne réussissent pas à comprendre parce que dérangées par des voisins qui parlent.

TRUCS

Dans ce cas, arrêtez la personne qui parle avec un geste de la main ou en parole, demandez aux « dissidents » de revenir à la réunion et redonnez la parole à la personne qui faisait son intervention. Si nécessaire, vous pouvez résumer ce qu'elle disait avant l'interruption pour vous assurer que tout le monde est sur la même longueur d'onde.

EXEMPLE

« Un instant Marie, s'il vous plaît, est-ce qu'on pourrait revenir à la réunion ? Bien, merci, alors Marie vous disiez que nous avons besoin d'un atelier d'usinage central pour qu'il soit accessible à plusieurs unités, c'est bien cela ? Alors poursuivez Marie s'il vous plaît ! »

TOUT LE MONDE PARTICIPE

Dans toute réunion, les personnes présentes ont des comportements différents et des valeurs différentes. Certains ont de la facilité à s'exprimer alors que d'autres sont plus réservés, voire timides. L'animateur doit réussir à impliquer tous les participants, incluant les personnes plus réservées. Ce n'est pas parce qu'ils ne parlent pas beaucoup que les timides n'ont pas d'idées. Au contraire, ce sont des personnes qui n'aiment pas parler pour « ne rien dire », qui sont habituellement efficaces et connaissent bien les rouages et le fonctionnement de leur secteur. Elles sont connectées avec la réalité et « connaissent leur affaire ». Toutefois, ces personnes sont parfois mal à l'aise en groupe, manquent de confiance en elles et, surtout, se méfient des « beaux parleurs» !

Pour les impliquer on peut utiliser les formulations suivantes :

EXEMPLES

- « Jean, vous avez une opinion sur ça ? »
- « Julien, vous avez déjà vécu une situation semblable ? »
- « Karine, vous qui travaillez depuis longtemps dans ces situations, qu'en pensez-vous ? »
- « Andrée, on ne vous a pas beaucoup entendu, qu'en pensez-vous ? »

L'animateur doit toutefois être vigilant pour ne pas « mettre en boîte » ces participants. Il doit leur demander d'intervenir au moment opportun autrement il risque d'éteindre toute flamme de communication pour très longtemps.

LA HIÉRARCHIE

Il faut être vigilant en matière de relations hiérarchiques entre les individus. Quand une personne de la haute direction est dans la salle, cela peut être un obstacle à la franchise et à l'ouverture. Si on désire une discussion totalement ouverte et qu'on souhaite ne pas tenir compte de la hiérarchie entre les individus, il faut donc préciser au début de la réunion (c'est une règle de fonctionnement) que, durant cette réunion, la hiérarchie de l'organisation ne tient pas. Bien que cela n'efface pas complètement la relation hiérarchique, on peut obtenir plus de franchise et d'ouverture ainsi.

EXEMPLE

« Des personnes qui occupent différents postes sont réunies dans cette salle. Je voudrais que, durant cette réunion, nous ne tenions pas compte de nos niveaux hiérarchiques respectifs. Je vous invite donc à vous exprimer librement pour que nous réussissions ensemble à atteindre l'objectif de la réunion. »

ON CONCLUT SUR LE SUJET

Quand on a l'impression que le sujet est couvert et que les participants ont exprimé leurs idées, on conclut. Il faut identifier précisément ce qui est retenu à la suite de la discussion. Ce peut être de poursuivre un travail de recherche plus approfondie, une décision qui est prise, une action à entreprendre par quelqu'un ou une procédure à mettre en place.

L'animateur peut résumer le cheminement parcouru lors de la discussion et énoncer comment le sujet se conclut.

Si une décision est prise, elle doit être formulée clairement à tous les participants. Tout le monde comprendra la même chose, incluant l'animateur. S'il s'agit d'une action à prendre, il faut absolument lui donner un échéancier, autrement le travail risque de ne pas être considéré comme important. Déterminer l'échéancier fait partie de la conclusion sur un sujet. Pour ce faire, l'animateur peut demander directement à la personne responsable d'exécuter le travail avec une date de livraison du produit ou du travail attendu. On demande à qui fera le compte rendu de bien noter ces informations.

EXEMPLE

« Alors, si je résume, nous avons décidé que ça prend un nouvel atelier d'usinage de 1000 m^2 et qu'il sera situé près du local 302. C'est bien cela ? Alexis, c'est bien noté pour le compte rendu ? »

Entre deux sujets, on fait une brève pause et on énonce ensuite le sujet suivant. On suit le même cheminement que pour le sujet précédent.

On comprend aussi qu'il est impossible d'obtenir l'attention de tous les participants pour toute la durée de la réunion. La fatigue joue un rôle important tout autant que la responsabilité « diluée » lorsqu'on est en groupe. Pour les réunions qui durent plus d'une demi-journée, on garde les sujets plus légers pour la fin de la réunion. On peut aussi utiliser des moyens différents de ceux du matin pour garder l'attention. Des présentations vidéo, l'utilisation de grandes tablettes, un bout de film, etc.

VOTRE RÉUNION

En résumé :

- Énoncez le premier sujet à l'ordre du jour
- Présentez le sujet, si nécessaire
- Posez des questions ouvertes et précises
- Écoutez les réponses avec attention (la règle des 3 T)
- Paraphrasez, confirmez et reformulez !
- Surveillez le langage du corps des participants ainsi que votre propre langage du corps
- Recueillez les commentaires de tous les participants
- Résumez fréquemment la discussion
- Concluez le sujet par un énoncé, une décision, une action à prendre

LA CONCLUSION DE LA RÉUNION

L'animateur doit faire preuve de jugement parce qu'à la fin d'une réunion, les participants ont hâte de partir. Si c'est une réunion aux enjeux importants, il aura intérêt à réviser les principaux sujets de discussion et les décisions. Il remercie les participants et mentionne si oui ou non l'objectif de la réunion a été atteint.

LA SYNTHÈSE DES DÉCISIONS

En conclusion, on synthétise les propos tenus durant la réunion et, surtout, les décisions prises. On résumera aussi les tâches à faire par certains individus. Il faut être bref pour conclure car tous les participants ont hâte que ça se termine. L'animateur aura donc pris quelques notes lui-même auxquelles il va référer, ou il peut demander à la personne responsable du compte rendu de faire cette synthèse. Par contre, si à la fin de chaque sujet des tâches ont été attribuées à des personnes avec un échéancier, il n'est pas nécessaire de faire une révision une autre fois. Pour des réunions régulières d'équipe, par exemple, l'animateur a à portée de main une feuille sur laquelle il note les décisions, les actions à prendre ou autres pour chacun des sujets. Au moment de conclure, tout sera prêt.

Lorsque tous les sujets ont été couverts, l'animateur doit dire : « Nous avons couvert tous les sujets à l'ordre du jour. » Il demande ensuite s'il y a des questions additionnelles ou des remarques supplémentaires.

Il se peut aussi que les sujets à l'ordre du jour n'aient pas tous été abordés, mais que l'esprit n'y soit plus. Alors il est préférable de reporter ces sujets à une autre réunion ou au lendemain, si la réunion dure deux ou plusieurs jours.

EXEMPLE

« Je crois que nous avons bien travaillé et que nous allons arrêter ici, même si nous n'avons pas couvert tous les sujets. Je vais parler avec ceux qui font des présentations demain, je vais revoir les sujets et essayer de compresser l'ordre du jour pour qu'on termine quand même à l'heure prévue demain. »

On mentionne que le compte rendu parviendra à chacun sous peu et qu'il sera accompagné des tâches individuelles à faire. Dans les rares cas où il est convenu qu'il n'y aura pas de compte rendu, chacun des participants doit noter ce qu'il doit faire. Cela suppose une relation de confiance établie de longue date pour procéder ainsi.

OBJECTIF ATTEINT ?

Finalement, l'animateur doit mentionner l'objectif de la réunion et dire s'il a été atteint. Il énonce l'objectif et dit pourquoi il a été atteint, cela rappelle aux participants pourquoi ils étaient là et qu'ils ont contribué à l'atteindre.

EXEMPLE

« L'objectif de la réunion était de discuter et de décider d'un plan pour mettre en place le nouvel atelier d'usinage. Nous avons maintenant un plan très clair qui nous permettra une implantation bien ordonnée. Nous avons donc atteint l'objectif de la réunion. »

REMERCIEMENTS

On remercie ensuite les participants. Il est important de les remercier, mais surtout de souligner leur contribution et son utilité. Il faut essayer d'être précis en disant pourquoi la contribution du groupe a été appréciée.

Si les participants sont des gens de « plancher », par exemple, on peut dire qu'on apprécie travailler avec des gens pratiques parce qu'ils apportent des solutions concrètes aux problèmes.

EXEMPLES

- « Je vous remercie de votre participation. Vos commentaires d'ordre très pratique nous ont fait bien progresser. J'ai pleinement confiance que l'implantation de notre atelier d'usinage se fera de façon ordonnée. »
- « Ce fut une très bonne réunion et j'ai grandement apprécié la participation et les commentaires enrichissants de tous les participants. Je vous en remercie. »

S'il y a des participants de l'extérieur, on les remercie de s'être déplacés et, s'il y a lieu, on leur dit en quoi ce qu'ils ont apporté a contribué à la réunion. Pour les invités spéciaux qui viennent présenter un projet, une initiative qui aidera l'organisation, l'animateur, s'il le juge à propos, envoie une note d'appréciation au moyen d'un message ou d'une carte. Si la contribution a été significative, on peut leur remettre un petit souvenir à la fin de la réunion ou de leur présentation pour les remercier. Une épinglette de l'organisation peut faire l'affaire ou encore un article produit par l'entreprise qui sera bien en vue au bureau.

FAIRE LE SUIVI DE LA RÉUNION

On utilise souvent le terme compte rendu pour désigner un rapport sur les échanges survenus lors de la réunion. Le compte rendu n'est jamais satisfaisant pour tous les participants. Il est soit trop court, soit trop long, mais surtout il ne fait jamais l'unanimité. Il y a plusieurs types de compte rendu de réunions. S'il est deux mots clés à retenir, c'est rapide et bref.

Le rapport des discussions peut prendre plusieurs formes. Si la réunion a une conséquence légale (conseil d'administration, groupe de travail qui se réunit en vertu d'une entente), il faut avoir un registre très fidèle du contenu des réunions. Dans ce cas, on rédigera un procès-verbal de la réunion.

Pour les réunions administratives, comme les réunions d'équipe, de direction, de services, on rédige un compte rendu simple qui résume les discussions. Cependant, lorsque les réunions sont fréquentes, et parce que ça prend du temps rédiger un compte rendu, il devient impossible d'en rédiger un pour chacune des réunions tenues. Un rappel sous forme d'actions à prendre constitue alors un bon outil. C'est un rappel qui indique aux participants les tâches à réaliser à la suite de la réunion, les noms des personnes désignées responsables de ces tâches et l'échéancier. Une liste des actions à prendre peut alors être l'unique compte rendu de la réunion.

LE PROCÈS-VERBAL

Le procès-verbal est un compte rendu de la réunion qui relate les échanges entre les individus en tenant compte des « auteurs » des commentaires, des questions et des idées. Il tient compte des sujets à l'ordre du jour, de l'ordre chronologique des discussions et il résume les commentaires des participants qui se sont exprimés. On se doit de donner le crédit des commentaires à leurs auteurs.

Les commentaires rapportés doivent l'être de manière objective et être le plus fidèles possible aux propos tenus. Il n'est pas nécessaire de rapporter tous les commentaires, mais il faut discerner ceux qui sont les plus pertinents et qui ont contribué à la discussion.

EXEMPLE

Sujet 3 : La localisation de l'atelier d'usinage

- Maurice C. mentionne que l'atelier devrait être situé au centre des activités de l'usine, car tous les services ont régulièrement recours à l'atelier d'usinage pour différents travaux.
- Marie D. appuie ce commentaire de Maurice C. d'autant plus que cela épargnerait du temps de déplacement si l'atelier était localisé au centre de l'action.

Le procès-verbal est utilisé pour des réunions à caractère légal où il faut garder en archives un relevé assez fidèle des discussions, pour les réunions d'un conseil d'administration, par exemple. Il faut être capable de retourner à la source de l'idée, du commentaire, de l'analyse qui a mené à prendre une décision. On utilisera le procès-verbal pour des réunions impliquant des personnes qui ont des comptes à rendre à des actionnaires, à une institution publique comme une municipalité, à une fondation, à un gouvernement, par exemple. On a intérêt à enregistrer fidèlement les propos tenus pour justifier et appuyer les décisions.

Cette forme de « rapport » de réunion est généralement la plus longue. Elle doit rapporter le plus fidèlement possible les délibérations.

LE COMPTE RENDU

Le compte rendu ne tient pas nécessairement compte des « auteurs » des commentaires, mais rapporte plutôt fidèlement les commentaires, les idées, les questions, etc. Dans la majorité des cas, on se permet de résumer les propos tenus, car il serait trop long de rapporter exactement tous les échanges. Le compte rendu intégral, rarement utilisé, prend généralement beaucoup de temps à rédiger et, comme il est long, peu de participants le liront pour en vérifier l'exactitude. Il est donc utilisé dans des cas où l'on doit garder un relevé précis de ce qui a été dit. Si cela est nécessaire, on privilégiera alors le procès-verbal qui identifie les auteurs des propos tenus.

Le compte rendu le plus utilisé est le compte rendu partiel. La personne responsable sélectionne l'information qu'elle juge la plus pertinente et la résume pour que les participants la valident ensuite. Un bon compte rendu doit être bref mais complet. Pour une réunion d'une demi-journée, on tentera de limiter le compte rendu à une page et demie, par exemple.

EXEMPLE

Sujets 3 : La localisation de l'atelier d'usinage

- Les participants discutent de son emplacement et ils s'entendent pour qu'il soit situé au centre de l'usine parce que tous les services ont recours à l'atelier régulièrement.

C'est la forme de compte rendu la plus utilisée dans le milieu du travail. Il est fidèle, court et va à l'essentiel. On l'utilise pour des réunions de comités de travail, des réunions administratives ou des partenariats à plusieurs organismes.

LES ACTIONS À PRENDRE

Pour des réunions répétitives où les participants se font confiance sur la nature des débats, et pour des raisons d'économie de temps, on va simplement noter les actions à prendre par chacun des participants. C'est la forme la plus concentrée de compte rendu et il constitue en fait un rappel aux participants des décisions prises ainsi que des tâches qu'ils se sont engagés à réaliser ou qui leur ont été déléguées au cours de la réunion.

On présente la plupart du temps les actions à prendre sous forme de tableau.

Les actions à prendre

Tâches à faire	Responsable	Échéancier
1. Mesurer le nouvel espace	Marie	19 octobre
2. Refaire le plan	Marcel	20 octobre
3. Faire circuler le nouveau plan	Pierre	20 octobre
4. Recevoir les commentaires	Dominique	22 octobre

Les actions à prendre et les décisions prises sont utilisées pour des réunions d'équipe, pour un groupe qui doit résoudre un problème de fonctionnement ou une équipe spéciale qui travaille sur un projet. Il s'agit en fait de rappeler aux participants les décisions prises et le travail à exécuter pour ne pas que les tâches soient oubliées et que le projet prenne du retard.

Au choix de l'animateur, il peut décider avec les participants qu'il n'y aura aucun compte rendu qui sera distribué après la réunion. Avec ses notes prises, il peut simplement, avant de terminer la réunion, identifier sur-le-champ les tâches à réaliser ainsi que l'échéancier. Pour ce faire, l'animateur aura une relation de longue date et de confiance avec les participants. La liste des actions à prendre a justement pour but de s'assurer que les participants ont à réaliser des tâches avec un échéancier clair.

EXEMPLES

- « Donc, Maurice, vous vous occuperez de mesurer les espaces et enverrez une note à tous les participants ensuite. Ce sera fait d'ici demain à 12 h. »
- « Marie, vous vous occuperez de faire refaire le plan une fois que vous aurez eu l'information de Maurice. Cela vous prendra une journée, comme vous nous l'avez dit. »
- « Pierre, vous vous occuperez de faire circuler le nouveau plan que nous devrions avoir jeudi avant 16 h 30. »
- « Est-ce clair et y a-t-il des questions ? »

Il est possible de marier les deux types de « rapports » de réunion que sont le compte rendu et les actions à prendre. En plus de la description des délibérations, on peut inclure une page où on retrouve les décisions prises et les actions à prendre. C'est souvent préférable de faire ainsi, car les plus pointilleux vont lire le compte rendu en entier alors que d'autres ne le feront pas. Pour connaître si on a une tâche à accomplir à la suite d'une réunion, il faudrait lire tout le texte. Comme plusieurs ne le font pas, ces tâches ne sont pas accomplies et cela retarde l'avancement du travail. Le jumelage du compte rendu détaillé et des actions à prendre permet de rappeler à ceux qui n'ont pas le temps de lire ces documents qu'ils ont à tout le moins des tâches à accomplir. On a intérêt à mettre les décisions prises et les actions à prendre en première page du compte rendu. Quand on voit son nom inscrit, on est toujours curieux de savoir pourquoi…

Dans tous les cas, ces documents sont rédigés au présent.

Il faut aussi choisir qui va rédiger le compte rendu. Habituellement, personne n'aime le faire, car cela constitue une surcharge de travail et, une fois la réunion terminée, relater ce qui s'y est dit a peu de saveur.

Pour les procès-verbaux, on nomme d'habitude un secrétaire qui est responsable de produire tous les comptes rendus des réunions. Ce poste est généralement attribué pour une année.

Pour les comptes rendus de réunions administratives ou de comités de travail, s'il n'y a personne d'attitré à cette tâche, on peut alterner la production des comptes rendus de sorte que chaque membre du comité doive, à tour de rôle, rédiger le compte rendu. Ainsi, le travail n'incombe pas toujours à la même personne.

Pour les décisions prises et les actions à prendre, comme c'est très très bref, tout participant peut le faire, sauf l'animateur. L'alternance est aussi à privilégier dans ce cas.

VOTRE RÉUNION

Déterminez le type de compte rendu à faire pour votre réunion. La liste des décisions prises et des actions à prendre est fortement recommandée dans tous les cas. C'est ce qui assure la poursuite ordonnée du travail des participants. Quand une personne est identifiée clairement pour produire un travail pour une date donnée, il est difficile ensuite de plaider qu'on n'a pas eu le temps ou qu'on ne s'en souvient pas.

Voyez ensuite si le compte rendu qui décrit les délibérations est essentiel. Comme il est plus long à rédiger, cela a habituellement un impact sur les personnes qui ont à le rédiger. Un retard dans la production du compte rendu engendre inévitablement un retard dans le travail à faire à la suite de la réunion. Les participants attendent habituellement d'avoir le compte rendu en main avant de commencr les tâches prévues lors de la réunion.

Choisissez également qui sera responsable de la rédaction du compte rendu.

➣ Faire son autoévaluation

Elle est importante pour s'améliorer et pour prendre des actions sur des sujets ou des observations faites durant la réunion. L'autoévaluation est à faire immédiatement après la réunion, quand c'est frais.

Comme il faut une discipline de fer pour faire une autoévaluation écrite, il est recommandé de répondre mentalement aux questions suivantes et surtout de se souvenir des points forts de sa performance et des points à améliorer la prochaine fois.

1. Étais-je bien préparé ?
2. L'objectif a-t-il été atteint ?
3. Les points positifs.
4. Les points à améliorer.
5. Les participants ont-ils « participé » activement à la réunion ?
6. Ai-je bien écouté les interventions, paraphrasé et clarifié les propos ambigus ?
7. Est-ce que j'ai réagi correctement aux divers comportements des participants ?
8. Sont-ce les participants qui ont parlé le plus ou est-ce moi ?
9. Les participants ont-ils eu des actions à prendre après la réunion ?
10. Y a-t-il des éléments à surveiller ou à modifier dans le fonctionnement de mon équipe ?
11. Dois-je mettre des notes aux dossiers personnels de l'évaluation de la performance (présence, apports, franchise, leadership, retards, apartés, etc.) ?
12. Par rapport aux coûts et aux bénéfices de ma réunion, est-ce qu'elle en valait la peine ?
13. Quel point dois-je surtout mettre en pratique la prochaine fois ?

Cela ne prend que quelques minutes pour faite son autoévaluation et c'est un exercice qui contribue à l'apprentissage. On se doit d'être objectif et d'analyser avec justesse sa performance. Il faut bien cerner ce qu'on fait bien et être le plus précis possible sur nos éléments à améliorer. On tente ensuite de cerner un seul élément sur lequel on souhaite prêter attention la prochaine fois tout en gardant ce qu'on a réussi à bien faire.

Si on réussit à améliorer un aspect à chacune des réunions que l'on tient, l'animateur en vient à tenir des réunions de plus en plus efficaces et productives.

LES COMPORTEMENTS ET LES POINTS À SURVEILLER

CHEZ L'ANIMATEUR

LE TRAC

C'est normal ! Il faut réussir à s'en accommoder. Habituellement, on n'aime pas être jugé quand on a à livrer une performance. À force d'expérience, l'animateur augmentera sa confiance et le trac deviendra même un carburant, un stimulant qui aide à se dépasser. En somme, on aura toujours le trac mais il aura un effet différent ! Tout comme chez les grands artistes, le trac est toujours présent et c'est normal. Il s'agit d'une réaction viscérale face à une situation où on doit « passer à l'attaque », se présenter devant un groupe de personnes et sans doute être jugé. Cependant, le trac fournit une charge d'adrénaline importante qui constitue une source d'énergie extraordinaire qui aide à performer. Il ne faut donc pas chercher à se débarrasser du trac mais bien réussir à le maîtriser, à l'apprivoiser. Il est essentiel à la réussite.

TRUCS POUR DIMINUER LE TRAC

Respirez lentement et profondément.

Vous êtes la personne qui connaît le mieux les chemins que vous voulez parcourir durant la réunion car vous vous êtes préparé. Les autres ne sont pas meilleurs que vous. De plus, vous n'avez pas l'obligation de connaître les sujets mieux que les participants, votre rôle est de bien conduire la réunion pour atteindre son objectif.

Faites-vous une bulle impénétrable : « Je suis bien préparé; j'ai les techniques de conduite de réunions pour m'aider; je n'ai pas l'obligation d'avoir une note de 100 %, j'ai déjà 60 % d'acquis avec la préparation que j'ai faite avant la réunion, je vais faire de mon mieux; je vais m'autoévaluer après pour m'améliorer pour la prochaine fois. »

Vous travaillerez ainsi à bâtir votre confiance !

PARLER TROP ET TROP LONGTEMPS !

À moins que l'objectif de la réunion soit de diffuser de l'information, l'animateur devrait parler moins longtemps que les participants. Animer une réunion veut dire la conduire afin de recueillir les propos des participants. Il faut faire preuve de retenue et plutôt orienter la réunion vers les participants et non vers soi ! Sans que ce soit une règle absolue, l'animateur doit tenter de parler au plus pendant l'équivalent de 20 % de la réunion. Après tout, il a invité des personnes pour obtenir leur point de vue et les faire échanger, il importe donc de les laisser parler la majeure partie du temps.

TRUC

Plutôt que de donner la réponse, même si vous la savez, demandez à un participant qui connaît la réponse de répondre à votre place. Vous bâtirez le leadership des membres de votre équipe, vous augmenterez la motivation de vos troupes, et cela ne vous enlèvera rien !

L'ANIMATEUR SE DÉSINTÉRESSE DE LA RÉUNION

Une fois la réunion lancée, l'animateur doit continuer d'y participer activement. Il faut être empathique et s'intéresser à ce que disent les participants. Si on est distrait ou préoccupé par autre chose, les participants le sentiront immédiatement et eux aussi voudront se voir ailleurs ! Il faut donc demeurer concentré sur la réunion.

TRUC

Soyez attentif et faites preuve d'une bonne écoute.

Efforcez-vous d'être attentif et gardez le plus possible un contact visuel avec la personne qui parle. Écoutez bien et paraphrasez.

Faites des commentaires sur les propos tenus par les participants. Donnez votre opinion sur les idées émises en appréciant leur valeur :

« C'est un très bon commentaire Maurice. Il apporte beaucoup de valeur ! »
« Excellente idée Marie ! »
« Merci Marie de cette précision, elle apporte un bon éclairage ! »

L'ANIMATEUR EST TROP EXIGEANT ENVERS LUI-MÊME

Il y a une multitude de raisons pour lesquelles des participants sont insatisfaits d'une réunion. Certaines personnes vont aux réunions pour « faire » du temps, pour socialiser, par obligation puisqu'ils font partie d'une unité et, de ce fait, ils doivent y participer. Par contre, d'autres y sont pour se faire valoir, régler un conflit avec quelqu'un, entretenir des liens affectifs, voire amoureux, et aussi pour sentir qu'ils font partie d'un groupe, pour avoir un sentiment d'appartenance.

En règle générale, les personnes matures et autonomes sont là pour les bonnes raisons alors que les personnes immatures y voient un endroit pour satisfaire leurs besoins affectifs.

Il ne faut donc pas être étonné d'entendre parfois des commentaires négatifs au sujet d'une réunion qu'on a dirigée parce qu'elle n'a pas répondu au besoin affectif de quelqu'un. Cependant, chaque participant a besoin d'être valorisé et de se considérer « inclus » dans le groupe, d'y voir un forum où il peut exprimer ses idées pour influencer le groupe et être apprécié de ses collègues. L'animateur doit donc fournir un espace propice aux échanges et offrir à chaque participant l'occasion de s'exprimer. Il ne doit pas non plus s'imposer que tous les participants soient entièrement satisfaits d'une réunion.

TRUC

Déterminez objectivement si l'objectif de la réunion a été atteint. Si oui, il y a de bonnes chances que ce soit une réunion satisfaisante pour la majorité. On ne peut jamais plaire à tout le monde !

LA RÉUNION DÉRIVE

Il arrive fréquemment qu'une personne soulève des questions qui font dévier du sujet et de l'objectif de la réunion. La discussion s'engage et, tout à coup, tous réalisent qu'il n'y a plus de lien entre ce qui est dit et le sujet censé être discuté. Que la personne qui a amorcé le virage l'ait fait volontairement ou non, l'animateur doit demeurer vigilant et s'assurer de la cohérence de ce qui est dit en lien avec le sujet. Autrement, les réunions s'allongent, démotivent certains participants et il y a perte d'intérêt. On doit s'assurer que la réunion reste centrée sur le sujet et l'objectif poursuivi. Quand on constate que la discussion est hors sujet et qu'elle s'éloigne de l'objectif de la réunion, l'animateur doit intervenir et dire qu'il ne voit pas en quoi cela contribue au sujet ou à l'objectif de la réunion. Il peut aussi demander au participant en quoi cette idée contribue au sujet ou à l'objectif de la réunion. Par ailleurs, s'il s'agit d'une bonne idée, on peut suggérer au participant de l'apporter lors d'une prochaine réunion ou on peut soi-même la noter et la mettre à l'ordre du jour d'une prochaine réunion. Avoir l'objectif de la réunion écrit clairement à l'ordre du jour permet à l'animateur et aux participants d'y référer rapidement.

TRUC

Maintenez un dossier dans lequel vous prenez note des idées nouvelles apportées par votre équipe. S'il s'agit d'une bonne idée émise hors sujet ou hors objectif, prenez-la en note aussi. Lorsque vous préparez une réunion, vous passer cette liste en revue et vous incluez ces idées à l'ordre du jour, s'il y a lieu.

CHEZ LES PARTICIPANTS

LES APARTÉS À DEUX OU PLUS

Il arrive assez souvent que des participants commencent à parler ensemble en même temps que l'animateur ou qu'un autre participant. C'est toujours dérangeant et ça distrait tout le monde. Il se peut que deux participants qui parlent ensemble discutent d'éclaircissements sur un sujet. Si c'est le cas, cela ne dure habituellement pas très longtemps. Il se peut très bien aussi qu'ils parlent à plusieurs reprises d'un sujet qui n'a aucun rapport avec la réunion. On peut tolérer un court aparté, et on détecte assez aisément s'il s'agit de quelque chose de sérieux ou d'une conversation autre. Si la conversation dure, l'animateur doit intervenir et faire cesser la conversation. Il doit d'abord arrêter la personne qui parle. Un geste de la main, par exemple, est efficace. Il regarde ensuite dans la direction des personnes qui conversent. Il peut leur demander de cesser la conversation ou simplement les regarder en souriant. Les gens arrêtent de parler quand ils se sentent observés. L'animateur redonne ensuite la parole à la personne qui parlait. Le tout peut se faire en s'adressant aux personnes concernées. On utilise un « s'il vous plaît ! » ou encore on peut dire : « Pouvons-nous avoir votre attention s'il vous plaît ? » Cela peut se faire aussi en silence : on arrête la personne qui parle d'une geste de la main, on soutient le regard des « dissidents » et on redonne la parole d'un geste de la main pour que la réunion se poursuive. Si la chose se répète, l'animateur devient plus ferme et peut alors user de la parole. Il peut demander aux participants s'ils ont des commentaires à partager qui peuvent éclairer les autres participants sur le sujet discuté. Cela devrait arrêter les apartés.

EXEMPLES

- « Pouvons-nous n'avoir qu'une seule réunion s'il vous plaît ? »
- « Pouvons-nous écouter Maurice s'il vous plaît, il parle d'un sujet important à l'ordre du jour ? »
- « J'ai de la difficulté à entendre ce que dit Maurice, pourrions-nous l'écouter s'il vous plaît ? »

TRUC

Soyez plus tolérant pour une réunion où les gens se connaissent peu. Par contre, si vous connaissez bien les participants, soyez plus ferme et intervenez plus rapidement. Vous pouvez aussi dire au début, quand vous énoncez vos règles de fonctionnement, que vous n'appréciez pas les apartés et dire pourquoi ils dérangent. Vous pouvez aussi à la blague demander aux « délinquants » habituels de ne pas s'asseoir l'un près de l'autre. Ils comprendront le message.

LES RETARDATAIRES

L'animateur a laissé un cinq (5) minutes de grâce au début pour permettre aux « montres de se mettre à l'heure ». Lorsque des personnes se présentent en retard, on les ignore complètement. Ces personnes peuvent prendre une place autour de la table et il faut qu'elles se sentent mal à l'aise d'être en retard. De leur accorder de l'attention constitue une forme d'encouragement à être en retard de nouveau.

TRUC

Pour une première offense, après la réunion, dites aux retardataires qu'à moins d'une bonne raison, vous appréciez que les participants arrivent à l'heure parce que les retardataires dérangent le groupe. Donnez l'exemple du comportement des participants quand ils sont arrivés en retard. L'attention est détournée de la discussion vers les retardataires, et c'est dérangeant.

Si ça se répète pour une deuxième fois, soyez plus vif et clair. Dites de nouveau que les retards dérangent et que la prochaine fois vous souhaitez vivement qu'ils se presentent à temps.

À la troisième offense, ayez l'air très irrité et dites que s'il a du retard la prochaine fois qu'il ne se présente tout simplement pas à la réunion. Vous pouvez également dire à la personne que si elle est incapable d'apporter des changements, qu'elle ne sera plus invitée aux réunions. Il faut en faire une question de culture de la ponctualité. L'animateur qui adopte cette façon de faire etablit a la longue une habitude de ponctualité par rapport à ses collègues.

On ne doit surtout pas faire de résumé pour le ou les retardataires. Ce serait un encouragement au vice !

Si un participant est invité à une réunion et qu'il est ponctuel, il peut très bien devenir irrité de perdre son temps si les réunions débutent toujours en retard. À l'avance, il peut laisser savoir à l'animateur que si la réunion ne débute pas à l'heure, il quittera la salle après quinze minutes de retard et qu'il ne sera pas présent à cette réunion.

UN HAUT DIRIGEANT NON INVITÉ SE POINTE À LA RÉUNION

C'est peu fréquent, mais il peut arriver qu'un superviseur intéressé par un sujet arrive à brûle-pourpoint à une réunion. Si c'est le patron ou notre superviseur immédiat, on se doit d'accepter cette présence impromptue. Habituellement, ça jette un froid dans la salle ! Tout le monde s'interroge sur les raisons de cette présence. On l'accueille correctement et on le remercie de s'intéresser à l'objet de la réunion. Il est suggéré de l'asseoir près de soi s'il n'a pas déjà trouvé une place et on lui demande s'il souhaite intervenir. Peut-être a-t-il une nouvelle à annoncer et qu'il veut profiter du fait qu'un groupe est réuni pour le faire. On lui offre d'intervenir lorsqu'il en sentira le besoin plus tard durant la réunion. Ensuite l'animateur continue la réunion normalement. À l'occasion, on doit profiter de la présence de ce haut dirigeant pour obtenir des éclaircissements ou lui faire faire des commentaires.

Il ne faut pas avoir l'air intimidé ou dérangé. Il faut y voir une occasion de se mettre en valeur car, après tout, on est censé diriger une bonne réunion et le haut dirigeant appréciera sans doute le talent de l'animateur.

UN GRAND PARLEUR

On lui accorde une première intervention. Comme c'est un verbomoteur et que ses interventions sont habituellement interminables, on peut très bien se permettre de l'interrompre. Il faut faire preuve de jugement. Si ce que dit la personne est intéressant et apporte de la valeur à la réunion, on la laisse continuer même si on sait que ce sera long. On peut, en privé, lui signifier qu'on souhaite des interventions plus courtes de sa part, mais c'est toujours délicat de le faire. Quand on décide de le faire, il faut que ce soit une évidence pour tous et qu'on apporte des exemples concrets de cas où la personne a réellement fait des interventions trop longues. Il ne peut y avoir d'équivoque car on mine alors sa propre crédibilité si on n'a pas de bons exemples pour appuyer ses dires.

On doit penser aussi que les autres participants souhaitent une intervention de la part de l'animateur.

D'habitude, les grands parleurs tracent un historique du sujet, se promenent d'un « sentier » à l'autre, souvent sans logique. C'est comme s'ils traduisaient leurs idées en paroles à mesure qu'elles se présentent à leur esprit. C'est très dérangeant pour les autres participants et surtout pour ceux qui ont un souci d'efficacité.

Dans tous les cas où l'animateur décide d'interrompre un participant, il doit le faire poliment. Il utilise alors : « Excusez-moi… »

EXEMPLES

- « Excusez-moi de vous interrompre, Marie, quel est votre opinion ? »
- « Excusez-moi, le temps passe et je dois vous presser Maurice, quel est votre point de vue, quel est votre message pour ce sujet ? »
- « Excusez-moi Marie, je suis certain que c'est très important, mais comme nous n'avons que 10 minutes pour parler de ce sujet, pourriez-vous nous dire quel est votre principal argument ? »

TRUC

Demandez à un intervenant de conclure sur son sujet en apportant un élément qui contribue à l'atteinte de l'objectif. S'il persiste à vouloir reprendre la parole, dites que vous ne l'entendrez pas avant d'avoir entendu tous les autres participants. Utilisez l'argument que vous voulez respecter l'horaire et que vous souhaitez que tout le monde parle.

Vous pouvez alors établir une règle de fonctionnement selon laquelle, compte tenu du nombre de personnes qui veulent intervenir, les participants doivent désormais demander la parole. Notez sur une feuille, en ordre de demande, les noms de ceux qui ont demandé la parole pour vous les rememorer.

Vous pouvez aussi dire que vous n'accorderez la parole à un même participant que lorsque vous aurez entendu tous les autres.

Si vous connaissez bien votre parleur, vous pouvez à la blague dire au groupe que vous savez que Maurice a certainement une opinion sur le sujet, mais que vous aimeriez entendre les autres participants d'abord.

UN DISSIDENT

Certains participants qu'on n'a pas vraiment le choix d'inviter adoptent un comportement discordant durant une réunion. Plusieurs raisons peuvent motiver ce comportement. Une tension avec l'animateur, la jalousie, l'envie, sont autant de raisons pour tenter de discréditer publiquement un animateur réputé compétent.

Toutes les raisons sont alors bonnes pour semer la discorde et déranger le bon déroulement de la réunion. Le dissident coupe la parole, a des propos agressants, voire intrusifs. Il souhaite en quelque sorte diriger la réunion subtilement et montrer que l'animateur n'est pas si talentueux. Il veut visiblement prendre le contrôle de la réunion. Il aime se mettre en concurrence avec l'animateur pour être visible et semer le trouble.

L'animateur doit réagir promptement à ce genre de comportement.

EXEMPLES

- « Marcel, s'il vous plaît, Dominique est en train de parler, laissez-le terminer et je vous accorde la parole ensuite. »
- « Marie, j'ai convoqué cette réunion parce que nous voulons un nouvel atelier d'usinage. L'objectif de la réunion d'aujourd'hui est de déterminer le meilleur emplacement de notre futur atelier. C'est une décision d'organisation que nous avons prise et il n'est pas question de revenir en arrière. Vous pouvez être en désaccord avec cette décision mais nous irons

de l'avant. Alors je vous demande de contribuer par des interventions alignées sur l'objectif de la réunion. Est-ce que ça vous va ainsi Marie ? »

TRUC

Mentionnez que c'est une réunion que vous avez organisée avec un pourquoi et un objectif. C'est votre initiative et vous avez invité ce participant pour qu'il contribue avec ses idées en fonction de l'objectif de la réunion. Si le participant désire mettre d'autres points à l'ordre du jour et qu'ils ne cadrent pas avec l'objectif de la réunion, dites que ce ne sera pas discuté durant cette réunion, un point c'est tout ! Soyez assertif et démontrez une volonté ferme de ne pas vous laissez importuner !

Il se peut que ce participant intrusif coupe la parole à une autre personne durant la réunion. Si cela se produit, intervenez immédiatement et demandez au participant de poursuivre son intervention. Vous pouvez ensuite lui accorder le droit de parole.

Demandez-lui également d'apporter des éléments qui contribuent à l'atteinte de l'objectif et qui aident la discussion sur le sujet.

Ne craignez pas de « mettre à leur place » les intrus et les importuns, vous établirez votre leadership. Cela fait généralement l'affaire des autres participants.

UN TIMIDE

Il peut y avoir plusieurs raisons pour qu'un participant soit timide. La timidité elle-même et une insécurité notoire due à une piètre estime de soi sont des exemples. Ce peut aussi être dû au fait qu'il s'agit d'un nouveau venu ou d'une personne impressionnée par les niveaux hiérarchiques, ou que le sujet de la réunion soit méconnu du participant. Quoi qu'il en soit, l'animateur a le devoir d'impliquer tous les participants qu'il a invités à la réunion.

Il faut agir avec doigté quand on observe que quelqu'un est timide. Il faut de l'empathie et se mettre « dans la peau » de la personne. On doit aussi se souvenir qu'on n'a peut-être pas toujours été aussi à l'aise… Mettre un timide sous les projecteurs peut avoir des conséquences désastreuses, et ce, pour très longtemps. Une personne timide a souvent l'impression de tout faire mal, et être mise en situation où elle doit donner son opinion ou répondre à une question peut la rendre très mal à l'aise, au point même où elle sera très touchée par la suite. Cette personne cherchera à éviter les réunions et s'isolera de ses collègues. Elle aura l'impression que tous se moquent d'elle pour son manque d'habileté à s'exprimer ou son peu d'idées.

Quand c'est possible et que la personne en vaut la peine, on lui pose une question simple sachant qu'elle ne l'embarrassera pas trop. Il faut avoir du tact et savoir quand solliciter son intervention. On tente alors d'avoir un style familier et détendu avec la personne pour éviter d'en mettre plus que nécessaire. On doit se rappeler aussi que si la personne ne dit absolument rien de toute la réunion, elle sera jugée également par ses collègues. Donc réussir à impliquer un timide constitue tout un défi. Il faut tenter de lui faire faire au moins une intervention réussie. Encore une fois, il faut que le défi en vaille la peine. Si cette personne a peu d'idées et qu'elle performe peu dans son travail, on ne fera pas d'acharnement inutile. Il est possible qu'elle ne soit tout simplement pas à sa place dans son poste ou à cette réunion.

Toutefois, si la personne a du fond, qu'elle a des compétences et qu'elle est simplement timide, on l'aidera à développer sa confiance en l'impliquant correctement à la réunion. Le dégel se fera graduellement !

TRUC

Avec une personne timide, essayez d'engager une conversation sur une base plus individuelle en disant : « Marie, si tu te souviens on a déjà parlé de ça ensemble il y a quelques semaines. As-tu changé d'idée avec ce que tu as entendu aujourd'hui ? » La personne timide vous répondra alors plus directement et se sentira moins troublée de parler au groupe. Elle vous parlera plutôt à vous. Si possible et approprié, levez-vous en ayant l'air de vous délasser et approchez-vous de la personne. Cela ressemblera plus à une conservation de personne à personne. C'est moins intimidant que d'avoir l'impression de parler à dix personnes en même temps.

Il y a aussi des silences éloquents ! Il se peut qu'un participant s'abstienne volontairement de parler lors d'une réunion, frustré par une situation. Sans doute tous les participants, incluant l'animateur, sont-ils au courant de l'affaire et il faut réussir à impliquer cette personne. Avec son silence voulu, elle mobilise l'attention. L'animateur doit trouver un moyen de faire intervenir la personne silencieuse réputée non timide… Si on lui tend une perche pour qu'elle puisse intervenir, soit elle videra son sac, ce qui fera du bien à tous, soit elle demeurera silencieuse. Son silence sera alors ignoré, car elle aura eu la chance de s'exprimer mais ne l'aura pas saisie. La balle sera dans son camp ! Ou cette personne s'exprime ou bien elle se renfrogne encore, mais le groupe l'ignorera désormais.

Si elle vide son sac et qu'il s'agit d'un cas personnel (ce qui est fréquent), il faut convenir d'une rencontre avec cette personne après la réunion pour résoudre ce problème particulier. L'animateur doit écarter cette épée de Damoclès qui pend au-dessus de la table de réunion.

LE « PETIT DRÔLE »

Il arrive fréquemment que des individus invités à des réunions utilisent l'humour pour faire croire qu'ils participent activement à la réunion, même s'ils en connaissent peu sur les sujets abordés ou qu'ils sont inconfortables pour en parler. C'est une forme de camouflage de la méconnaissance et de l'insécurité. Si le fait que quelqu'un fasse des blagues contribue à une bonne atmosphère et que c'est assorti de remarques intelligentes sur le fond par la suite, c'est très bien. Toutefois, si l'unique but est de faire le pitre pour attirer l'attention, il est facile de perdre le contrôle de la réunion. Étant donné que l'individu qui fait le « petit drôle » n'a rien à dire, il a tout intérêt à faire dévier la réunion car en prenant le haut du pavé, il aura été l'étoile et l'animateur paraîtra mou et peu assuré. Il est impératif que l'animateur saisisse bien l'intention derrière les propos du blagueur.

L'animateur doit doser ses interventions par rapport à un « petit drôle ». Il peut laisser passer une ou deux fois pour le grand plaisir des participants, mais s'il s'aperçoit que le blagueur tente de prendre le contrôle de la réunion, il doit intervenir sans tarder.

TRUC

Si l'animateur connaît les participants et qu'il redoute la mainmise d'un blagueur sur sa réunion, il doit premièrement garder l'œil ouvert. Il peut tolérer une ou deux blagues, mais il doit ensuite envoyer le message qu'il n'apprécie pas ces farces à répétition. Il envoie tout d'abord un message avec ses yeux en regardant directement la personne et en faisant un temps d'arrêt. Si ça persiste, il rappelle l'objectif de la réunion d'un ton assuré et sans équivoque en regardant le blagueur directement dans les yeux. L'animateur peut aussi ajouter qu'il apprécierait que le prochain commentaire soit sur le sujet discuté et que c'est ce pourquoi il a été invité à la réunion : « Louis, je vous rappelle que l'objectif de la réunion est de trouver une solution au manque d'espace dans le bureau et j'apprécierais que votre prochain commentaire en soit un de fond sur le sujet dont nous parlons, soit la relocalisation des services. »

LE « CHIÂLEUX »

Il y en a qui ont constamment une attitude négative, soit pour attirer l'attention, soit pour camoufler un manque d'idées. Leur état d'esprit est tel que leurs modèles sont des gens qui ont fait leur chemin à force de décrier les autres. Ils tentent donc de copier ces comportements en pensant que cela va les aider à progresser.

Sans élaborer inutilement sur le genre de commentaires que ces personnes peuvent faire, elles vont parfois décréter que le projet ou l'initiative ne fonctionnera pas parce qu'on a déjà essayé ça dans le passé et que ça n'avait pas marché. Devant une initiative prometteuse, ils décréteront parfois que ça fait quinze ans qu'ils en parlent et qu'il est à peu près temps qu'on les prenne au sérieux. Il faut bien sûr apporter des nuances à leurs propos et bien cerner le tout, mais ce sont des gens qui, habituellement, sont discrets, de peu de cohésion et mal assurés. La plupart du temps, ces personnes dénigrent les idées novatrices qui font appel à l'initiative. Le quotidien tranquille leur sied très bien et ils ont une approche conservatrice.

L'animateur de la réunion, devant ces personnes, doit prêter une attention particulière à ce qu'elles disent. Il confirmera ce qu'on entend auprès du « chiâleux » et ensuite il demandera l'avis du groupe sur les propos tenus. On peut s'attendre à ce que le groupe rejette assez rapidement les énoncés d'une personne négative; un participant pourrait mettre l'ancien projet en contexte par rapport au nouveau et faire ressortir les nouveaux éléments dont on tient compte cette fois. En faisant appel aux autres participants, l'animateur évite de se placer dans une situation embarrassante. Si les commentaires négatifs se répètent, il procède de la même façon. Après la réunion, l'animateur doit rencontrer cette personne en privé et lui dire qu'il s'attend à ce qu'elle apporte des commentaires positifs lors des réunions. Si ça continue, il lui dit que s'il n'y a pas de changement, elle ne sera plus invitée aux réunions, car les participants et lui jugent que les commentaires négatifs n'apportent rien à la réunion et minent l'atmosphère.

Lorsque l'objectif d'une réunion est de rechercher de nouvelles idées et qu'un des participants s'en tient aux vieilles, l'animateur peut lui demander, pour conclure son intervention, s'il a des suggestions à faire pour une nouvelle approche. Les personnes négatives ne sont habituellement pas des gens d'action, mais ce sont des spécialistes dans l'art de décrier des projets ou des situations. Elles ne sont pas très orientées vers l'action.

EXEMPLE

« En somme, Dominique, si je comprends bien ce que vous dites, vous nous rappelez que vous avez déjà réfléchi à la question de nos locaux trop petits et qu'il n'y a pas vraiment de solution. C'est bien cela que vous dites Dominique ? Alors si, selon vous, il n'y a pas de solution, qu'allons-nous faire ? » Attendez ensuite patiemment une réponse qui ne viendra pas ou qui risque d'être plutôt inadéquate, voire farfelue.

PLUSIEURS QUESTIONS OU RÉPONSES SURVIENNENT EN MÊME TEMPS

Si un sujet passionne les participants à la réunion, il se peut que plusieurs personnes commencent à parler en même temps. Il n'est pas obligatoire de réagir immédiatement. Une fois que les gens ont cessé de parler, on peut faire remarquer que quand plusieurs personnes parlent en même temps, il est impossible de saisir les propos de chacun. L'animateur établit alors une règle de fonctionnement et exige des participants qu'ils lui demandent la parole avant de s'exprimer.

EXEMPLE

« Je viens de constater que quand tout le monde parle en même temps, c'est impossible de se comprendre. Pour vos prochaines interventions, demandez-moi la parole et je vous l'accorderai à tour de rôle. Ainsi on se comprendra beaucoup mieux. »

S'il y a plusieurs personnes dans une réunion, il faut noter les noms des participants dans l'ordre dans lequel ils ont demandé la parole.

TRUC

Quand tout le monde veut parler en même temps, n'écoutez personne en particulier. Regardez au fond de la salle, par terre, ou consultez vos notes. Ainsi, les participants réaliseront qu'ils n'ont pas d'écoute quand ils tentent de parler en même temps que quelqu'un d'autre.

S'il s'agit d'une rencontre publique ou d'une rencontre avec un groupe de personnes que vous ne connaissez pas, faites un schéma de la salle ou de la table. Notez ensuite les participants inconnus dans l'ordre en notant une caractéristique comme la couleur des cheveux, des vêtements, les lunettes, l'âge, etc. Ensuite vous accordez le droit de parole en disant : « Madame, Monsieur… vous avez un commentaire ? »

LE MOI JE-SAIS-TOUT

Il y a parfois des participants « je-sais-tout » qui aiment étaler leur savoir et le faire pendant longtemps. Dans des milieux de travail où la connaissance approfondie d'un sujet est un critère de compétence, on peut s'attendre à trouver ce genre de personnes. Elles s'expriment pompeusement, font de longues interventions comme si elles avaient la science infuse et on peut noter une forme de mépris dans l'expression qui laisse percevoir qu'il est bien dommage que tous n'en sachent pas autant.

Ces gens aiment impressionner par leurs connaissances et utilisent des expressions de leur jargon qu'ils sont les seuls à employer, comme si c'était un langage quotidien.

Il ne faut pas craindre d'interrompre ces encyclopédies sur deux pattes. D'ailleurs les autres participants le souhaitent vivement. On s'y prend en prétextant que le temps court et qu'on privilégie les interventions courtes. On s'excuse auprès de la personne, on l'interrompt et on lui demande d'exprimer son point principal de manière concise.

EXEMPLE

« Excusez-moi, Maurice. Le temps nous presse quelque peu car notre ordre du jour est très chargé. Je dois vous interrompre et je vous demande d'exprimer le principal élément que vous voulez nous dire. Également, pour vos prochaines interventions, pouvez-vous décoder les acronymes et vulgariser les termes scientifiques et techniques que vous employez. Comme nous ne sommes pas tous familiers avec votre langage professionnel, nous pourrons mieux comprendre vos propos. Alors allez-y Maurice avec votre point de vue principal, brièvement s'il vous plaît. »

TRUC

Vous pouvez demander à « moi je-sais-tout » qu'à l'avenir il définisse les acronymes et les termes techniques utilisés pour que les autres participants le comprennent. Ainsi, vous mettez en valeur ses connaissances approfondies tout en vous assurant que les autres puissent suivre la conversation.

Pour interrompre un participant, toujours utiliser l'expression : « Excusez-moi... »

UNE INTERVENTION AGRESSIVE DIRIGÉE VERS L'ANIMATEUR

Si un participant interpelle l'animateur ou l'interrompt de manière cavalière, agressive et sur un ton plutôt violent, il faut garder son calme. On arrête de parler, on sourit et il ne faut pas avoir l'air d'être intimidé, car c'est sans doute le but poursuivi par l'interlocuteur.

Puis, lorsqu'il a terminé, on s'adresse à lui en tentant de lui demander de clarifier sa position sur le sujet et pourquoi il pense ainsi. On essaie de le faire parler pour mieux comprendre ce pourquoi il utilise un ton vigoureux.

EXEMPLES

Si l'attaque n'est pas trop virulente, voici quelques façons de faire progresser le sujet :

- « Qu'est-ce qui plus précisément vous irrite dans ce que vous avez entendu ? »
- « Pouvez-vous nous dire pourquoi vous n'êtes pas d'accord avec cette position, y a-t-il un aspect particulier avec lequel vous divergez d'opinion ? »
- « Un instant, s'il vous plaît... (Faites une pause pour que tout le monde se calme !) Je comprends que ce sujet est délicat et qu'il cause de l'irritation. Par contre, nous sommes ici pour en discuter et trouver une solution, dans le calme s'il vous plaît. Alors Maurice, je vous redonne la parole. »
- « Nous sommes bien conscients que ce sujet vous irrite Marie. Pouvez-vous nous dire plus précisément ce avec quoi vous êtes en désaccord ? »

Si le participant persiste et s'en prend à l'animateur directement, à ses manières démocratiques de laisser parler tout le monde, même ceux qui n'ont pas d'idées, par exemple, on l'invite alors à passer au bureau après la rencontre pour en discuter de personne à personne.

S'il menace de quitter ou s'il le fait, on le laisse faire. On lui rappelle l'objectif de la réunion pour que le reste du groupe comprenne la logique de la position de l'animateur. Si la personne quitte la réunion, une fois qu'elle est partie, l'animateur décrète une pause de quelques minutes pour que tout le monde reprenne ses esprits. Continuer à chaud risquerait de jeter un silence malsain dans la salle.

S'il ne quitte pas la réunion, l'animateur peut également décider d'une pause s'il sent que l'atmosphère est tendue et qu'elle n'est pas propice aux échanges. À la pause, il peut rappeler à la personne que le ton qu'elle utilise nuit à l'esprit et au bon déroulement de la réunion et qu'elle doit s'exprimer clairement et sans agressivité.

L'animateur peut également décider d'être plus impulsif si les échanges sont très virulents.

EXEMPLE

« Ça suffit, je peux comprendre que vous soyez irrité par ce commentaire. Prenons une pause pour nous calmer et on reprend dans deux minutes ! »

Il peut arriver que l'animateur soit dans une situation délicate s'il a lui-même pris une décision impopulaire, si la haute direction impose une procédure qu'il doit dévoiler ou s'il doit annoncer de mauvaises nouvelles. Il peut alors sentir que tous les participants sont contre lui dès le début de la réunion.

C'est une situation inconfortable et il est important que l'animateur demeure calme, visiblement maître de lui-même et de la réunion. Autrement, les participants en profiteront pour se défouler. Il faut comprendre aussi que le rôle d'un gestionnaire est de subir à l'occasion le défoulement des membres de l'équipe quand une décision ne fait pas leur affaire. Déjà de permettre aux individus de s'exprimer et de se « défouler » constitue un grand pas. Il n'est pas agréable à franchir, mais c'est bien souvent le premier à faire pour cheminer.

Il faut alors bien écouter les propos, calmement, et paraphraser ce que les participants disent. Ainsi, l'animateur fera preuve d'écoute attentive et sera réceptif aux commentaires, ce qui témoignera de sa bonne foi. Il doit ensuite constamment réitérer le pourquoi d'une telle décision et les avantages qu'elle procure à l'organisation.

Si nécessaire, une autre réunion pourra avoir comme objectif la mise en place de la décision, par exemple. Une fois le défoulement passé, il faudra bien continuer le travail et, lorsque la poussière aura retombé, la seconde réunion sera un peu plus positive. Les participants auront vidé leur sac la première fois !

Si, par ailleurs, des participants sèment une tension entre eux au point où un malaise est palpable dans la salle, on ne doit pas hésiter à remettre fermement à l'ordre les individus délinquants. L'animateur, s'il n'a aucun parti pris dans l'affaire, peut même menacer de suspendre la réunion si le climat violent persiste. Il doit inviter les participants à délibérer et débattre dans le calme. Si c'est possible, en cas d'impasse, il peut offrir de travailler en petit groupe avec les dissidents et apporter des pistes de solutions aux autres participants quelque temps après la réunion. On utilise cette approche quand un sujet mobilise l'intérêt de quelques participants uniquement.

EXEMPLES

- « Si je comprends bien, vous ne comprenez pas pourquoi notre entreprise a décidé de geler les salaires pour la prochaine année. Comme je l'ai mentionné, c'est que le conseil d'administration a considéré qu'étant donné la coupure majeure imposée par notre bailleur de fonds, le conseil a préféré garder tout le personnel en gelant les salaires temporairement plutôt que de faire une ou des mises à pied pour permettre d'augmenter les salaires de ceux qui seraient restés. »
- « S'il vous plaît, si la réunion continue de se dérouler dans ce climat d'affrontement, je me devrai de suspendre la réunion. Je serai à mon bureau et quand vous aurez discuté de délibérer dans le calme vous viendrez me chercher. Sinon, la réunion sera terminée. »
- « Je vous offre de travailler en privé avec les personnes les plus concernées par cet aspect. Nous explorerons les options et les alternatives en vue d'une solution et je soumettrai le tout au groupe ensuite. »

CEUX QUI N'ONT PAS DE MONTRE

S'ils y a des présentateurs invités qui sont peu préoccupés par le temps, il faut être vigilant et les informer de l'importance de respecter leur temps au moment de l'invitation. Soit on souhaite entendre le maximum de présentations, soit on veut garder l'intérêt soutenu des participants. L'animateur « commande » alors une présentation de dix minutes maximum, par exemple. Au moment de l'invitation, il indique au présentateur qu'il sera averti en cours de présentation lorsqu'il lui restera deux minutes ainsi qu'à la dernière minute. Ensuite le présentateur devra terminer sans autre temps de grâce. Certaines personnes pensent qu'elles ont des sujets plus intéressants que les autres et qu'elles méritent plus de temps.

Si la personne a réussi à « faire court », on peut la remercier d'avoir été brève, concise et d'avoir livré un message clair !

Lorsque l'animateur réalise qu'après quelques minutes le présentateur ne réussira pas à respecter le temps alloué, il peut l'interrompre et lui indiquer d'accélérer pour qu'il réussisse à livrer sa présentation. Si le présentateur demeure insensible aux signaux de l'animateur, ce dernier peut alors s'en approcher et lui signifier de conclure immédiatement. En reprise, l'animateur insiste pour que les présentateurs respectent leur temps afin que tous puissent parler. Encore une fois, c'est au moment de l'invitation que l'animateur indique clairement son intention de faire respecter rigoureusement le temps. Il appartient alors au présentateur de répéter sa présentation pour qu'il puisse la minuter correctement.

EXEMPLES

- « Merci beaucoup Maurice, vous avez réussi à nous faire une présentation claire, en deça du temps alloué. Nous pourrons ainsi rattraper notre léger retard. »
- « Dominique, vous avez déjà cinq minutes d'écoulées et il me semble que vous en êtes toujours à l'introduction. Comme je vous l'ai mentionné lors de l'invitation, il est très important que vous respectiez votre temps pour que tous les présentateurs puissent être entendus. Je vous demande donc d'exposer vos idées le plus rapidement possible, car je dois faire respecter le temps alloué. »

TRUC

Utilisez un symbole pour avertir les participants du temps qu'il leur reste. Un carton jaune suivi d'un rouge par exemple. S'il s'agit d'un atelier dans le cadre de la construction, apportez un marteau, une pelle ou un objet relié à la thématique de l'évènement. Vous développerez une complicité avec l'auditoire et le présentateur s'en trouvera isolé.

QUELQU'UN DÉCIDE DE QUITTER TOUT BONNEMENT LA RÉUNION

À moins que la personne ait averti l'animateur à l'avance de son départ, il faut intervenir si quelqu'un décide de quitter la réunion subitement. Il ne sera pas possible de retenir la personne mais au moins l'animateur lui aura signifié son désaccord de quitter avant la fin, sans son consentement.

Lorsque quelqu'un a une bonne raison d'invoquer un départ hâtif, il le signifie à l'animateur qui, lui, peut en informer les autres participants. Il indique alors à tous qu'un départ pour lequel il n'est pas informé n'a pas sa place. Les départs hâtifs perturbent inutilement la réunion et distraient les autres participants.

TRUC

Terminez vos réunions à l'heure prévue, ainsi vous éviterez les départs hâtifs. Il vaut mieux être bien préparé et choisir la tenue de réunions régulières que de prolonger indument une réunion. Si vos réunions sont récurrentes, mettez les sujets prioritaires au début de la réunion et reportez les sujets non couverts à la prochaine réunion. Ainsi, vous aurez plus l'attention des participants et ils apprécieront votre discipline à terminer en temps.

Pour les réunions non répétitives, organisez plutôt une autre rencontre par la suite pour couvrir les sujets non vus. Il vaut parfois mieux terminer à temps et respecter l'ordre du jour que de poursuivre.

LES QUERELLES ENTRE INDIVIDUS

Dans ces situations, il faut rester neutre et calme. Si l'animateur penche en faveur de l'une des parties, il envenimera la tension qui dégénérera en querelle et en conflit. Il doit dire clairement qu'il ne tolère pas ce genre de situation et de climat dans une réunion et qu'il privilégie le respect des individus. Il est normal que des individus n'aient pas la même opinion sur des sujets, mais cela ne doit pas créer de différends entre les personnes. Il mentionne qu'à l'avenir, il faut laisser les mésententes personnelles à la porte et respecter les divergences d'opinion, c'est enrichissant d'avoir des idées différentes.

EXEMPLES

- « Excusez-moi ! Je sais qu'il y a des divergences d'opinion sur ce sujet entre vous, Maurice et Dominique. Cependant, je ne tolère pas que la réunion se tienne dans un climat tendu car c'est peu productif. Essayons d'être objectifs et de bien comprendre le point de vue de l'autre. Nous pourrons alors évaluer la meilleure approche pour l'organisation. Poursuivons dans le calme et le respect s'il vous plaît. »
- « Je comprends que cela puisse causer des désagréments dans le service que vous dirigez Marcel. Par ailleurs, de ne considérer que votre service ne peut conduire à trouver une solution. Voyons objectivement quels sont les arguments des autres services et nous pourrons prendre la meilleure décision pour l'entreprise. »

L'animateur décide ensuite de poursuivre ou d'ajourner la réunion pour la continuer à un autre moment. En adoptant un ton assuré et clair, il reprendra le contrôle de la réunion.

Dans toutes les entreprises, il y a des individus qui développent des affinités à cause des idées, des mêmes intérêts, etc. C'est normal et inévitable. Toutefois, cela peut avoir une incidence négative dans un environnement de travail puisque les affinités entre des individus peuvent devenir des conflits ou des oppositions constantes entre des groupes, des équipes, des services qui n'ont pas les mêmes vues.

Ainsi, les réunions peuvent devenir des forums de règlements de comptes entre des individus (des chefs d'équipe par exemple) ou des équipes entières. Il est normal que l'équipe des ventes pense qu'elle est plus importante que l'équipe du service, et vice versa. Si l'animateur d'une réunion détecte constamment ce genre d'affrontement, il doit réagir de la façon suivante. Il peut demander au groupe de regarder objectivement les idées émises et de les analyser selon leur apport pour l'entreprise. Cela devrait replacer les jugements dans leur perspective et cela donnera à l'animateur une référence pour remettre la discussion sur les rails si jamais des comportements égocentriques se manifestaient.

Il peut également dire que de regarder la situation seulement en fonction de leur unité de travail ou de leur propre tâche ne conduit nulle part. Il demande aux participants d'élargir leur vision pour le bien de l'entreprise.

TRUC

Pensez que les tensions au travail c'est normal et que ça arrive partout. Alors détendez-vous !

LE BLÂME D'INDIVIDUS

À éviter à tout prix ! La réunion n'est pas l'endroit pour crucifier qui que ce soit. Cela n'avance à rien. Pour contourner cette situation, lorsqu'on dit que ce problème aurait pu être évité si ce n'avait été de l'erreur de quelqu'un, on peut répondre : « Nous ne sommes pas ici pour accuser des gens mais plutôt pour trouver des solutions à long terme à ce problème. » L'employé gaffeur a peut-être besoin de formation pour bien actionner un appareil. L'erreur, bien qu'elle soit humaine, n'est peut-être pas due à la négligence ou à un manque de compétence. Il se peut que la personne n'ait jamais été formée ou informée de comment traiter ce cas.

S'il s'agit vraiment d'une négligence, il faut noter de s'occuper personnellement du cas après la réunion. Il ne faut jamais laisser une situation semblable sans traitement. On prévoit alors rencontrer la personne individuellement pour résoudre le problème. Au groupe, l'animateur peut dire : « Très bien, puisque c'est dû à une erreur humaine, je m'occuperai de ce cas tout de suite après la réunion. »

TRUC

Même si l'erreur est d'origine humaine, cherchez à connaître le véritable problème qui l'a générée. Est-ce dû à de la négligence, auquel cas il faut insister sur les critères de qualité; si c'est dû à un manque d'information ou de formation, voyez à mieux former tous les individus qui ont à réaliser des tâches semblables. Prenez de l'information sur l'équipement utilisé, les techniques et les méthodes de travail. Peut-être y a-t-il lieu là aussi de modifier une procédure ou une façon de faire.

CONCLUSION

Conduire une réunion c'est d'abord diriger la réunion et non tout connaître sur tous les sujets de la réunion, un peu comme une personne qui anime un bulletin de nouvelles en somme. Cette personne fait le lien entre les sujets et les reporters et n'a pas à connaître à fond tous les sujets dont il est question, pourtant quand on pense à un bulletin de nouvelles, on pense tout d'abord à l'animatrice ou l'animateur!

Bien se préparer constitue le meilleur moyen de bien réussir ses réunions. L'animateur anticipe au mieux le déroulement et organise la réunion pour mettre les participants en valeur. Il doit impliquer les personnes présentes pour leur permettre de s'exprimer, de donner leur opinion, de prendre des décisions, de coordonner un projet, d'obtenir des avis ou simplement pour les informer.

L'animateur a la responsabilité du succès de la réunion et doit s'assurer qu'il y a un suivi par du travail effectué par les participants, qu'une décision est mise en place conformément aux discussions durant la réunion ou qu'un projet ou une activité sont remis sur les rails. Le compte rendu sert à ce que tous les participants soient bien informés des points discutés ainsi que du travail qui doit être fait après la réunion.

Lorsque bien préparé, l'animateur a un rôle plutôt facile parce que le cadre de la réunion a été établi. C'est deja une bonne garantie de succès ! Ensuite, une bonne écoute et du leadership font le reste.

4 LA RÉSOLUTION DES PROBLÈMES ET DES TENSIONS

LES OBJECTIFS DE CE CHAPITRE

- Acquérir une méthode simple et efficace de résolution des problèmes et des tensions
- Maîtriser cette méthode pour faire face aux situations problématiques les plus complexes
- Développer sa confiance pour affronter les situations problématiques les plus difficiles
- Intégrer les apprentissages aux pratiques quotidiennes de gestion afin de trouver des solutions durables aux problèmes et aux tensions

Introduction

Dans ce qu'on considère comme les grands classiques du travail de gestionnaire, on trouve la **p**lanification, l'**o**rganisation, la **d**irection et le **c**ontrôle, souvent désignés par l'acronyme PODC. Les gestionnaire doit aussi voir à ce que les ressources humaines dont il est responsable produisent le travail escompté. Par contre, il est fréquent et normal que tout ne se déroule pas comme planifié et prévu et qu'on rencontre des difficultés en cours de route : un individu commet des erreurs, un appareil ne fonctionne pas comme prévu, des tensions voire des conflits naissent entre des individus et s'étendent à plusieurs endroits dans l'organisation. Ce sont des imprévus, des problèmes. Les problèmes de fonctionnement qui surviennent sont réglés en trouvant une solution qui va permettre de remettre un appareil ou une chaîne de montage en marche, un individu au travail. Une fois le travail repris, on ne se préoccupe guère de ce qui a pu causer un bris, une interruption ou une erreur.

En ce qui a trait aux tensions et aux conflits, la majorité des gestionnaires croient que ces situations vont se résoudre d'elles-mêmes. Ils sont très hésitants à tenter de trouver des solutions, car c'est un sujet complexe. On préfère laisser porter. À tort d'ailleurs, parce qu'un problème de tensions ou de conflits non résolu ne fait que s'envenimer. Plus les conflits perdurent, plus ils sont difficiles à solutionner ensuite. On peut faire une analogie avec le cancer qui, lorsque traité rapidement a beaucoup plus de chances de guérison que lorsqu'il est à un stade avancé. Les gestionnaires doivent être à l'affût de ces problèmes et avoir la volonté de les régler rapidement avant qu'ils dégénèrent. Habituellement, ils reçoivent des signaux, soit de la part des individus qui sont sous tension, soit de leur entourage. Ils peuvent aussi observer eux-mêmes des comportements qui sont des indices de problèmes dans une relation au travail. Il faut être très vigilant quand un message est envoyé. Les ignorer est une erreur car, souvent, les gens qui sont au cœur du conflit sont les premiers à se sentir mal à l'aise et à trouver cette situation inconfortable et stressante. Ainsi, ils vont lancer des SOS pour que quelqu'un s'en occupe. Si le gestionnaire ignore ces signaux, la tension va s'accentuer dans le but de forcer quelqu'un à réagir. Du moins, c'est ce qu'espèrent les duellistes car personne n'est confortable dans de telles situations.

La méthode de résolution de problèmes qui suit convient pour des situations de personne à personne ou encore entre un superviseur et son équipe. Lorsque le gestionnaire réagit efficacement et promptement, ses subordonnés le perçoivent comme un leader capable de résoudre les difficultés avec professionnalisme et courage. Son leadership est renforcé et les gens ont ensuite confiance en lui. C'est une approche applicable au travail et dans la vie personnelle. Bien maîtrisée, elle sert toute la vie...

QU'EST CE QU'UN PROBLÈME ?

Toute situation qui ne fonctionne pas comme prévu constitue un problème! C'est un imprévu, un os qui se met en travers du déroulement attendu d'une activité.

Un problème a toujours une cause et c'est avant tout ce qu'il faut identifier pour le résoudre. Dans la majorité des cas, on l'observe soi-même ou quelqu'un rapporte la conséquence, le symptôme et non la cause de ce qui engendre le problème. Il est primordial d'identifier le véritable problème si on veut que la solution soit durable.

EXEMPLES

- Vous avez un problème car vous recevez constamment de la publicité par la poste et cela vous irrite. C'est le symptôme, la résultante du problème. En y pensant bien, le véritable problème découle probablement des informations fournies lors de transactions commerciales. Beaucoup de commerces demandent aux clients de fournir leur code postal. Il est ensuite aisé de faire parvenir de la publicité anonyme mais ciblée aux clients provenant de cette zone.
- Une machine produit une pièce à répétition avec un taux anormal d'erreurs et de rejets. L'employé affecté à la manœuvre, qui est pourtant habituellement fiable, est semoncé et on le remplace par quelqu'un d'autre dans l'espoir de réduire les rejets. On se rend compte qu'il n'y pas de changements dans la performance et qu'il y a autant de pièces rejetées. On a appliqué une solution à court terme qui n'a pas fonctionné. Dans le feu de l'action, on coupe court et on souhaite que la chaîne continue de produire comme prévu. Par ailleurs, l'opérateur a été assigné à cette machine avec une formation inadéquate avec le résultat que, bien qu'il soit un bon travailleur, il manque de connaissances pour réussir à bien actionner la machinerie. On le mute à un autre poste dans l'espoir qu'une autre personne fasse mieux. Finalement, on se rend compte que ni l'un ni l'autre n'ont été préparés correctement pour faire fonctionner la machine. C'est là le véritable problème.

- Une tension s'installe entre un employé responsable des activités d'une usine qui produit des carreaux de verre depuis vingt ans et une nouvelle personne affectée au marketing des produits. Cette nouvelle personne plus flamboyante et moins réservée retient l'attention de la direction, monopolise les réunions d'équipe et affiche un certain mépris pour la ligne de production. Les employés du « plancher » s'unissent derrière le directeur des opérations et les tensions entre l'équipe de production et celle du marketing et des communications s'accroissent. Le climat de travail est difficile. Il y a maintenant deux équipes très isolées et opposées : les anciens qui sont le cœur et l'âme de l'entreprise et les nouveaux qui ont de nouvelles idées et dont l'objectif est d'augmenter le volume des ventes. Les deux équipes sont pourtant essentielles ! Certains vont même jusqu'à produire du travail de moindre qualité pour que les responsables du marketing encaissent les plaintes des clients. Le véritable problème réside sans doute dans le fait que la direction concentre ses intérêts au nouveau service du marketing et néglige d'apprécier le travail de qualité de l'équipe de production. Jalousie, envie, représailles sournoises en sont les conséquences.

Pour un gestionnaire, résoudre efficacement les problèmes c'est un passeport vers :

- Un climat de travail basé sur le respect et la confiance mutuelle entre la direction et les employés
- Une diminution des conflits et des tensions entre les individus et les différentes équipes de travail
- Un leadership accru de la part du gestionnaire car les subordonnés auront confiance en leur superviseur pour solutionner les problèmes
- Une motivation accrue des employés
- Une amélioration de la performance de l'unité de travail, de l'équipe et de l'entreprise

Bien qu'il soit reconnu que les avantages sont nombreux lorsque les problèmes sont résolus régulièrement, il y a tout de même de l'hésitation et un manque de savoir faire pour les affronter avec énergie et détermination. Pour les problèmes liés au fonctionnement, les décisions prises visent généralement à solutionner les cas à court terme afin de reprendre la production et remettre les gens au travail le plus rapidement possible. Cependant, comme on ne prend pas le temps d'analyser la situation en profondeur, il faudra le faire plus tard, car la véritable source du problème n'a pas été identifiée. Très souvent, lorsqu'un imprévu ou un problème se présente, les gestionnaires se mettent immédiatement en mode solution. Ce sont des gens d'action et ils voient presque automatiquement eux-mêmes à remettre la situation à l'ordre. Cependant, ils ignorent les personnes qui sont en contact avec l'appareil, les gens qui vivent la situation et qui en connaissent plus que la personne qui prend la décision. On omet de leur demander leur avis.

En ce qui concerne les relations interpersonnelles tendues, les gestionnaires pensent qu'ils ne sont pas là pour régler des problèmes d'ordre psychologique et que ce qu'ils estiment être des enfantillages vont se résoudre d'eux-mêmes. Le malaise qui s'installe face à ces situations rebutantes fait qu'on ignore les faits et qu'on laisse porter. Les problèmes non résolus ne font que s'amplifier car les individus qui ont laissé des messages ou des signaux continuent de causer des situations difficiles pour l'entourage. Plus le problème s'aggrave, moins les gestionnaires sont à l'aise pour le traiter et plus le problème continue d'empirer.

LES IMPACTS DES PROBLÈMES ET DES CONFLITS SUR LES ORGANISATIONS

1. Les énergies sont mobilisées aux mauvais endroits
2. Le stress chez et entre les individus cause des effets sur la santé
3. Les carrières stagnent
4. Le personnel est graduellement démotivé
5. La mauvaise information et la mauvaise foi biaisent les décisions
6. Les bons employés quittent
7. Les coûts sont énormes pour les entreprises

Les gestionnaires consacrent environ le quart de leur temps à résoudre des problèmes. En fait, ils consacrent ce temps à dicter leurs solutions... Ils passent encore plus de temps à s'en occuper si les problèmes ou les conflits ne sont pas résolus ! Ils doivent gérer toutes les situations qui découlent soit d'une mauvaise manœuvre, d'un individu mal formé ou d'un conflit entre des personnes.

LES CINQ ÉTAPES POUR RÉSOUDRE UN PROBLÈME

1. Rencontrer le supervisé (subordonné)
2. Trouver le véritable problème
3. Cheminer ensemble pour trouver la meilleure solution
4. Établir les engagements mutuels
5. Faire son autoévaluation

RENCONTRER LE SUPERVISÉ

Malgré toutes les vertus de la technologie, les cas de mal fonctionnement ou de conflits entre personnes doivent être réglés en présence physique des personnes.

Le problème peut être observé par le superviseur et c'est lui qui initie alors la démarche. Un problème peut aussi être relevé par un subordonné qui le rapporte à son superviseur.

Au moment même de cette rencontre, le gestionnaire doit se demander sur-le-champ s'il dispose de temps de qualité à consacrer et si c'est l'endroit approprié pour parler de la situation.

LE GESTIONNAIRE A-T-IL DU TEMPS DE QUALITÉ À ACCORDER ?

Il est très important que le superviseur réfléchisse à cette question. Risque-t-il d'être dérangé, pensera-t-il à un autre dossier prioritaire ? Son interlocuteur aura-t-il toute l'attention requise ? Cela peut paraître anodin, mais si c'est le supervisé qui rapporte le problème et qu'il s'agit d'un problème sérieux, il ne se rend pas rencontrer son superviseur de gaieté de cœur. Il a probablement réfléchi longuement avant de le faire et sans doute a-t-il décidé de faire preuve de courage pour lui en faire part. Être accueilli avec malveillance peut changer drôlement le cours de la conversation et il peut décider, si le gestionnaire n'a pas l'air dans son assiette, d'être plus évasif et de ne pas livrer totalement sa pensée. On peut penser, une fois l'entretien terminé, qu'il décidera désormais qu'on ne le reprendra plus. Il peut décider de se taire pendant longtemps…

EXEMPLES

- « Ai-je du temps de qualité à consacrer ? Sans distractions, sans téléphones, sans courriels ? »
- « Je dois être présent à une réunion dans 15 minutes ! Aurai-je du temps sans distraction et préoccupation à consacrer ? Peut-être serait-il mieux de dire que je le remercie de venir me parler de ce problème, que j'ai pris un engagement dans quelques minutes et que ce serait mieux de prendre rendez-vous. Entendu pour 11 h sans faute. »

EST-CE LE BON ENDROIT POUR PARLER ?

Pour résoudre un problème, il faut choisir un endroit où il est possible de parler en privé. L'idéal est de le faire dans un bureau fermé. Le premier contact peut avoir lieu au café ou lors d'une rencontre dans un corridor. Si le gestionnaire juge que l'entretien semble sérieux et qu'il détecte un message de la part du subordonné, il l'invite dans son bureau pour en parler. Il est préférable de tenir ce genre d'entretien dans un endroit où la personne sera à l'aise de parler. On ne sait jamais à l'avance quel est le sujet et, selon l'endroit choisi, la nature des révélations peut varier. Si la personne a prévu « se livrer » ouvertement, un bureau fermé favorisera les confidences.

Si ni le moment ni le lieu ne conviennent, on demande au subordonné de revenir à un autre moment, de préférence dans la même journée. Idéalement, on ne tarde pas à tenir la rencontre parce que ce peut être crucial. Il y a peut-être des gens qui ont arrêté de travailler et qui attendent des consignes pour pouvoir reprendre leur travail !

EXEMPLES

- « Asseyez-vous Dominique, je vais fermer la porte et demander qu'on ne me dérange pas. »
- « Prenez place Marcel. J'attends un appel que je devrai prendre mais vous restez ici et dès que j'en ai terminé, nous reprendrons notre conversation. »
- « Merci Dominique de me parler de ce problème. J'ai une conférence téléphonique qui débute dans dix minutes. Je crois qu'il serait préférable que nous nous rencontrions plus tard. Êtes-vous disponible à 11 h ? Ici même dans mon bureau ? Très bien alors on se voit plus tard. »

L'ACCUEIL

Il est important de prendre le temps de bien accueillir son subordonné. On le salue et lui demande de prendre place. Il faut lui démontrer qu'il a toute notre attention. Qui sait si le subordonné n'a pas des révélations ou des sujets délicats dont il veut parler. Il a probablement élaboré une stratégie et s'il voit que son superviseur démontre une bonne écoute il en dira plus, sinon il coupera court à l'affaire. Une fois que tous les deux sont installés, il faut signifier à son subordonné qu'on l'écoute.

EXEMPLES

- « Bonjour Maurice. Oui, je peux vous voir maintenant. Asseyez-vous, je vous en prie. Je vous écoute ! »
- « Bonjour Dominique. Je suis désolé de n'avoir pas eu le temps de vous voir ce matin. Maintenant, vous avez toute mon attention. Je vous écoute ! »

On peut craindre qu'à force d'être poli, affable et disponible le bureau devienne un confessionnal. Certaines personnes ont besoin de se confier et voient en leur superviseur un confident, un « confesseur » dont elles apprécient l'écoute et l'attention. Il y a risque d'avoir des abonnés pour qui le temps importe peu…

Les gestionnaires doivent faire preuve de jugement pour éviter d'être envahis par des gens en mal de confidences et d'attention. Ils doivent indiquer à leurs collègues de travail si l'entretien était approprié une fois terminé. Il ne faut pas hésiter à dire à une personne que ce cas aurait pu être résolu autrement que par une visite.

EXEMPLES

- « Je vous remercie Dominique d'avoir porté ce cas à mon attention. C'est un problème important et je suis content que vous me l'ayez soumis. N'hésitez pas à l'avenir à me faire part de problèmes importants semblables dont la solution peut améliorer notre fonctionnement. Je serai toujours disponible pour des cas semblables. Par contre, s'il s'agit d'un cas mineur, je suis certain que Marcel pourra travailler avec vous pour résoudre ce genre de situations. Merci encore. »
- « Marie, je vous remercie d'être venue me parler de ce problème d'approvisionnement pour le café. À l'avenir, pour ce genre de cas, voyez avec Jeanne si vous pouvez toutes les deux trouver une solution acceptable. Elle est responsable de l'approvisionnement et des fournitures et elle possède même de meilleures compétences que moi en ce domaine. Je préfère que vous vous adressiez aux personnes responsables avant de venir m'en parler, car après tout c'est leur travail de le faire. »

VOTRE RÉSOLUTION

Lorsqu'un des employés sous votre supervision sollicite une rencontre pour vous exposer un problème, assurez-vous d'avoir le temps de bien le recevoir, et ce, dans un endroit approprié. Si tel n'est pas le cas, fixez un autre moment dans la journée à votre bureau, en lui expliquant la raison de ce report et en lui précisant qu'ainsi il aura toute votre attention.

Au moment de la rencontre, accueillez-le convenablement et assurez-vous de ne pas être dérangé.

TROUVER LE VÉRITABLE PROBLÈME

Pour que la solution soit durable et pour que la cause réelle du problème soit éliminée, il importe d'abord de trouver le véritable problème. La plupart du temps, un gestionnaire va s'enquérir de la situation et va tout de suite explorer des solutions. Par conséquent, la personne qui apporte le problème attend la solution du superviseur et n'a pas le réflexe de penser elle-même à une solution ou suppose à l'avance qu'on ne lui en demandera pas. Ainsi, la solution proposée par le superviseur ne tient compte que de son point de vue et vise uniquement à faire reprendre les activités normales.

Comme on se met vite en mode solution, la cause réelle du problème n'a pas été identifiée. Tôt ou tard, il y aura d'autres manifestations liées à ce problème. Quand la solution règle le symptôme du problème et non le véritable problème, il surgira de nouveau. Pour trouver le réel problème, il faut donc trouver la vraie cause, la « racine ». On ne doit pas le confondre avec les symptômes qu'il engendre. Quand on s'attaque aux symptômes, on ne fait que remettre à plus tard le besoin de résoudre le problème véritable.

Il est très rare qu'un superviseur ou un subordonné observent le problème véritable et qu'ils en fassent part. Dans la majorité des cas, on l'observe soi-même ou quelqu'un le soumet à son superviseur. C'est le fait observé à froid qui attire l'attention et qui frappe en premier lieu.

EXEMPLES

- « Maurice, on a un problème parce qu'on ne pourra pas rencontrer l'échéancier de livraison des portes pour le client Dubois. »
- Un subordonné vous parle et vous dit : « Des fois, Charles, il n'est pas toujours facile. Ce n'est pas "toujours simple" avec Charles. Tu aurais du l'entendre avec Dominique l'autre jour. »

Dans le premier exemple, il s'agit d'un problème de fonctionnement soulevé par Maurice. C'est ce qu'il a observé et ce qu'il considère comme étant le problème. Ce que Maurice rapporte constitue plutôt le symptôme. Le rôle du superviseur dans ce cas est d'obtenir des détails sur la nature du retard et plus précisément sur ce qui provoque le retard. Avec cette information, une solution au problème pourra être trouvée mais, également, le superviseur pourra déterminer s'il y a un mauvais fonctionnement pouvant causer d'autres retards pour la même raison.

Dans le deuxième cas, le subordonné tend une perche à son superviseur à propos du comportement de Charles avec le personnel. On peut penser que Charles est plutôt de nature rude avec les gens et qu'il peut avoir des propos cinglants et blessants.

Dans les deux cas, le véritable problème n'est pas exprimé, mais plutôt le symptôme du problème. Pour trouver le véritable problème il faut que le gestionnaire se prête à une démarche logique et rigoureuse selon la séquence suivante :

- Énoncer le symptôme du problème;
- Poser des questions;
- Écouter les réponses;
- Identifier le véritable problème;
- Confirmer avec son subordonné.

ÉNONCER LE SYMPTÔME DU PROBLÈME

La première étape consiste à énoncer le symptôme du problème. Cet énoncé doit être fait le plus objectivement possible par le superviseur pour démontrer à son interlocuteur qu'on n'approche pas l'affaire avec un parti pris ou une idée préconçue. Que ce soit un subordonné qui rapporte un problème ou le superviseur lui-même qui observe une situation problématique, il faut d'abord énoncer les faits objectivement.

EXEMPLES

- « Marcel, j'ai entendu des rumeurs à l'effet que les étudiants se plaignent que tes examens sont très difficiles. Y a-t-il un problème ? »
- « Marie, on me dit que vous êtes en désaccord avec la nouvelle politique d'embauche de l'entreprise. Quel est le problème ? »
- « Maurice, j'ai remarqué depuis quelque temps que vous étiez en retard au travail, est-ce qu'il y a un problème ? »
- « Marie, l'appareil avec lequel vous travaillez est brisé plus souvent que les mêmes appareils utilisés par d'autres, y a-t-il un problème ? »

POSER DES QUESTIONS

Il est évident que d'entendre l'énoncé d'un problème dans lequel quelqu'un est impliqué entraîne une réaction de défensive. L'énoncé du symptôme doit donc être le plus neutre, factuel et objectif possible. Ensuite, le superviseur pose des questions pour en savoir plus et obtenir de l'information pertinente. Le subordonné fournira-t-il des réponses? Il faut ici aborder la personne en tentant d'avoir le moins de préjugés possible et ne pas tenter d'accuser la personne parce que le problème a engendré des pertes d'argent ou de temps. Un ton accusateur fermera la discussion rapidement et ne mènera pas à trouver une solution durable au véritable problème. Le superviseur doit s'intéresser davantage à ce qui a causé cette situation, au processus suivi et aux raisons des agissements plutôt qu'à l'individu impliqué dans l'affaire.

Il détectera bien vite s'il s'agit de négligence ou d'une erreur humaine. Cependant, il est préférable que la personne en vienne elle-même à faire part de son erreur. Reconnaître sa faute est déjà un très grand pas vers la solution…

Il y a deux types de questions à poser : des questions ouvertes et des questions précises. Dans l'ordre, on débute avec des questions ouvertes et on clarifie graduellement un point avec une ou des questions précises. Une question ouverte est une question générale qui incite le supervisé à parler de la situation, c'est « mettre la table ». Graduellement, s'il se sent en confiance, l'individu révèle des points plus pertinents et, s'il réalise qu'il n'y a pas de menace, il y a de bonnes chances qu'il livre toute sa pensée. Le superviseur a intérêt à se retenir de conclure, de juger et surtout de proposer immédiatement les solutions qu'il envisage déjà. Il n'a qu'à poursuivre avec d'autres questions ouvertes et, si nécessaire, y aller avec des questions précises qui, elles, vont quantifier, identifier les personnes en cause et déterminer quand l'événement s'est produit.

Les interviewers professionnels sont des experts pour poser des questions générales et précises. Ils réussissent à guider une personne experte pour que le public soit bien informé en peu de temps. C'est même étonnant de constater la quantité d'informations qu'ils arrivent à « extraire » en quelques minutes seulement.

Dans la démarche de résolution de problème, il faut procéder de la même façon. Poser beaucoup de questions d'abord pour mettre en contexte la situation. Il faut persister, être très patient et ne pas porter de jugement. La retenue est la meilleure conseillère.

Exemples de questions ouvertes :

- « Pouvez-vous m'en parler ? »
- « Peux-tu m'en dire davantage ? »
- « De quoi s'agit-il ? »
- « Ensuite ? »
- « Que s'est-il passé ? »

On doit débuter par une question ouverte. Les questions ouvertes n'ont pas besoin d'être comptées car elles permettent l'ouverture et un choix ample d'avenues de réponses. Les questions précises, de leur côté, tendent à conclure un sujet et, en quelque sorte, à fermer la conversation. Si on désire poursuivre, on devra y aller de nouveau avec une question ouverte. Les questions précises servent à clarifier, quantifier, préciser les informations fournies par le subordonné à la suite d'une question ouverte.

Exemples de questions précises :

- « Qui était impliqué dans cette affaire ? »
- « Combien de fois est-ce arrivé ? »
- « À quel moment est-ce que ça s'est produit ? »
- « Quelle quantité de produit a-t-on dû jeter ? »
- « À quel endroit cela s'est-il produit ? »
- « Quel service est responsable du contrôle de la qualité ? »
- « Y a-t-il un événement qui a pu provoquer cette mésentente ? »

Normalement, on doit commencer avec au moins deux questions ouvertes et on poursuit avec une question précise. Poser plusieurs questions ouvertes sans aucune question précise peut très bien faire l'affaire aussi. Le but est toujours le même : aller au fond des choses et trouver le véritable problème.

Il faut démontrer certaines habiletés pour réussir à identifier le véritable problème à l'aide de questions. Il faut de la retenue, trop souvent on souhaite passer rapidement à la solution qu'on envisage soi-même. Cela exige de la patience, de la persévérance, une écoute de qualité et de la perspicacité pour être aux aguets de ce que la personne veut réellement nous dire. Il faut se rappeler que personne ne trouve de l'agrément à être impliqué dans une affaire qui a mal tourné. Les gens sont normalement sur la défensive et ils n'avouent pas spontanément leur propre implication ou celle de quelqu'un d'autre. Quand le superviseur est impatient et accusateur, il trouvera bien sûr une solution mais cette solution sera la sienne uniquement et il ne résoudra pas le véritable problème qui surgira de nouveau tôt ou tard. Il faut donc décoder les signaux envoyés par son interlocuteur et y réagir en posant des questions ouvertes pour que le supervisé poursuive la conversation.

EXEMPLES

- « Quand vous dites que Dominique n'a pas l'habitude de vérifier si c'est écrit dans le livre des procédures, qu'est-ce que vous voulez dire ? »
- « Tu dis que Daniel a mal pris un commentaire de Marcel en réunion l'autre jour, peux-tu m'en dire plus ? »
- « Selon toi, certaines personnes devraient déménager de bureau, est-ce que tu veux dire qu'il y a des gens qui ne devraient pas être voisins de bureau ?
  — Oui c'est ça...
  — Sans mentionner de noms, quels impacts cela a-t-il sur notre service ?
  — Je préfère ne pas trop parler de ça !
  — Très bien, par ailleurs ça m'aiderait beaucoup à trouver une solution et cette conversation restera strictement entre nous. Je m'intéresse surtout à trouver une solution durable à cette situation plutôt qu'aux individus en cause. Tu veux poursuivre ? »

En somme, une série de questions sert à cheminer pour identifier le véritable problème. Les gestionnaires expéditifs et qui se disent d'action trouvent habituellement cette approche lente et inutile. Toutefois, ils ne réalisent pas qu'ils devront traiter la situation de nouveau si la source du problème n'a pas été identifiée. Le temps de qualité investi maintenant en vaut la peine puisqu'on cherche une solution durable au problème. Cette situation ne devrait plus se présenter ensuite.

ÉCOUTER LES RÉPONSES

Ce n'est pas tout de poser des questions, il est crucial d'en écouter les réponses. Une bonne écoute est particulièrement importante dans les cas de résolution de problèmes. Une écoute de qualité envoie un message d'encouragement à parler à son interlocuteur. Toute distraction ou inattention aura comme conséquence d'écourter la conversation, voire de la terminer, et le supervisé ne révélera qu'une partie de l'information.

QUE VEUT-ON DIRE PAR ÉCOUTE DE QUALITÉ ?

Dans un premier temps, bien écouter veut dire se taire et laisser à l'autre le temps de parler. C'est important en toutes circonstances et, de surcroît, en situation de résolution de problème. La personne qui nous parle est probablement déjà mal à l'aise d'être impliquée dans une situation problématique.

On peut dire qu'il y a trois façons de bien écouter. D'abord avec nos oreilles. Il faut bien saisir les propos tenus, les paroles bien sûr mais ce que la personne essaie de nous dire. Comme on dit « lire entre les lignes », on doit réussir à « écouter entre les paroles ». Le supervisé peut être disposé à livrer de l'information, mais il veut d'abord tester les réactions de son superviseur. Il se demande si le superviseur ira dire à l'entourage qu'il a révélé de l'information; ainsi il sera identifié comme étant un « délateur ». Il mesure donc la portée de chaque phrase et la réaction de son superviseur. Ce dernier doit parfois « tirer les vers du nez » avec patience et précision pour obtenir l'information qu'il désire. Il ne doit pas sursauter devant des révélations étonnantes ni avoir des réactions vives et colériques. De tels comportements peuvent gâcher la suite de la rencontre.

Il se peut aussi que le supervisé soit mal à l'aise au point que ses pensées soient quelque peu perturbées et confuses. Il peut se sentir piégé, pressé, et anticiper des conséquences sérieuses pour sa réputation. Au moment où il parle, son esprit peut vaciller entre ce qu'il a à dire et ce qui lui arrivera à la suite de son intervention.

Donc, en écoutant bien les paroles et en s'efforçant de bien comprendre le message que le supervisé veut livrer, on fait déjà un grand pas.

En deuxième lieu, on écoute avec les yeux. Cela signifie qu'on garde un contact visuel avec la personne. Le message ainsi envoyé est que le supervisé a toute l'attention et qu'il n'en tient qu'à lui de poursuivre la conversation. Il ne pourra invoquer que le superviseur avait l'air préoccupé par autre chose et qu'il a préféré s'abstenir de parler. On peut prendre le temps de regarder des notes, au besoin, mais il faut garder un contact visuel le plus longtemps possible. Bien regarder permet aussi d'observer les gestes de la personne. Le langage du corps exprime beaucoup à notre insu et c'est une forme de communication très puissante. On peut y détecter l'hésitation, le malaise, la sincérité. Le langage du corps est une « science » complexe : la synergologie. Cependant, tous peuvent comprendre et le décoder, il suffit d'y prêter attention. En étant vigilant et en écoutant bien avec les yeux, quelqu'un peut déduire beaucoup de ce qu'une personne dit, veut dire ou ne dit pas. Il n'est pas nécessaire d'être expert, simplement en observant bien on réussit à « lire » beaucoup.

De la même manière qu'on peut détecter beaucoup en observant les autres, ceux-ci peuvent observer tout autant les agissements de leur superviseur. Il faut donc se concentrer et accorder toute l'attention nécessaire. Toute pensée distrayante se traduira par le corps et les autres détectent ces signaux rapidement. Il faut donc éviter de regarder sa montre, son agenda, l'ordinateur (le « ding » des courriels entrants n'est pas une bonne idée non plus !) ou le cellulaire pour voir s'il y a des messages.

Lorsqu'on est en mode écoute, on adopte une posture simple et neutre. Lorsque des révélations bouleversantes surviennent, il faut réagir posément. Si le superviseur s'enflamme ou réagit avec vigueur, son comportement fera l'objet de discussions abondantes et ironiques à la pause ou au lunch. La personne dira alors : « T'aurais dû le voir quand je lui ai dis ça ! Il a manqué tomber en bas de sa chaise… »

Troisièmement, on peut aussi écouter avec sa bouche. Cela signifie qu'on résume dans nos propres mots ce que la personne vient de nous dire. On paraphrase. Il faut simplement répéter ce qu'on vient d'entendre de la personne. Ainsi, on envoie le message qu'on a bien écouté. Il n'est pas nécessaire de le faire pour tout ce que la personne nous dit mais pour les points importants et significatifs, on démontre ainsi qu'on suit bien la conversation et qu'on s'y intéresse. C'est ce qui s'appelle écouter avec empathie.

Quand on confirme, qu'on paraphrase, cela a l'avantage de clarifier les propos de l'autre personne. Une bonne écoute favorise la compréhension mutuelle et aide les gens à s'exprimer plus librement. Ils savent qu'avec une personne qui écoute bien, ce sera clair et sans détours. Ils sont plus confortables pour s'exprimer ouvertement.

En démarche de résolution de problème, la bonne écoute contribue énormément à ce que le subordonné réponde correctement aux questions et élabore assez pour permettre au superviseur de trouver le véritable problème.

EXEMPLES

- « Si j'ai bien compris ce que tu dis, c'est que ce n'est pas une bonne idée que Maurice et Dominique soient voisins de bureau. C'est bien cela? Qu'est-ce qui te fait dire cela, y a-t-il eu un événement, une situation où tu as pu constater des tensions entre eux ? »
- « Si je résume ce que vous me dites, Maurice, c'est que nos procédures quant aux frais de déplacement ne sont pas claires. C'est bien ce que vous voulez dire ? »
- « Est-ce que vous voulez dire qu'il peut y avoir eu un manque de formation du personnel pour pouvoir faire fonctionner correctement cet appareil ? »

IDENTIFIER LE VÉRITABLE PROBLÈME

Après une suite de questions ouvertes (générales) suivies de questions précises pour clarifier chaque point si nécessaire, on devrait avoir cheminé vers le problème véritable. Il n'y a pas de règles précises quant au nombre de questions à poser. On peut se permettre autant de questions qu'on le souhaite et ce n'est qu'au moment où le superviseur se sent confortable et qu'il pense avoir identifié le véritable problème qu'il l'énonce. Il faut faire appel à son intuition et ne pas prolonger indûment la conversation.

Toutefois, si le problème véritable n'est pas trouvé après qu'on ait demandé à son subordonné si c'est bien le cas, il faut poursuivre avec d'autres questions ouvertes.

Lorsque le superviseur a identifié le véritable problème, il doit l'énoncer clairement. C'est presque comme couronner une victoire ! Il faut alors dire : « Si j'ai bien compris, le véritable problème c'est… » Cette phrase est un incontournable de cette partie de la discussion.

➢ CONFIRMER AVEC SON SUBORDONNÉ

C'est très important que le subordonné soit d'accord avec l'énoncé du véritable problème exprimé par son superviseur. On l'invite à confirmer que le véritable problème est bien celui identifié. Le superviseur attend ensuite cette confirmation claire. Ce « oui » doit être ferme. Si le superviseur ressent une hésitation, il doit s'assurer que son interlocuteur a bien livré le fond de sa pensée. Peut-être a-t-il d'autres éléments à révéler...

EXEMPLES

➢ « Alors le véritable problème est que notre machine n° 4 est désuète. C'est bien cela Marcel ?
— Oui, c'est bien cela ! »

➢ « Ouais !
— Je sens un peu d'hésitation dans votre accord Dominique, y a-t-il d'autres points dont nous n'avons pas parlé ?
— Non, c'est très clair et je n'ai pas d'autres points à ajouter ! »

Même si la démarche à suivre pour résoudre un problème est claire, certaines personnes craignent de « frapper un mur » et de ne pouvoir réussir à trouver le véritable problème. On se demande si on réussira. Les gestionnaires peuvent se rassurer, car très souvent le problème est connu, mais tout simplement ignoré ! En fait, il arrive bien plus fréquemment qu'il faille se retenir d'énoncer le véritable problème rapidement, car on le connaît. On connaît les individus, on connaît l'environnement de travail, la culture de l'organisation et on a probablement hésité à réagir au premier signal. Il faut donc s'armer de retenue pour que le supervisé parle et qu'il nous aide à formuler le véritable problème. Le fait de l'impliquer à fond lors de l'identification du problème aidera énormément pour la mise en place de la solution.

Les gestionnaires n'ont pas à craindre d'affronter ces situations délicates qui ne sont pas très agréables à traiter. Les bénéfices des problèmes résolus, et bien résolus, sont immenses. Le gestionnaire en vient à développer une « spécialité » au point où son entourage n'hésite pas à lui rapporter des problèmes et les approches sont plus franches et aisées de part et d'autre.

VOTRE RÉSOLUTION

Il est fort probable qu'on vous soumette d'abord un symptôme du problème et non le problème en soi. Afin de bien le définir, vous devrez arriver à énoncer le symptôme de façon objective. Ensuite, vous devez tenter de découvrir l'origine du problème en questionnant votre subordonné à l'aide de questions générales, puis circonscrire le sujet à l'aide de questions plus précises. Écoutez-le attentivement et laissez-le aller jusqu'au bout de sa pensée, même si votre idée est déjà faite. Ne vous limitez pas à écouter ce qu'il vous dit, mais observez aussi sa gestuelle. Résumez dans vos mots ce que vous avez compris de son intervention. À ce stade, vous devriez avoir cerné le problème (si tel n'est pas le cas, poursuivez la discussion en lui posant d'autres questions). Il importe de confirmer le problème avec l'employé en le verbalisant de façon claire.

Les classiques !

Voici une liste des problèmes les plus couramment rencontrés dans les organisations. Lorsque les gestionnaires constatent des situations semblables, ils doivent, de par leur rôle (ça fait partie de la tâche !), réagir et se mettre en mode de résolution du problème.

- Des conflits existant entre deux individus empoisonnent l'atmosphère du bureau. Ils se tolèrent mais toute cette atmosphère déteint sur le reste de l'équipe. Beaucoup de temps et d'énergie sont gaspillés et mobilisés au mauvais endroit.
- Quelqu'un ayant causé le bris d'une machine ou d'un équipement, ou bien ayant effectué une mauvaise manœuvre, tente de cacher son erreur en déguisant la vérité.
- À la suite d'un manque de communication, une personne n'ayant pas été consultée ou informée fait tout pour brouiller la situation et l'envenimer parce qu'elle est froissée qu'on n'ait pas tenu compte d'elle dans le processus de consultation.
- Une personne invente plusieurs raisons pour camoufler son inconfort,

car elle n'a pas la compétence et la formation pour réaliser un travail, et elle prend plus de temps pour le faire.

- La jalousie naît entre deux personnes. L'une paraissant mieux, soit parce qu'elle est plus estimée de la direction, plus flamboyante, sans être plus compétente; l'autre étant plus réservée, atteint ses objectifs par la ténacité et le travail.
- À la suite d'un manque de communication, une personne apprend une information touchant son entreprise par quelqu'un de l'extérieur de l'organisation. C'est une situation qui engendre de la frustration et la vengeance devient une forme de représailles !
- Deux personnes occupant un même poste gèrent les procédures et les politiques de l'organisation de manière différente pour atteindre leurs objectifs ! La jalousie et la frustration s'installent entre leurs équipes.
- Lorsque des employés ayant des responsabilités identiques ont des salaires ou des traitements différents, la frustration est garantie !
- Un superviseur tolérant des gestes et des comportements pour un de ses subordonnés et les dénonçant pour un autre crée une iniquité qui trouble toute l'équipe et engendre de la démotivation.
- Tolérés pour un temps, le sexisme, le racisme ou les préjugés religieux s'aggravent de jour en jour.
- Un gestionnaire qui soigne sa cote de popularité en évitant de dire non pour ne pas déplaire crée inévitablement des situations inéquitables entre des individus de son secteur et ceux des autres secteurs de l'organisation. Cette situation engendre de la frustration, des iniquités, et des revendications s'ensuivent.
- Un gestionnaire voulant tout contrôler et étant incapable de dire oui à des initiatives tend généralement à prendre le crédit pour tout, au détriment des membres de son équipe. La démotivation est assurée !
- L'utilisation d'équipements inadéquats et désuets cause le rejet de pièces et entraîne de la lenteur dans l'exécution.
- Afin de rentabiliser au plus tôt de nouveaux équipements plus performants, on confie la tâche à des gens qui n'ont pas reçu la formation adéquate, ce qui cause une perte d'efficacité. Le résultat ne correspond donc pas aux attentes.

- Poussé par ses propres subordonnés à acquérir de nouveaux équipements arrivés sur le marché, un superviseur ne croyant pas l'acquisition utile, tente tout de même des démarches car il ne veut pas porter l'odieux du refus et veut que quelqu'un d'autre dise non à sa place.
- Quelqu'un ne voulant pas avouer qu'il a pris une mauvaise décision devient confus dans ses propos et perd de la crédibilité en tentant de camoufler son erreur. Son leadership est mis en doute et son équipe est démotivée.
- N'étant pas conscient de la surcharge de travail déjà imposée à ses employés, un gestionnaire démarre de nouvelles initiatives sans allouer les ressources nécessaires. Par conséquent, démotivation et baisse de productivité surviendront tôt ou tard.
- Lorsque des employés dévoués et travaillants ne sont pas appréciés et que d'autres individus moins vaillants bénéficient des mêmes avantages qu'eux, l'iniquité s'installe et la démotivation suit rapidement.
- Le manque de formation adéquate fait mal paraître une personne à la suite de la réalisation d'une tâche.
- Les espaces physiques et leur aménagement inadéquat nuisent à la productivité.
- L'allocation de nouveaux équipements de manière improvisée, sans qu'un plan soit établi ou que le choix des individus soit clairement justifié, suscite des protestations qui se manifestent par de la jalousie, le bris volontaire d'équipement ou un ralentissement dans la production.
- Dans une entreprise où les espaces de bureaux ne sont pas uniformes, les plus beaux sont alloués aux employés préférés. Certains ont des meubles plus modernes, un meilleur point de vue, un espace plus grand, une décoration plus agréable que d'autres, et ce, sans justification en lien avec leur poste ou leurs responsabilités. Cette situation crée de l'envie, des commentaires désagréables sont entendus et l'énergie est mise au mauvais endroit.

Cheminer ensemble pour trouver la meilleure solution

Le mot clé ici est « ensemble » ! Pourquoi ? Les personnes impliquées dans la résolution d'un problème sont importantes, car on ne peut réunir sous un même chapeau toutes les facettes de la situation. Le superviseur gestionnaire a des préoccupations par rapport à l'ensemble de l'organisation et il tend à penser à tout le service qu'il dirige, à toute l'organisation, et envisage une solution qui se situe à l'intérieur des limites imposées par le budget, les normes et les procédures de l'organisation. Le subordonné, de son côté, est plus près du terrain, du plancher, et connaît bien les détails de la situation problématique. Ce sont ces deux zones de savoir qu'il faut réunir pour trouver la meilleure solution pour l'organisation.

Une solution apportée uniquement par le superviseur pourrait ne pas tenir compte de la réalité « plancher » du problème, tandis qu'une autre trouvée seulement par le supervisé pourrait ne pas tenir compte de contraintes par rapport à toute l'organisation. C'est tout à fait normal puisque les personnes en cause ont des préoccupations différentes. C'est d'ailleurs ce que l'organisation attend d'eux !

De plus, au moment où il soumet le problème, le subordonné a lui-même réfléchi à une solution. C'est ainsi et c'est dans la nature humaine. Constater qu'un appareil ou qu'un système fonctionne mal et simplement rapporter la situation n'est pas habituel pour l'humain. Naturellement, il va envisager quelle solution il pourrait apporter. Il le fait parce que cet exercice mental fait appel à sa créativité et à son bon sens. Par ailleurs, dans des organisations où on n'a jamais tenu compte des idées des employés, ceux-ci prennent plaisir à soumettre les problèmes aux gestionnaires pour voir comment ils se débrouillent. Il y a alors clivage entre les gestionnaires et les exécutants et, dans ce climat de travail, la collaboration et la motivation n'existent habituellement pas. Il faut donc que la solution au véritable problème tienne compte des univers de travail respectifs des gestionnaires et des exécutants impliqués dans la situation.

Le rôle du superviseur est de demeurer objectif. Il doit donc considérer la solution envisagée dans le cadre de la mission, de la vision, du plan stratégique de l'entreprise, des objectifs de travail annuels ainsi que des objectifs annuels du subordonné. En bref, trouver une solution à un problème est un travail d'équipe où l'on trouve deux apports différents, aussi importants l'un que l'autre et tous deux essentiels. C'est pourquoi il est primordial que la solution soit trouvée par le superviseur et son subordonné, « ensemble ».

CADRER LA SOLUTION

Le superviseur doit d'abord fixer les limites à l'intérieur desquelles la solution devra se situer. Comme gestionnaire et représentant de l'entreprise, il a lui-même des limites quant au budget ou au délai de livraison et quant à sa propre autorité dans l'entreprise à prendre certaines décisions, à engager certaines dépenses, etc.

De plus, dans le cas du problème qu'il vient tout juste d'identifier, il doit, s'il y a lieu, énoncer les éléments incontournables, comme l'échéancier qui doit être respecté, le budget qui ne peut être dépassé, etc.

Il s'agit d'établir le « corridor » dans lequel la solution devra cadrer.

EXEMPLES

- « Est-ce que, dans notre budget, je dispose d'argent additionnel, de personnel additionnel et ai-je l'autorité pour engager ces ressources ? » Vous devez faire part à votre subordonné de ce qui est possible de faire dans un cadre large.
- « Denis, il existe des normes pour le remboursement des dépenses de voyage et c'est le cadre de fonctionnement de l'entreprise. Ainsi, la solution envisagée devra respecter ces normes. »
- « Marcel, les clients doivent recevoir leur état de compte au plus tard cinq jours ouvrables après le dernier jour du mois. Il faut donc prendre les moyens nécessaires pour respecter cela et la solution devra respecter ce délai. »
- « Je sais que les tensions entre des individus existent dans toutes les organisations. Toutefois, cela entraîne du stress inutile pour les individus directement impliqués de même que pour le reste de l'équipe. L'énergie est mobilisée aux mauvais endroits et la productivité s'en ressent. Je veux que les gens travaillent dans le respect de chacun. Alors je souhaite que nous puissions trouver une solution qui fera en sorte que ces tensions diminuent. »

C'est un aspect souvent omis ou oublié dans la démarche de résolution de problème. En négligeant d'établir le cadre de la solution lorsqu'il demande des suggestions à son subordonné, le gestionnaire risque de recevoir des solutions qui ne tiennent pas compte des contraintes budgétaires, de l'échéancier et des ressources humaines disponibles. Le gestionnaire devra alors indiquer que la solution proposée n'est pas adéquate étant donné que l'organisation n'a pas les moyens de la mettre en place. Cela allonge indûment le processus et le gestionnaire doit alors cadrer la solution à mesure, c'est-à-dire, indiquer les limites imposées.

DEMANDER DES SUGGESTIONS DE SOLUTION À SON SUBORDONNÉ

Même si le gestionnaire a déjà une solution toute prête en tête, il doit d'abord et avant tout impliquer son subordonné dans la recherche de la meilleure solution pour l'organisation. C'est la bonne manière de bâtir une organisation « pensante ». Les employés qui œuvrent dans une telle organisation sont plus intéressés, motivés et démontrent plus de vaillance. Ils sentent qu'ils font partie de l'organisation et que leurs idées sont considérées. Ils savent que toutes leurs idées ne peuvent être mises en place, mais ils comprennent à tout le moins qu'elles sont les bienvenues et qu'ils seront écoutés.

Le sentiment d'appartenance a un effet important sur le succès; l'employé a intérêt à ce que ça fonctionne puisque c'est sa solution qui a été retenue en tout ou en partie. Un individu qui a contribué à trouver une solution est plus motivé à la mettre en place. Il prend plus de précautions et y voit plus d'intérêt. Il y a donc de meilleures chances que cette solution s'implante correctement.

Étant donné que le supervisé et le superviseur comprennent le véritable problème et que le superviseur a balisé les limites à l'intérieur desquelles la solution doit cadrer, il demande alors des suggestions de solution à son subordonné.

EXEMPLES

- « Avez-vous une suggestion Pierre ? »
- « Avez-vous une idée de ce qu'on doit faire Caroline ?
- « Et vous Maurice, que feriez-vous, qu'avez-vous à suggérer comme solution ? »

Ensuite le superviseur se met en mode « écoute» ! Il écoute avec ses oreilles, avec ses yeux et avec sa bouche !

Certains peuvent penser que toute cette démarche est futile et longue et que de toute façon ils connaissent déjà la solution qu'ils vont imposer. Cette approche unilatérale engendre une culture organisationnelle où les employés sont soumis et se plient aux volontés de la direction. Ils reçoivent les ordres et les exécutent. Ils deviennent des personnes passives et constamment en attente des commandes des supérieurs. Ces exécutants ramollissent leurs ardeurs et ne font que le strict nécessaire. Les supérieurs doivent toujours avoir à l'œil le travail et comme il est impossible de tout observer, la productivité s'en ressent.

Les organisations pensantes, pour leur part, incluent des personnes motivées, puisqu'on tient compte de leurs idées, qui ont plus à cœur le succès de l'organisation car elles en font partie. Les procédures et les systèmes sont plus efficaces puisque les exécutants observent le fonctionnement et la performance et peuvent proposer des améliorations à la direction. Les gens y sont plus dégourdis, l'esprit d'équipe est meilleur, tout comme la synergie et l'efficacité.

Même si le gestionnaire pense en savoir beaucoup sur le problème et sa solution, à bien écouter, il en apprendra encore plus. Les vices cachés ne sont pas toujours dans les appareils ! Il est important qu'un superviseur en sache le plus possible sur les relations interpersonnelles qui existent dans son entourage. De mauvaises relations ont une influence négative sur la productivité.

Si un gestionnaire entend des choses qu'il sait déjà, il peut se féliciter d'être déjà au courant de ce qui se passe autour de lui. Cela signifie qu'il a un contact correct avec son équipe. Rarement, très rarement, quand on est à l'écoute de son équipe n'apprend-on pas quelque chose de nouveau sur le fonctionnement de son service ou de son entreprise.

Une fois la première suggestion faite par le subordonné, le superviseur paraphrase dans ses propres mots la suggestion formulée par le subordonné.

On y revient, mais bien écouter quelqu'un a un effet motivant sur cette personne. Quand on écoute quelqu'un, on lui envoie le message que ses idées et ses opinions sont intéressantes et qu'elles ont de la valeur. Quand on se sent écouté, on se sent valorisé et appuyé.

EXEMPLES

- Maurice dit à son superviseur : « Nos opérateurs ne sont pas très familiers avec le fonctionnement de cette machine, il faudrait leur montrer. »

  Réponse du superviseur : « Si je comprends bien Maurice, vous êtes en train de suggérer que nos opérateurs devraient avoir plus de formation pour faire fonctionner cette machine ? »

- Marie dit à son superviseur : « Nos compétiteurs offrent des rabais dans le moment et nos meilleurs clients sont très tentés ! »

  Réponse du superviseur : « Alors Marie, vous suggérez que l'on fasse une offensive avec des promotions pour ne pas perdre nos meilleurs clients au profit de nos compétiteurs ? »

- Denise suggère à son superviseur : « Nos politiques et procédures ne sont pas appliquées de la même façon par tous nos vendeurs, il faudrait les changer de territoire pour quelque temps. »

  Réponse du superviseur : « Si j'ai bien saisi votre suggestion Denise, vous souhaitez que nous fassions une rotation des territoires chez nos vendeurs pour s'assurer que nos normes et nos procédures soient suivies uniformément ? »

ANALYSER LES SUGGESTIONS DU SUBORDONNÉ

Une fois que le supervisé a soumis une suggestion de solution, le superviseur doit ensuite l'analyser pour voir si elle est satisfaisante, si elle se situe à l'intérieur du cadre qu'il a déjà établi et surtout si elle va apporter une solution durable au problème. C'est beaucoup demandé en peu de temps mais, normalement, le superviseur devrait pouvoir apprécier le tout. Si cela n'est pas fait, il ne faut pas s'alarmer car, au cours de l'entretien, tôt ou tard il faudra vérifier ces aspects. Ce n'est donc pas irréversible et c'est récupérable.

Après la première suggestion, le superviseur doit l'analyser et se demander si cette solution va régler le véritable problème et non le symptôme qui est une vue à court terme. Une fois qu'il a analysé la solution, il en discute avec son subordonné.

Il est recommandé de commenter verbalement la solution suggérée en décrivant ses côtés positifs et ses aspects négatifs. Il faut se rappeler que la solution proposée par le subordonné doit pouvoir être réalisée dans le cadre énoncé précédemment.

Une fois la suggestion analysée et discutée, on doit conclure sur la première suggestion. Est-elle retenue ou non ? En tout ou en partie ? Il faut encore une fois mettre en pratique les éléments d'une bonne écoute !

EXEMPLES

- « Ainsi, ce que vous suggérez Maurice est d'acheter une nouvelle machine. C'est bien cela ? Cela solutionnerait le problème. Toutefois, l'achat d'une nouvelle machine n'est pas prévu au budget et cela ne sera donc pas possible. Avez-vous une autre suggestion Maurice ? »

- « Ce que vous proposez Dominique est d'affecter des personnes d'une autre équipe à votre projet pour qu'il puisse être terminé à temps. C'est bien ce que j'ai compris ? Malheureusement, les autres équipes ont elles aussi des projets prioritaires et importants pour notre organisation. Vous devrez donc composer avec l'équipe que vous avez présentement. Avez-vous une autre suggestion ? »
- « Si je comprends bien, Marcel, les tensions entre vous et Pierre proviennent d'un commentaire de Pierre qui vous a dit de procéder de telle manière alors que vous avez beaucoup plus d'expérience que lui pour faire fonctionner cet appareil. Comme vous avez mal pris ce commentaire, vous avez considéré Pierre comme quelqu'un qui aime contrôler et vous avez pris vos distances. Quand vous avez constaté qu'il devenait encore plus « intrusif », vous lui avez dit de se mêler de ses affaires. Par ailleurs, vous suggérez que vous et lui ne soyez plus en contact et que vous travailliez désormais avec Jean-Paul, qui est plus avenant. Je comprends votre point de vue mais, par ailleurs, cela entraînerait des demandes de toutes parts, car rarement les individus sont totalement compatibles. Je vous demande donc de me faire une suggestion qui assure que notre structure organisationnelle demeure la même. »

On demande ensuite une deuxième suggestion. La première suggestion est rarement retenue comme la meilleure solution. À la deuxième suggestion, le superviseur procède exactement de la même manière en paraphrasant, en analysant intérieurement et ensuite verbalement avec le subordonné, en mentionnant les points positifs et négatifs de la suggestion.

Il faut tirer ses conclusions sur chacune des suggestions faites par le subordonné. On retient ou non la suggestion ? Il est possible aussi qu'une partie de la suggestion seulement soit intéressante ? C'est important de conclure sur chacune des suggestions, sinon la démarche est brisée et cela engendre du renfrognement chez le subordonné, presque l'arrêt du processus. Il faut être persévérant. En consacrant du temps maintenant, on en gagnera plus tard, car le véritable problème aura été réglé.

Même si la dernière suggestion proposée est satisfaisante, il faut toujours demander une autre suggestion. Le subordonné a peut-être autre chose à dire. Lorsque les subordonnés deviennent à l'aise avec le processus et qu'ils sont en confiance, ils sont plus ouverts et plus rapidement. Certains prennent plus de temps que d'autres à livrer leur pensée, surtout si la situation est émotive et qu'il s'agit de tensions. C'est plus difficile de confier des cas qui impliquent les relations interpersonnelles. Lorsque le subordonné réalise que ses suggestions sont considérées pour résoudre un problème, il se sent plus à l'aise et veut alors en finir avec cette situation problème. Il est prêt à « vider son sac » pour régler le tout à long terme. Tant qu'on n'est pas arrivé à conclure qu'une des suggestions du subordonné constitue la meilleure solution, il faut continuer à demander des suggestions de solution jusqu'à « épuisement des stocks ».

Si le subordonné n'apporte aucune suggestion valable pour résoudre le véritable problème, c'est alors au tour du superviseur de faire des suggestions. On procède donc à l'inverse. Le superviseur énonce ses propres suggestions et demande au subordonné s'il pense que telle ou telle suggestion résoudra le problème. Lorsque le superviseur croit que lui et son subordonné sont d'accord pour la meilleure solution, il la retient. Dans la majorité des cas, toutefois, les subordonnés ont des suggestions puisqu'ils y ont réfléchi. S'ils n'en ont pas, c'est que la culture de l'entreprise ne s'y prête pas ou encore que le superviseur est nouvellement arrivé en poste. Aussi, certaines personnes se contentent d'un travail à accomplir sans vouloir pousser plus loin leur implication. Il faut alors composer avec tous les individus de son équipe et il y a de bonnes chances qu'ils soient tous différents.

EXEMPLES

- « Très bien Maurice, si nous pouvions faire réparer rapidement notre vieille machine tout en y ajoutant le nouveau système de contrôle plus moderne et efficace, croyez-vous que cela solutionnerait notre problème à long terme ? »
- « Dominique, comme aucune ressource n'est disponible à l'interne, est-ce qu'en confiant le travail de bureau qu'effectue Marie à une entreprise de l'extérieur vous pourriez utiliser efficacement les services de Marie pour votre projet ?

DÉCIDER DE LA SOLUTION LA PLUS SATISFAISANTE

Une fois que l'analyse des suggestions a permis de choisir la solution qui résoudra le véritable problème à long terme, il faut l'énoncer avec affirmation et conviction. La responsabilité de choisir la meilleure solution incombe au superviseur et c'est lui qui doit prendre la décision. Le subordonné ne s'attend d'ailleurs à rien de moins. À cette étape, le superviseur énonce la solution globale. Il doit résumer cette solution en une phrase pour que lui et le subordonné comprennent la même chose.

EXEMPLES

- « Alors Maurice, nous allons faire réparer notre vieille machine le plus rapidement possible et nous verrons à installer un nouveau système de contrôle. »
- « Ce que nous allons faire Dominique, c'est affecter Marie à votre projet et les tâches d'entrée de données seront confiées à une entreprise de l'extérieur. »
- « Denis, nous allons garder notre vieille débusqueuse convertie en pelle mécanique. Elle est peu coûteuse et, même si elle est moins efficace, elle fait encore le travail. Nous verrons à bien l'entretenir, car elle peut encore nous donner du bon service pendant plusieurs années. Même si nos compétiteurs achètent des pelles mécaniques modernes et plus efficaces, pour l'usage que nous faisons, notre vieille machine convient encore très bien. Acheter une nouvelle pelle mécanique serait très coûteux et, somme toute, peu rentable. »
- « Très bien Marcel, nous allons tenter de rétablir les ponts entre Pierre et vous. Nous allons clarifier vos responsabilités respectives pour éviter à l'avenir ce genre d'empiétement. Ensuite je rencontrerai Pierre pour lui parler. Nous verrons pour la suite des choses. »

Le superviseur peut commencer l'énoncé de la solution retenue en disant : « Ce que nous allons faire c'est… » Il demande ensuite à son subordonné s'il est d'accord avec l'énoncé de la solution retenue.

EXEMPLES

- « Donc, la meilleure solution est d'établir une politique sur le temps supplémentaire des employés. Ça vous va Marcel ? »
- « On va acheter une pièce d'équipement. Vous êtes d'accord Denis ? »
- « Ce qu'on va faire c'est de réparer l'outil plutôt que d'en acheter un neuf. C'est bien ce que nous avons retenu comme solution Dominique ? »
- « On va engager quelqu'un à contrat. Ça vous va Andrée ? »
- « Ce que nous allons faire, c'est accorder un bonus à Marie-Ève. Ça vous convient comme solution Pierre ? »

Bien que cela puisse arriver, il est rare qu'on ne trouve pas de solution pour résoudre un problème. Si aucune solution n'apparaît satisfaisante, on doit réviser le cadre de la solution. Par exemple, s'il est impossible de faire réparer une machine rapidement, on reportera la date de livraison. Le client, même s'il compte sur ce qui lui est fourni pour son entreprise, devra composer avec la situation. Normalement, quand une entreprise résout les problèmes à mesure qu'ils se présentent, elle offre un bon service. Le client comprendra qu'il s'agit d'une situation exceptionnelle et s'en accommodera.

➢ ÉTABLIR LES ENGAGEMENTS MUTUELS

Une fois la meilleure solution trouvée pour résoudre le problème véritable, on doit poursuivre la démarche et la traduire en actions précises. Des actions concrètes doivent être attribuées aux individus qui doivent les mettre en place. C'est la seule façon de s'assurer que des actions soient entreprises pour arriver à solutionner le véritable problème. Ces actions sont confiées au subordonné et le superviseur peut lui-même se charger de certaines.

➢ L'ENGAGEMENT DU SUPERVISEUR

Le superviseur énumère ici les actions précises et concrètes qu'il entreprendra et quand il le fera. Le « quand » est tout aussi important que le « quoi ». C'est son engagement ! Le superviseur prend en note les actions qu'il va poser.

EXEMPLES

- « Je vais demander des crédits additionnels vendredi à Maurice, mon superviseur. »
- « Je vais parler à madame Benoît mardi matin au sujet de notre plan d'avantages sociaux. »
- « Je vais envoyer une note de service pour modifier notre politique. Je ferai cela dès demain. »
- « Je vais organiser une réunion pour faire le point et expliquer la solution retenue à toute notre équipe. Je vais m'assurer que cette réunion a lieu au plus tard la semaine prochaine. »

Le superviseur détaille ce qu'il va faire et quand il va le faire. En débutant par ses propres engagements, il envoie le message à son supervisé qu'il entend mettre la solution en place par des actions concrètes. Il donne le bon exemple.

➢ L'ENGAGEMENT DU SUBORDONNÉ

Le superviseur demande ensuite à son subordonné d'entreprendre des actions pour la mise en place de la solution. Étant donné que le superviseur a déjà énuméré les actions dont il se charge, le subordonné comprend rapidement que ce qu'il a à faire constitue des « commandes » dont il sera responsable.

EXEMPLES

- « Marcel, pouvez-vous vous occuper de commander la pièce d'équipement dès maintenant ? »
- « Pouvez-vous recruter quelqu'un selon notre procédure d'embauche ? Quand pouvez-vous vous en occuper Dominique ? »
- « Pouvez-vous vous occuper d'engager quelqu'un à contrat selon nos procédures ? Quand pouvez-vous faire cela Mathieu ? »
- « Donc, d'ici deux jours, Marcel vous allez obtenir de l'information sur les échelles salariales des designers graphiques. Vous allez produire un tableau montrant les candidats intéressants que nous avons en banque avec leur nombre d'années d'expérience et ensuite nous analyserons le tout ensemble dès que vous aurez terminé cela. Cela vous va comme ça Marcel ? »

Le superviseur doit absolument s'assurer que son supervisé répond par un oui clair à ses « commandes ». Sinon, il n'y aura pas d'engagement de sa part. Ce flou doit être éliminé pour éviter qu'aucune action ne soit entreprise par le subordonné. C'est la base même de l'engagement mutuel.

Cette étape est cruciale, car le subordonné a nécessairement d'autres tâches à réaliser dans le cadre de son travail. Il est donc important d'obtenir un oui clair de sa part. S'il ne peut le faire à cause de la somme de travail qu'il a à accomplir, on doit alors discuter d'un changement à l'ordre de priorité de ses tâches. Le superviseur a ensuite l'option de confier ces tâches à quelqu'un d'autre. Il est toutefois préférable que ce soit le subordonné qui a contribué à suggérer la solution qui fasse le travail.

Il a un sentiment d'appartenance à la solution, ce qui est garant d'un intérêt solide à la mettre à place.

LE RÉSUMÉ DES ACTIONS PRÉCISES

On doit résumer les actions précises lorsqu'elles sont nombreuses. C'est le cas lorsque le problème est complexe et que la solution comporte plusieurs facettes. Le but est de s'assurer que toutes les actions ont preneur, qu'elles ont un échéancier et, surtout, que rien n'est oublié. Une fois le travail distribué, le superviseur énumère les actions qu'il entreprendra tout comme celles que son subordonné aura à faire.

EXEMPLES

- « Donc si je résume Pierre, je vais m'assurer auprès de la comptabilité que les crédits nécessaires sont disponibles pour acheter la pièce d'équipement dont nous avons besoin. Je procède tout de suite après notre conversation. Dès que vous retournerez à votre bureau, vous vous occuperez de commander la pièce d'équipement nécessaire, vous en informerez Dominique ensuite et vous vous occuperez d'affecter les personnes qui travaillent sur cette machine à d'autres tâches. Une fois que vous aurez fait cela, venez m'informer du moment où nous recevrons la pièce. Tout est clair ? »
- « Marcel, en résumé, vous allez obtenir l'information sur les salaires et faire le tableau. Vous allez ensuite comparer les salaires de notre personnel avec ce qui se paie sur le marché. Dans deux jours ou dès que vous avez terminé, on se revoit pour parler de tout ça. Ça vous va ainsi Marcel ? »

Il est fortement suggéré de s'assurer que le subordonné prend en note les actions précises qu'il s'est engagé à réaliser. Autrement, il risque fort d'oublier quelque chose si ses engagements sont nombreux. On doit s'assurer également qu'il y a bien un échéancier pour les engagements du subordonné. Le superviseur peut lui suggérer de noter ses actions ainsi que l'échéancier.

Le superviseur doit ensuite noter les actions qu'il aura à entreprendre avec leur échéancier. S'il y a des rencontres prévues pour discuter certains points, il les note à son agenda. Le subordonné doit voir que son superviseur est discipliné sur ces points, sinon les actions ou les échéanciers qui sont négligés par le superviseur envoient de mauvais exemples. Dans ce cas, le supervisé comprend vite qu'au-delà des paroles, le reste n'est pas si important.

➢ REMERCIER SON SUBORDONNÉ

Quand chacun a convenu de réaliser le plan d'action, on doit remercier son subordonné. On le remercie pour sa participation à l'élaboration de la solution et on mentionne pourquoi sa contribution a été valable.

EXEMPLE

«Marcel, je vous remercie d'avoir contribué à trouver une solution à notre problème. J'apprécie que vous ayez apporté des suggestions pertinentes et rationnelles qui vont nous permettre de régler ce problème pour de bon. Continuez de bien observer ce qui se passe sur le plancher, vous êtes perspicace !»

Quatre étapes de la résolution d'un problème sont maintenant complétées. On peut penser que de se mettre en mode écoute peut susciter des discussions interminables.

Cela prend de la pratique et du temps pour en venir à maîtriser la démarche. On estime que la résolution d'un problème simple prend environ une quinzaine de minutes. C'est un investissement valable, car de bien identifier le problème véritable va inévitablement se rentabiliser rapidement. Autrement, à expédier l'affaire et en arrivant trop vite à la solution, le problème véritable resurgira de nouveau à court terme et il faudra y consacrer encore du temps.

La valeur de la contribution de ses subordonnés est également un point très positif et inestimable. À la longue, ils viendront à réfléchir à des solutions avant de rencontrer leur superviseur et ils seront plus motivés à leur travail en général. Il est valorisant et gratifiant pour quiconque de contribuer par ses idées au meilleur fonctionnement de l'organisation.

VOTRE RÉSOLUTION

Une fois le problème bien défini, invitez votre subordonné à suggérer une piste de solution même si vous en avez déjà une en tête. Votre réflexion sera bonifiée par sa vision pratique du sujet et son implication attisera son sentiment d'appartenance. De plus, le fait de l'impliquer dans la recherche de la solution vous assurera la réussite de sa mise en place. Dès le début de la réflexion, vous devrez toutefois lui énoncer clairement les limites dans lesquelles devra se situer la solution (budget, échéancier, etc.) afin qu'elle s'intègre à la réalité de votre organisation. Vous devez lui demander plusieurs suggestions et vous devez les analyser avec lui. Une fois la meilleure solution trouvée, résumez-la en une phrase et assurez-vous d'obtenir son acquiescement. Engagez-vous mutuellement et établissez les actions précises de chacun pour mettre en place la solution. Mettez fin à l'entretien en le remerciant de sa contribution.

FAIRE SON AUTOÉVALUATION

Pourquoi s'autoévaluer ? Pour améliorer sa technique et assurer le suivi ! Cette étape se fait par le superviseur seul et doit être faite immédiatement après la rencontre avec le subordonné.

ANALYSER SA PERFORMANCE

Il faut être objectif. C'est une grande partie du succès que de pouvoir analyser sa performance correctement. On en vient à maîtriser la résolution de problèmes à 100 % si on en fait une critique constructive.

En révisant la démarche à suivre pour résoudre un problème, le superviseur voit où il a bien réussi et où il doit s'améliorer. Il peut être certain que s'il a fait preuve d'une bonne écoute, il y aura une prochaine fois. Il doit être indulgent envers lui-même, car il est difficile d'appliquer cette méthode avec perfection du premier coup. En persévérant, il en viendra à maîtriser cette démarche avec simplicité et naturel.

Il peut se demander si, durant l'entretien, l'accueil et la concentration sur ce qu'a dit le subordonné ont été adéquats ? Un bon indicateur est l'attitude de son subordonné. Semblait-il à l'aise ? A-t-il parlé avec aisance et sans retenue ? Avait-il l'air en confiance ou semblait-il sceptique ?

Pratiquement, on doit identifier ses points forts : une bonne écoute, par exemple; l'énoncé du problème véritable avec satisfaction; une bonne analyse des suggestions et un plan d'action. Pour les points à améliorer une prochaine fois, il faut se souvenir des étapes omises et s'obliger à bien les appliquer la prochaine fois qu'on aura à résoudre un problème.

DES QUESTIONS À SE POSER

Une fois qu'on a trouvé la solution, on doit s'interroger s'il y a des choses à changer dans les politiques et procédures de notre équipe ou de toute l'entreprise. Si des procédures sont appliquées différemment d'un service à l'autre, si les lignes de communication sont différentes d'une équipe à l'autre, si un chef d'équipe insiste sur la ponctualité alors qu'un autre est plus laxiste, cela crée des iniquités. Le superviseur voit alors comment il doit présenter ces situations et prendre les moyens pour que soit résolu le problème à tous les niveaux de l'organisation.

EXEMPLES

- « Lors de la prochaine réunion de gestion, je vais parler de la difficulté que j'ai à faire respecter la ponctualité à l'intérieur de mon équipe. Plusieurs me disent que, dans le service de Dominique, c'est moins rigide. Je sais qu'ils doivent travailler parfois le soir et les fins de semaine et qu'ils peuvent reprendre ce temps. J'aimerais présenter ce sujet sans créer d'animosité avec Dominique, mais je crois qu'on pourrait insister sur la ponctualité tout en permettant aux membres de son équipe de prendre le temps supplémentaire qu'ils font. »
- « Présentement, Dominique doit gérer son équipe et en même temps faire elle-même beaucoup de travail de graphisme. Est-ce que je ne devrais pas lui adjoindre une personne pour alléger sa tâche afin qu'elle puisse consacrer davantage de temps à la gestion de son équipe ? »

Durant l'entretien, il se peut qu'on se surprenne de certains commentaires par rapport à la mission, la vision, les valeurs ou les stratégies de l'organisation. La plupart des entreprises ont des plans stratégiques qu'elles révisent régulièrement. Le personnel est souvent mis à contribution pour réfléchir et participer aux diverses stratégies de l'organisation. Une fois terminées, ces réflexions doivent prendre vie et elles impliquent des changements. Les individus n'ont pas tous la même réaction au changement. Certains l'induisent et d'autres y résistent. Ainsi, lorsque le superviseur constate que certains éléments ont engendré des problèmes, car ils ne sont pas alignés sur les stratégies, il doit clarifier ces aspects avec toute son équipe. Cela fait partie du rôle d'un gestionnaire de s'assurer que tous travaillent dans le même sens et qu'ils ont la même vision. Souvent, les stratégies sont très claires pour un superviseur et il a l'impression que parce que ça a été dit une fois, c'est clair pour tous les autres à jamais. Il faut voir à répéter fréquemment, surtout s'il s'agit de changements organisationnels. Les partisans de la résistance vont feindre l'incompréhension pour revenir aux pratiques anciennes.

EXEMPLES

- « Dominique m'a dit que toute son équipe consacre encore quatre heures pour une consultation avec un client. Bien que nous ayons décidé il y a quelque temps qu'une de nos stratégies est de diminuer à trois heures chacune des consultations en utilisant un programme plus structuré pour noter l'information sur les clients, il y a des individus qui utilisent encore la vieille méthode de notes sur papier. Il semble bien que tous n'ont pas encore adopté cette nouvelle façon de faire et je dois répéter l'importance d'utiliser cette nouvelle pratique. »
- « Il faut que j'intervienne plus souvent pour signifier qu'au cours de la présente année, nous serons dans une phase de consolidation et non d'expansion. Marcel m'a mentionné que l'équipe du design travaille sur de nouveaux modèles de portes alors que l'organisation souhaite plutôt travailler à diminuer le prix de revient des modèles de portes que nous produisons présentement. J'en ferai part au chef d'équipe du design et aussi à toute l'organisation quand j'aurai à les rencontrer tous ensemble. Il faut que nous ayons tous la même vision au cours de la prochaine année. »

Si le cas problème est majeur et que la solution mise en place provoquera des changements positifs et significatifs, y a-t-il lieu d'écrire une note au dossier de la performance du subordonné ? Si sa contribution à la solution a été substantielle, c'est un élément à souligner immédiatement et à noter. Lors de la rencontre annuelle, on lui indiquera de nouveau que sa contribution a été valable.

Si durant la conversation le subordonné a fait quelques révélations subtiles au sujet de relations tendues entre des individus, il faut se remémorer ces détails et se mettre en mode surveillance. S'il y a des proches fiables à qui on peut demander des précisions il faut s'en occuper, car s'il s'agit de difficultés dans les relations interpersonnelles, elles ne se résoudront pas d'elles-mêmes. Il faut intervenir le plus tôt possible, sinon la situation n'ira qu'en s'envenimant.

Le superviseur devra-t-il s'informer ensuite pour savoir si la solution retenue a bien été mise en place ? Il peut arriver que toutes les actions soient faites par le subordonné. Dans ce cas, le superviseur doit démontrer son intérêt et voir si la solution retenue a bien donné les résultats escomptés. Il doit donc mettre à l'agenda un rappel pour vérifier si la solution a bien été mise en place. Le superviseur peut également demander au subordonné de faire des commentaires sur sa satisfaction et sur le déroulement de « l'activité » résolution de problème. Autrement dit, est-il satisfait de la façon dont son superviseur résout les problèmes. S'il s'agit d'un problème de fonctionnement, le superviseur a-t-il détecté des besoins de formation pour le personnel ?

EXEMPLES

- « Marcel a besoin de mieux gérer son temps car il semble souvent remettre au lendemain ce qu'il a à faire. »
- « André est un crack de l'informatique et je crois qu'il gagnerait à maîtriser certains logiciels. Cela nous serait très utile lorsque nous devons préparer des présentations pour des clients. »
- « Désormais, lorsque nous ferons l'acquisition de nouveaux équipements, nous devrons nous assurer que les opérateurs sont formés adéquatement. Le temps investi sera vite rentabilisé car, quand nous ne le faisons pas, les pertes sont importantes pour notre entreprise. »

Il arrive parfois que les actions à entreprendre reviennent totalement au superviseur. Par exemple, s'il s'agit de modifier les procédures et de les étendre à toute l'organisation. Dans ce cas, il faut donner de la rétroaction à son supervisé pour l'informer de la décision de la direction. Si le problème est résolu, on doit dire à son supervisé que sa contribution a été appréciée et on le remercie de nouveau.

Dans les réunions ou autres rencontres, le superviseur peut souligner la contribution d'un subordonné qui a permis de résoudre un problème. Il envoie ainsi le message à toute son équipe qu'il encourage leur contribution à résoudre les problèmes qui surviennent.

Les aptitudes requises !

La persévérance est à cultiver pour réussir à bien résoudre les problèmes. Il faut être tenace ! Le résultat vient ensuite. Dans la majorité des cas, le superviseur a une bonne idée par intuition du véritable problème dont il s'agit. Il doit s'abstenir de l'énoncer cependant car il doit se laisser guider par son subordonné pour identifier le véritable problème.

Il faut aussi poser beaucoup de questions, mais surtout bien écouter les réponses. L'écoute avec les oreilles, les yeux et la bouche est une forme de communication très puissante. Bien écouter ce que notre interlocuteur nous dit, ou veut nous dire, se concentrer sur la conversation sans distraction et paraphraser en répétant dans nos propres mots ce que l'autre nous dit constituent des éléments d'une bonne écoute.

On doit prendre son temps pour réussir à impliquer son subordonné. « Cela prend le temps que ça prend ! », comme on dit. Presser son interlocuteur ne mène à rien. Le temps investi maintenant sera rentabilisé plus tard.

La perspicacité est aussi à pratiquer. Ce sont souvent de petits événements ou accrochages qui, lorsque non résolus entre des individus, persistent et deviennent des irritants quotidiens. Cela mine souvent l'atmosphère d'une équipe et crée des animosités. Un gestionnaire doit donc être vigilant sur ces aspects du travail car même s'il est un bon « administrateur » il lui faut aussi être un bon gestionnaire de personnes. Observer son équipe et être alerte aux commentaires et aux rumeurs est essentiel. Les « messages » envoyés sont des signaux auxquels un superviseur doit être attentif et il doit chercher à en savoir plus sur la situation. Il doit le faire discrètement et, quand il a identifié les gens en cause, il doit gérer le tout avec objectivité et détermination.

Les pièges à éviter !

Si le subordonné tente de faire des diversions et ne veut pas aborder le sujet, il y a de bonnes chances qu'il soit lui-même impliqué et qu'il ait causé le problème ou que quelqu'un d'autre qu'il cherche à « protéger » ait un lien avec l'histoire. Le superviseur doit manifester de la détermination mais en même temps il ne doit pas brusquer son subordonné, qui lui fermera rapidement la porte. Il vaut mieux avoir plusieurs rencontres avec un subordonné réticent que de le pousser pour qu'il s'ouvre. Entre les rencontres, le superviseur a le temps de voir plus clair et le subordonné, de son côté peut se préparer à livrer une « autre pièce du casse-tête », car il ne peut continuer à toujours cacher l'information qu'il possède. Il ne faut pas oublier que les situations problématiques créent de l'inconfort chez les gens.

Les émotions et l'agressivité sont à éviter. Le superviseur doit maîtriser ses émotions, car s'il se montre étonné et agressif devant certaines révélations, le subordonné aura plus de difficultés à s'ouvrir. Il faut comprendre que lorsqu'une personne fait une démarche pour se rendre voir son superviseur, il ne le fait pas de gaieté de cœur. Allez avouer qu'on est impliqué dans une situation problématique n'a rien de réjouissant. Si le superviseur se fâche ou manifeste de l'impatience, l'entretien risque d'être bref. La neutralité et l'objectivité sont de mise.

Trop parler ! On doit laisser le subordonné s'exprimer et bien l'écouter. Plus on parle, plus on risque de tenir des propos qui peuvent être mal perçus par les autres. Le subordonné réfléchit depuis quelque temps s'il doit venir rencontrer son superviseur ou non. Lorsqu'enfin il est en face-à-face, il a fort probablement préparé sa stratégie et peut-être même ses premières phrases. Il faut donc lui laisser l'occasion de livrer ses propos.

Comme plusieurs gestionnaires sont très occupés et orientés vers l'action, ils ont souvent tendance à vouloir agir rapidement et montrer qu'ils savent comment ça marche. Ils vont écouter brièvement et mettre tout de suite le cap sur la solution. Cette solution peut être bonne mais elle ira rarement résoudre le problème véritable. De plus, lorsqu'à l'avenir une situation problématique se présentera, les subordonnés iront immédiatement demander une solution à leur superviseur. Une sorte de culture et des habitudes s'installent et le superviseur devient un « éliminateur de problème ». Par ailleurs, il devient un spécialiste des solutions à court terme et ne considère qu'un côté de la médaille, celui du gestionnaire sans considération pour la solution du subordonné. Dans ce même esprit, lorsque le superviseur ne persiste pas à trouver le véritable problème, il tombe très vite en mode solution, ce qui ne résoudra probablement pas le problème à long terme.

CONCLUSION

Résoudre des problèmes est une des habiletés de gestion les plus difficiles à acquérir. Cela demande de la perspicacité, une bonne écoute et du jugement. Toutefois, il est très important que les gestionnaires parviennent à maîtriser cette démarche car les problèmes non résolus ont des incidences négatives sur les organisations et les individus. Les problèmes résolus créent un climat de confiance et une ambiance de travail axée sur les objectifs de l'organisation.

Un gestionnaire qui est déterminé à affronter les problèmes qui lui sont soumis constate rapidement des avantages pour l'entreprise, pour ses subordonnés et pour son propre leadership. Il peut être assuré que s'il fait cela adéquatement et de façon soutenue, ses subordonnés auront confiance en lui et viendront le voir pour résoudre les problèmes. Toute l'équipe travaillera mieux et aura plus de chances de produire les résultats attendus.

5 L'ÉVALUATION DE LA PERFORMANCE

LES OBJECTIFS DE CE CHAPITRE

- Acquérir une méthode simple et pratique d'évaluation de la performance
- Apprendre à fixer des objectifs de travail mesurables pour ses subordonnés, à identifier leurs aptitudes, leurs compétences, leurs attitudes et leurs comportements
- Connaître les aptitudes requises pour bien évaluer la performance de ses subordonnés
- Appliquer constamment la méthode acquise

Introduction

S'il est un domaine de la gestion qui est malmené, c'est bien l'évaluation de la performance. Dans plusieurs entreprises, c'est une obligation. Bien que les gestionnaires soient « forcés » d'apprécier le travail de leurs subordonnés, très souvent ils négligent cette importante partie de leur rôle. Le grand classique en la matière, après l'appel des ressources humaines demandant les évaluations pour une date précise, c'est de voir les gestionnaires tenter toutes sortes de manœuvres pour éviter l'exercice. Ils ne savent trop quoi dire, car ils n'ont pas pris de notes sur le travail de leurs subordonnés en cours d'année, certains cas sont difficiles à résoudre et ils tentent d'éviter ces situations embarrassantes. Bref, ils prétextent la surcharge de travail pour remettre à plus tard cet exercice incontournable. Il faut dire que la très haute direction n'est pas toujours exemplaire, elle reporte elle-même le travail pour les gestionnaires qu'elle doit évaluer. En somme, malgré la pression des ressources humaines, le manque de leadership de la direction fait que la culture d'appréciation du travail est souvent mise en veilleuse.

Pourtant, lorsque leur travail est apprécié, les gens ont tendance à rester dans l'organisation, ils sont motivés et le taux de roulement est bas. Au contraire, quand l'exercice est négligé, l'organisation voit partir ses meilleurs éléments. On sait qu'embaucher demande de l'énergie et engendre des coûts. En fait, si les organisations dépensaient autant d'énergie et de ressources à apprécier le travail des personnes en place qu'à embaucher du nouveau personnel, elles en ressortiraient gagnantes.

L'évaluation de la performance est pourtant un exercice de gestion facile d'accès. Il implique toutefois de la discipline et de l'observation. La démarche décrite plus loin n'a rien de très complexe et tient du gros bon sens. Les organisations qui mettent en pratique l'évaluation de la performance deviennent elles-mêmes plus efficientes, le personnel est plus motivé et les employés grandissent à l'intérieur de l'organisation. C'est aussi un outil de développement des individus.

Pourquoi évaluer la performance ?

Chaque employé a été embauché par l'entreprise pour jouer un rôle précis. On met beaucoup d'efforts pour recruter les bonnes personnes, pourtant les entreprises négligent de développer ces personnes après les avoir embauchées. L'évaluation de la performance est un outil pour développer les compétences du personnel.

L'évaluation de la performance permet également de mettre l'accent sur des objectifs associés à la mission de l'entreprise. Chaque année, les individus sont assurés de se voir attribuer des mandats, des objectifs, des tâches qui sont alignées sur les stratégies de l'entreprise. Comme résultat, cela donne un sens au travail de chacun et c'est motivant.

Les employés représentent un investissement important pour l'entreprise. Les gestionnaires doivent s'assurer que les sommes investies en ressources humaines sont rentables. L'évaluation de la performance est un outil pour clarifier les priorités de l'entreprise et les attentes envers les employés.

L'évaluation est aussi une garantie d'équité pour le personnel. Si elle est bien pratiquée, tous les employés reçoivent de la rétroaction sur leur performance et ont l'occasion d'exprimer leur intérêt à s'améliorer et à développer leurs compétences. Elle doit être faite pour tous les employés et non seulement pour les employés en difficulté.

Enfin, elle permet de constituer un dossier permanent de l'employé. L'information recueillie dans le cas de bonne performance peut permettre à l'employé d'accéder à des promotions lorsque la direction le souhaite. Elle est tout aussi importante en cas de sous-performance. S'il n'y a pas de preuve écrite que le subordonné n'a pas atteint les objectifs et les attentes par rapport à l'emploi, cela entraîne des coûts substantiels pour les entreprises en cas de différends.

QU'EST-CE QUE L'ÉVALUATION DE LA PERFORMANCE ?

L'évaluation de la performance est un processus de jugement et d'évaluation sur la façon dont quelqu'un ou quelque chose fonctionne. Au-delà de cet énoncé théorique, il faut bien se rendre compte qu'apprécier le travail de quelqu'un est une évaluation subjective car il est toujours difficile de mesurer avec précision la performance des employés. C'est une opinion basée sur des impressions et des perceptions. L'opinion de la personne évaluée et de la personne qui évalue peuvent différer grandement. C'est pourquoi il est essentiel d'appuyer les opinions, les impressions et les perceptions sur des faits et des exemples concrets de situations ou de comportements observés.

DÉFINITIONS

Un superviseur

Une personne qui supervise directement un employé. On dit aussi un patron, un *boss*.

Un subordonné

Un employé, un supervisé, un relevant.

Un but

Une cible à atteindre qui est plutôt générale.

EXEMPLE

Dans le but d'augmenter le volume des ventes, d'augmenter le profit de l'entreprise, dans le but d'avoir plus de clients.

Un objectif

C'est une cible précise à atteindre. Un objectif est mesurable et a un échéancier (une date à laquelle il doit être achevé).

EXEMPLES

- Notre objectif est d'augmenter le volume des ventes de 7 % d'ici le 30 juin 2011.
- Notre objectif est d'augmenter les profits de l'entreprise de 15 % durant la prochaine année fiscale.
- Notre objectif est de recruter 100 nouveaux clients d'ici la fin de l'année.

Un standard

Un standard est une norme déterminée par l'entreprise. C'est un critère de performance répétitif établi. Il doit être respecté en tout temps.

EXEMPLES

- Le secrétariat doit répondre au courrier reçu en deux jours ouvrables.
- Une déclaration de revenu standard exige trois heures pour être complétée.
- Un produit commandé par Internet doit être livré chez le client dans un délai de cinq jours ouvrables.
- L'appel d'un client doit être retourné dans les 24 heures suivantes.

Une description de tâches

Énumération des responsabilités d'un employé. On dit aussi description de poste, description d'emploi.

LES PRINCIPES DE L'ÉVALUATION DE LA PERFORMANCE

1. Doit-on relier l'évaluation de la performance à la paie ?

La paie doit d'abord passer par un système de rémunération équitable pour tous les employés de l'entreprise. Ce système doit tenir compte des responsabilités pour chaque poste ainsi que de la formation scolaire requise pour occuper ces postes. On tiendra également compte de l'expérience des individus. Les postes à responsabilité comparable sont rémunérés selon des échelles salariales. Il y a habituellement un salaire à l'entrée en poste sans expérience et un maximum au-delà duquel les individus sont « plafonnés » et ne reçoivent plus d'augmentation de salaire. Ils peuvent recevoir un montant forfaitaire à l'occasion, mais il n'est pas récurrent et il ne s'ajoute donc pas au salaire annuel. Ainsi, si une année il n'y a pas de montant supplémentaire accordé, le salaire reste le même.

Une fois le système établi le plus équitablement possible, selon la performance et les moyens de l'entreprise, il y a un montant global alloué aux augmentations de salaire. Ce montant global est ensuite distribué selon la courbe normale où les « performants » normaux se voient accorder une augmentation de 3 %, par exemple. Pour les individus qui se distinguent, ils pourront recevoir une augmentation de salaire de 6 %. Ceux dont la performance est sous la normale un pourcentage inférieur à 3 %.

C'est l'exercice de l'évaluation de la performance qui appuie et fournit la justification de base pour l'allocation des augmentations de salaire à chaque individu de l'entreprise. Habituellement, lorsque l'entreprise va bien, les augmentations sont plus substantielles et lorsque l'entreprise connaît des difficultés, les augmentations sont plus modestes, voire nulles. On peut donc dire que la rémunération est reliée à la performance individuelle mais qu'elle passe d'abord et avant tout par la performance de l'entreprise. Ce n'est qu'une fois toutes les évaluations de la performance complétées pour tout le personnel, que la direction décide alors de l'allocation des augmentations selon les équipes ou les individus les plus performants. La paie et l'évaluation de la performance sont donc liées, mais dissociés dans le temps.

2. L'organisation et les gestionnaires sont responsables du moral, de la performance et du développement de l'individu.

Les superviseurs sont responsables et doivent rendre des comptes sur le travail fait par leurs subordonnés. Ils doivent répondre des résultats, mais non des comportements. Au bout du compte, ils sont responsables du climat de travail, de la compétence et de la performance de leurs subordonnés. Si ce n'est pas satisfaisant, ils doivent agir.

3. La performance individuelle doit contribuer à la performance de l'organisation

Bien que les employés soient entièrement capables d'être autonomes, leur travail doit contribuer à l'atteinte des objectifs de l'organisation. Encore une fois, c'est aux gestionnaires de s'assurer que les tâches assignées aux membres de leur équipe sont alignées sur les stratégies de l'organisation. Les initiatives entreprises par les employés doivent également suivre les priorités.

4. L'évaluation de la performance doit s'appliquer à tout le personnel et non seulement aux employés qui sont en difficulté.

Parfois certaines organisations font une évaluation de la performance pour les personnes dont elles sont insatisfaites. Probablement qu'après consultation, on leur a suggéré de le faire pour éviter d'avoir mauvaise réputation en cas de poursuite à la suite d'un congédiement. L'exercice est important pour ceux qui performent également.

LES BÉNÉFICES DE L'ÉVALUATION DE LA PERFORMANCE

POUR LES SUBORDONNÉS

L'entreprise précise ses attentes par rapport au poste occupé par l'employé. L'employé sait donc clairement ce qu'il a à faire et quels sont les éléments qu'il doit appliquer à son travail (objectifs à atteindre, standards à respecter). Quand les attentes et les objectifs sont clairs, il s'agit d'un « contrat de base » pour l'année à venir entre l'entreprise et le subordonné.

Lorsque sa performance individuelle est évaluée, l'employé peut se positionner par rapport aux autres membres de son équipe de travail. Il comprend facilement où il se situe dans son entourage et il peut comparer sa performance.

Quand l'évaluation de la performance est réalisée adéquatement, l'employé a une meilleure compréhension du style de gestion de son superviseur ainsi que de la vision, des stratégies et des objectifs de l'organisation.

L'employé reçoit régulièrement de la rétroaction sur son travail. Il peut ainsi savoir si son travail est jugé satisfaisant ou non. Il peut surtout réagir et décider ou non d'apporter les changements nécessaires.

L'appréciation du travail permet à l'employé de savoir si certains comportements ou attitudes qu'il a à l'égard de ses collègues ou des clients ont l'aval de ses patrons.

POUR L'ENTREPRISE

En plus d'évaluer la contribution individuelle aux objectifs de l'organisation, l'évaluation de la performance permet une appréciation des compétences de l'équipe de travail. Que ce soit par rapport à la compétition, aux conditions de travail ou aux besoins de formation, l'organisation peut prendre les décisions nécessaires selon ses orientations. Elle peut augmenter les salaires si elle juge que les compétences en général sont élevées par rapport à la compétition ou maintenir le *statu quo* si elle juge le traitement accordé équivalent et équitable pour des compétences semblables.

Le contact régulier fait par les gestionnaires sur les bons coups et les points à améliorer permet de percevoir l'intérêt et la motivation au travail. Ce contact « terrain » permet de connaître l'atmosphère de travail et assure une communication constante entre la direction et les employés. Cette communication a l'avantage de favoriser le sentiment d'appartenance, la cohésion et la motivation.

L'évaluation de la performance donne un portrait juste des besoins communs de formation, d'outils, d'équipements, etc. L'organisation peut ensuite prendre les décisions nécessaires pour certains groupes ou tous les employés.

La planification de la relève pour la succession des gestionnaires dans l'entreprise est un aspect très important. Lors de l'évaluation de la performance, l'employé peut faire part de ses intérêts ou non à occuper un poste de gestion. L'organisation peut également suggérer à certains individus qui en ont le calibre de se préparer à éventuellement devenir gestionnaires. La formation en gestion et la pratique sont une bonne école.

Malgré tous les avantages qu'elle procure, l'évaluation de la performance rencontre plusieurs obstacles. Généralisée dans les organisations depuis environ cinquante ans, elle est devenue rapidement une « mode » incontournable. Pourtant, des spécialistes prétendent que 90 % des évaluations de la performance sont infructueuses. Les employeurs eux-mêmes reconnaissent que leur système est insatisfaisant. Plusieurs employés ont l'impression que c'est un exercice futile pour leur gestionnaire et que, par conséquent, ils n'y accordent eux-mêmes pas tellement de crédibilité. Ils pensent aussi que les points soulevés lors de l'évaluation de la performance sont bien souvent sans fondement réel.

Les spécialistes soulignent que la plupart des gestionnaires et des employés pensent à la rencontre annuelle quand il est question d'évaluation de la performance. Les gestionnaires ont tendance à visualiser une rencontre durant laquelle ils devront faire part de leurs commentaires sur la performance d'un employé dont le rendement n'est pas satisfaisant. Ils angoissent un peu et trouvent toutes sortes de raisons pour remettre à plus tard cet exercice laborieux et exigeant. Ils attendent même plusieurs mois avant de s'exécuter pour finalement conclure que ça n'en vaut plus la peine et qu'on va attendre à l'an prochain. Ils annoncent cela à leurs subordonnés en disant qu'ils n'ont pas eu le temps, occupés qu'ils étaient à une tâche très importante pour l'entreprise et, tout à coup, tout le monde est soulagé !

Parmi les obstacles rencontrés, on peut mentionner le malaise qu'ont les gestionnaires à faire part de commentaires délicats et leur inconfort face au comportement à adopter dans les cas d'employés difficiles. Ce malaise est tel qu'ils tentent par tous les moyens de reporter l'exercice pour tous les membres de leur équipe afin d'éviter d'affronter un seul cas lourd. D'autre part, certaines organisations imposent une « paperasse » longue et inutile qui n'est pas centrée sur l'essence même de l'évaluation de la performance.

On comprend donc que l'évaluation de la performance ne soit pas l'exercice préféré des gestionnaires. Ils s'y préparent mal, ressentent de l'inconfort et tentent de l'éviter. Lentement s'installe une « culture » où on fait l'évaluation de la performance de certains membres de l'organisation uniquement en négligeant de le faire pour les gestionnaires, principalement ceux de la haute direction. On fait comme s'ils n'en avaient pas besoin, qu'ils étaient autonomes et que, de toute façon, ils avaient bien d'autres choses à faire. L'organisation néglige alors de faire part de ses attentes à ses gestionnaires qui jouent un rôle clé, voire pyramidal, auprès des membres de leur équipe.

Or, pour qu'elle soit fructueuse, l'évaluation de la performance doit être continue durant toute l'année et non seulement constituer en une seule et unique rencontre annuelle. Le secret de la réussite est de faire part immédiatement à ses employés des observations faites sur leur travail, de maintenir un dossier qui tient à jour ces observations et de se préparer adéquatement à la rencontre annuelle.

➢ LES CINQ ÉTAPES DE L'ÉVALUATION DE LA PERFORMANCE

1. Constituer un dossier d'évaluation de l'employé.
2. Identifier les éléments servant d'assise à l'évaluation.
3. Faire des observations sur le travail (les points positifs et les points à améliorer).
4. Tenir une rencontre annuelle.
5. Faire son autoévaluation.

➢ Constituer un dossier d'évaluation de l'employé

C'est le superviseur immédiat qui est entièrement responsable de faire l'évaluation de la performance de son subordonné, et ce, de a à z.

La première étape consiste simplement à ouvrir le dossier de son subordonné, dans un fichier Word par exemple.

Nom de l'entreprise : ____________________

Nom de l'employé : ____________________

Titre : ____________________

Années de service dans l'entreprise : ____________________

Années de service dans le poste actuel : ____________________

Période couverte par la présente évaluation de la performance : de __________ à __________

Nom du superviseur : ____________________

Titre : ____________________

Il est important de compléter cette partie qui peut sembler accessoire. Il faut penser que les organisations restent et que les individus passent. Tous n'ont pas le même style de gestion et il se peut que la performance soit en lien avec la personne qui supervise. Connaître les périodes couvertes et le nom du superviseur fournit de précieux éclairages dans le cas où il y aurait un changement de superviseur au cours de la période d'évaluation.

VOTRE ÉVALUATION

Complétez l'information nécessaire pour chaque personne que vous devez évaluer. S'il vous manque certains détails, tentez de les obtenir car tôt ou tard cette information sera requise.

➢ IDENTIFIER LES ÉLÉMENTS SERVANT D'ASSISE À L'ÉVALUATION

➢ ÉTABLIR LES OBJECTIFS DE TRAVAIL DE SON SUBORDONNÉ

Les objectifs de travail sont un élément crucial de l'évaluation de la performance. Il faut toutefois distinguer les objectifs de travail de la description de tâche, des standards et des buts de l'entreprise. Le but constitue la cible à atteindre alors que l'objectif est plus précis et il a un échéancier.

EXEMPLES

- Le but est d'avoir un stand au centre de foires afin de recruter de nouveaux clients. L'objectif serait d'avoir un stand au centre de foires afin de recruter cinquante nouveaux clients avant la fin du prochain trimestre.
- Le but est de développer une nouvelle ligne d'espadrilles afin d'attirer une nouvelle clientèle dans l'établissement qui pourra ensuite acheter nos produits réguliers. L'objectif serait de développer une nouvelle ligne d'espadrilles afin de générer une augmentation du volume de vente de nos produits réguliers de 20 % d'ici la fin de l'année fiscale.

Un objectif est un segment mesurable qui définit quoi, combien et quand. Il est beaucoup plus précis que le but.

EXEMPLES

Les objectifs de travail annuels d'un vendeur pourraient ressembler à ceci :

1. Garder 80 % des clients existants d'ici le 31 décembre, soit la fin de l'année fiscale.
2. Recruter (45) nouveaux clients d'ici le 30 octobre.
3. Produire une pochette de promotion de l'entreprise avant le 15 mai. Le budget alloué est de 8 000 $.
4. Tenir un stand au congrès des urbanistes les 14, 15 et 16 juin prochains. Remettre 1000 dépliants de main en main. Le budget alloué est de 10 000 $.
5. Atteindre un volume total de ventes de 750 000 $ dollars d'ici le 31 décembre.

Habituellement, quand on se demande « comment saura-t-on que cet objectif est atteint ? », on a plus de facilité à le formuler. Si on a de la difficulté par exemple à savoir combien de clients vont répondre oui à nos offres, on peut utiliser d'autres indicateurs. Plutôt que de mettre l'accent sur le résultat final, on déterminera un nombre précis d'actions à prendre pour arriver à un résultat inconnu ou estimé.

EXEMPLE

Votre subordonné devra contacter 100 personnes susceptibles de devenir des clients dans l'espoir d'obtenir 45 nouveaux clients. C'est une façon de déterminer un objectif mesurable, même si on n'est pas certain d'atteindre le résultat espéré. L'objectif devient alors de contacter 100 personnes et non pas d'obtenir 45 nouveaux clients.

Cinq objectifs de travail suffisent pour l'année. À plus de cinq, on a tendance à perdre les véritables cibles de vue. Il est toujours préférable d'accorder un ordre de priorité à ces objectifs, c'est-à-dire un ordre d'importance les uns par rapport aux autres.

Il est fréquent que, dans un poste donné, une personne se voie confier des mandats périphériques ou des tâches particulières. C'est le cas de petites organisations qui n'ont pas les moyens d'avoir des spécialistes en communications ou en ressources humaines, par exemple. Ces éléments peuvent constituer des objectifs à inclure. Ils s'ajoutent normalement au travail régulier et constituent des perspectives d'avenir pour l'organisation et le personnel.

EXEMPLES

- Préparer un plan de communication pour l'organisation.
- Produire un dépliant.
- Mettre à jour le site Internet.
- Informatiser les dossiers papier de l'organisation.
- Écrire un livre des procédures internes.
- Organiser la réunion annuelle ou le party de Noël.

Pour certains types d'emploi, lorsque les gens sont au service d'autres personnes, par exemple pour analyser des dossiers, donner des avis techniques, résoudre des problèmes ou répondre à des clients, il est impossible de prédire combien de personnes feront appel à leurs services. Comme ce n'est pas possible d'établir des objectifs mesurables pour ce genre de poste, on va plutôt déterminer des standards qui s'appliqueront à toutes les personnes qui occupent un même type de poste. Ces standards de performance sont en quelque sorte des normes à rencontrer lorsqu'un employé offre un service. Une organisation qui offre un service d'orientation, par exemple, déterminera qu'une rencontre avec un client dure trois heures, que la préparation du rapport et la saisie des données prend une heure et que le standard de temps qu'un préposé doit consacrer à un client qu'il rencontre est de quatre heures.

EXEMPLES

- Répondre à une demande d'un client en deça de 48 heures.
- Répondre à un client mis en attente au téléphone à l'intérieur d'un maximum de trois minutes.
- Livrer une commande chez le client dans les 24 heures suivantes.
- Produire une pièce avec moins de 2 % d'erreurs sur la chaîne.

Ces standards ou normes doivent être établis conjointement par le personnel qui les applique et la direction. Si c'est la direction seule qui, à l'aide de statistiques, dicte le temps nécessaire, le personnel y trouvera des exceptions, argumentera et finalement il y a de forts risques que le système soit abandonné ensuite. Il vaut mieux adopter une approche participative. On comprend aussi qu'il puisse y avoir des exceptions à ces standards. Cependant, lorsqu'un grand nombre de cas sont traités, toutes les personnes devraient se situer tout près de la norme. Si ce n'est pas le cas, c'est que la personne consacre trop de temps à certains aspects et devrait améliorer sa façon de faire.

Les standards s'appliquent lorsque le travail exécuté est répétitif et que les conditions et l'environnement de travail sont relativement constants. Par exemple, on ne pourrait exiger que des portes et des fenêtres soient posées à l'intérieur d'un temps standard précis. L'enlèvement des vieilles fenêtres et les conditions de pose varient d'un endroit à l'autre et le standard serait donc inapplicable.

Dans certains cas, même si des objectifs mesurables sont clairs et bien établis, il peut être facile d'établir la cible, mais elle peut devenir difficile à atteindre lorsque la personne ne contrôle pas tous les facteurs. C'est le cas lorsqu'il y a une interdépendance entre des individus, des services ou des équipes. L'atteinte des objectifs d'un individu dans l'équipe peut dépendre de ce que son collègue produira comme travail. Si ce dernier tarde à fournir un produit ou un service, la personne responsable de l'objectif aura inévitablement du retard à produire son propre travail. Un autre exemple est celui d'un vendeur de voitures qui a des objectifs d'unités à vendre par mois ou par année. Il dépend aussi de la qualité du produit qu'il vend, ce sur quoi il n'a pas de contrôle, et du marketing, qu'il ne contrôle pas non plus. De plus, la compétition offre des produits qui peuvent, certaines années, susciter l'engouement des acheteurs. Il est donc difficile d'établir des objectifs individuels dans des cas semblables, même s'ils sont mesurables.

EXEMPLES

- Réaliser une campagne de marketing dans le but de stimuler les ventes de 15 % d'ici le 31 décembre. La campagne peut être très bien conçue; si les vendeurs ne suivent pas ce sera un échec.
- Améliorer la satisfaction des clients. On peut mesurer la satisfaction par des sondages dont la conception peut être questionnée. L'attitude de la personne qui contacte le client, la façon dont il est abordé et l'heure de l'appel sont des facteurs qui influencent grandement le résultat.

Dans ces cas, on doit s'assurer de l'équité envers toute son équipe. Si les conditions, même variables, s'appliquent uniformément à tous, on pourra réviser et ajuster les objectifs en fonction des conditions du marché, qu'il soit à la hausse ou à la baisse. Établir des objectifs trop ambitieux peut décourager tout autant que des objectifs modestes peuvent démotiver.

IDENTIFIER LES HABILETÉS ET LES COMPÉTENCES REQUISES

En plus d'identifier des objectifs mesurables, on identifie quelles sont les habiletés et les compétences requises pour occuper le poste. Il s'agit d'un niveau différent de celui des objectifs de travail. Les habiletés et les compétences concernent le savoir-faire requis pour le poste occupé. Ces aptitudes personnelles et ces compétences ont probablement été précisées dans la description de poste, mais on peut être plus précis et identifier ce que l'organisation recherche pour que la personne devienne encore plus performante. De plus, cela permet aux gestionnaires de façonner de manière plus pointue ce qu'ils attendent de leur personnel. On peut insister sur quelques habiletés et compétences à développer chaque année. Le gestionnaire doit expliquer à son subordonné qu'il s'agit d'un cheminement progressif et que cela contribue à son développement personnel tout en apportant de la valeur à l'organisation. Les habiletés et compétences sont donc des éléments que le subordonné possède déjà ou qu'il peut développer.

Il faut choisir les compétences attendues chez son subordonné en fonction de celles requises pour le poste occupé. Bien que la plupart des compétences soient souhaitables chez un employé, il est impossible d'exiger autant d'une seule et même personne. Il faut donc faire un choix et se restreindre à environ trois compétences qui sont pertinentes et essentielles. Autrement, les commentaires perdent de leur valeur. Ainsi, chaque année on insiste sur trois nouvelles compétences et habiletés que la personne verra à développer et perfectionner.

EXEMPLES

- Le LEADERSHIP. C'est la capacité à influencer les autres de façon positive. Un bon leader innove, fait preuve d'initiative et fait la promotion du changement positif. Il n'hésite pas à faire part de son opinion.
- Le MANAGEMENT. Un manager démontre des habiletés pour la planification, l'organisation du travail, la direction et le suivi (contrôle) des activités qui sont sous sa responsabilité. La PODC.
- L'ORGANISATION DE SON TEMPS. C'est le fait de bien organiser son travail, d'identifier ses priorités et d'être productif.
- La COMMUNICATION. Pouvoir communiquer aisément et clairement par écrit et verbalement, avoir de l'habileté à vendre ses idées; communiquer régulièrement.
- L'ESPRIT DE DÉCISION. Être capable de juger, d'analyser, de décider et d'agir promptement.
- La CONNAISSANCE DU TRAVAIL. Posséder les habiletés techniques et les connaissances requises pour l'emploi. Se tenir à jour par l'acquisition de connaissances nouvelles.
- La VENTE. Démontrer des habiletés à convaincre de la qualité et de la valeur d'un produit, d'une idée, et être capable de conclure la vente.
- La DIRECTION DE RÉUNIONS. Organiser régulièrement des réunions d'équipe et les diriger efficacement.
- La DÉLÉGATION. Déléguer efficacement des tâches à son entourage; se ménager du temps à consacrer à la gestion.
- L'ÉVALUATION DE LA PERFORMANCE. Évaluer constamment la performance de son personnel et non seulement lors de la rencontre annuelle.
- Le TRAVAIL D'ÉQUIPE. S'intégrer à l'équipe et reconnaître la contribution des autres; ne pas s'accaparer le mérite du travail des autres; respecter le fait que tous ne contribuent pas autant et de la même manière.
- Le RESPECT DES BUDGETS. Avoir l'intérêt et la capacité de respecter les budgets établis et être préoccupé par leur importance.

- L'ÉCOUTE. Écouter correctement ce que les gens disent, ce qu'ils veulent dire, se concentrer sur les gens; ne pas être distrait et confirmer ou paraphraser dans ses mots ce que l'autre personne dit; faire preuve d'empathie.
- La QUALITÉ DU TRAVAIL. Produire un travail de qualité en œuvrant au maximum de ses habiletés personnelles; prendre le temps de se réviser avant de remettre un travail, même si l'on sait que quelqu'un d'autre le fera.

On peut en ajouter au besoin, selon les compétences et les aptitudes requises par le poste.

EXEMPLES

- Pour quelqu'un qui utilise un véhicule de l'entreprise identifié au nom de la compagnie, on peut inclure qu'il doive conduire prudemment et avec civisme.

- Pour une personne qui utilise des équipements particuliers, ce peut être de respecter les normes de sécurité en vigueur, comme porter un casque de sécurité.

Même si certaines procédures sont écrites et connues, le fait de ne pas insister régulièrement sur leur importance peut mener à de la négligence. Il faut donc que les gestionnaires rappellent souvent la nécessité de bien appliquer les consignes et que tous doivent s'y conformer. La direction doit jouer un rôle exemplaire par rapport à tous les règlements qu'elle demande d'appliquer, sinon le laisser-aller se répand rapidement à toute l'organisation.

IDENTIFIER LES ATTITUDES ET LES COMPORTEMENTS REQUIS

Tous les traités de gestion parlent de l'idée de fixer des objectifs de travail pour son personnel. C'est la situation idéale! Pourquoi? Parce que les objectifs sont mesurables et qu'ils ont une échéance. Par conséquent, il est relativement facile de déterminer si les objectifs sont atteints ou non. Même s'il peut y avoir des raisons qui le justifient, l'employeur et l'employé peuvent rarement être en désaccord sur l'atteinte ou non de l'objectif.

Cependant, dans plusieurs types d'emploi, il est carrément impossible de fixer des objectifs mesurables pour ses employés. Des éléments comme la courtoisie, l'empressement, la qualité d'un avis technique sont impossibles à mesurer avec précision. Cela tient bien souvent à la personnalité et au professionnalisme des gens en poste.

De plus, la conception de la qualité et d'un accueil chaleureux peuvent différer d'une personne à l'autre. Ces cas sont très difficiles à évaluer, car le superviseur peut avoir des attentes et l'employé peut avoir l'impression de faire un travail correct, et les deux peuvent être à des lieues de distance. Ce sont les situations les plus complexes à évaluer en matière de performance.

Dans ces cas, il est préférable de déterminer quels sont les comportements et les attitudes requises pour bien réussir dans le poste. Ce n'est pas facile mais on peut procéder graduellement. Une fois qu'on a identifié ce qui est attendu, on tente de façonner la personnalité de celui qui occupe le poste en soulignant les attitudes et les comportements positifs pour qu'ils soient reconnus et adoptés. Il vaut toutefois beaucoup mieux identifier ces éléments au moment de l'embauche, car il y aura beaucoup moins de travail à faire et peu de correctifs à apporter. On n'a qu'à embaucher une personne qui possède le maximum de ce qu'on recherche. Tenter de façonner quelqu'un contre sa nature représente parfois un défi insurmontable et surtout énergivore !

Par ailleurs, même lorsque des objectifs mesurables peuvent être reliés à l'emploi, il est tout aussi important de tenir compte des attitudes et des comportements. Ils sont source de leadership par rapport aux clients et aux collègues et ils sont garants d'une organisation saine et motivée quand ils sont positifs. Par contre, lorsque ces comportements et ces attitudes engendrent des tensions et des mésententes, c'est contreproductif et démotivant. Les énergies sont canalisées aux mauvais endroits et l'entreprise y perd énormément.

L'expression « on engage pour des compétences et on congédie pour des attitudes et des comportements » est tout à fait à propos. Pour ce qui est du côté professionnel, il est rare qu'une personne déçoive à cause de ses compétences. Lorsque cela arrive, les gestionnaires persistent et offrent généralement des formations d'appoint. En quelque sorte, on ne le fait pas pour le savoir-être mais on le fait pour le savoir-faire.

Les attitudes et les comportements sont des éléments qui gouvernent l'atmosphère dans un bureau. Des relations interpersonnelles respectueuses, l'acceptation des idées des autres, le positivisme, l'entraide et la vaillance, par exemple, créent un climat propice à la productivité de toute une équipe. Au contraire, une personne qui est négative, qui parle dans le dos de tout le monde, qui crie après ses collègues de travail, qui porte des blâmes et qui est peu professionnelle mine le travail de l'équipe et peut contaminer toute une organisation.

Il est donc important que les gestionnaires soient clairs par rapport aux attitudes et aux comportements qui doivent prévaloir dans le milieu de travail. Il faut choisir les attitudes et les comportements attendus chez son subordonné qui correspondent à ceux requis pour le poste occupé. Façonner les attitudes et les comportements est un travail progressif, on demandera au subordonné de travailler environ trois aspects chaque année. Il est évident qu'un gestionnaire souhaite que tout son personnel possède tous ces attributs. Il faut nécessairement composer avec la personnalité de chacun. Toutefois, il faut indiquer rapidement au subordonné les comportements appréciés pour le poste et souligner pourquoi ils sont importants pour l'organisation. De la même manière, les attitudes et les comportements inacceptables doivent être mentionnés avec l'impact qu'ils ont sur l'entreprise. C'est la principale justification des comportements indésirables et elle est importante. Ces justifications, qu'elles soient positives ou négatives, deviennent reliées aux valeurs de l'organisation et s'insèrent dans la « culture de l'organisation ». C'est la meilleure façon de s'assurer que les attitudes et les comportements souhaités deviennent la norme à long terme. Autrement, certains délinquants peuvent penser que ce n'est qu'un goût personnel du gestionnaire et ils persistent dans leurs mauvaises habitudes.

EXEMPLES

- La FIABILITÉ. La fiabilité est le fait de tenir parole dans ses engagements, de respecter ses échéanciers et de livrer le travail selon les ententes établies (travail commandé par rapport au travail livré).
- Les RELATIONS INTERPERSONNELLES. Les relations interpersonnelles représentent la façon dont une personne interagit avec son entourage. Ces relations peuvent être cordiales, faciles, alors qu'à l'opposé une personne peut chercher à toujours avoir raison et aimer être le centre d'attraction, au point de semer le trouble.
- La LOYAUTÉ. La loyauté implique qu'une personne endosse la position de l'organisation malgré les divergences d'opinion. Cette solidarité peut s'expliquer en disant que la personne est en désaccord pour telle ou telle raison, que la décision prise est une décision de l'organisation et qu'elle sera solidaire dans la mise en place de la décision et de l'évaluation des résultats.
- Le MORAL. C'est pouvoir garder une attitude positive même dans les situations difficiles et délicates. Sans tout voir en rose, une personne qui a un bon moral et qui est positive s'efforcera de trouver les côtés positifs d'une situation plutôt que de constamment maugréer ou paraître déprimée.
- La RÉSOLUTION LES PROBLÈMES. C'est affronter avec courage et détermination les situations problématiques et ne pas laisser traîner les difficultés

de fonctionnement tout comme les tensions et les conflits entre les individus.

- La PERSÉVÉRANCE. C'est être déterminé et tenace dans l'accomplissement d'une tâche ou la défense d'une idée. C'est aussi ne pas lâcher prise aux premières embûches.
- La CONSCIENCE PROFESSIONNELLE. La ligne est parfois mince entre la rigueur, l'éthique, les valeurs professionnelles et les exigences d'une situation. Une personne qui a une bonne conscience professionnelle est capable de bien jauger ses valeurs et en connaître les limites. Elle est aussi capable d'en parler ouvertement avec des collègues, la haute direction, des mentors, etc. Elle doit aussi avoir le courage de dire que, professionnellement, elle ne peut souscrire à une décision ou appuyer un projet.
- La CRÉATIVITÉ. C'est l'habileté à analyser une situation et à proposer des idées qui innovent et apportent des solutions harmonieuses. Des idées nouvelles !
- L'ESPRIT D'ANALYSE. C'est la capacité à comprendre une situation, à en décortiquer les éléments et à la synthétiser. Il s'agit d'appliquer une logique rigoureuse. L'analyse sert à appuyer des idées, des arguments.
- L'ADAPTATION AU CHANGEMENT. L'adaptation au changement signifie qu'une personne est capable de vivre avec le changement, qu'elle est capable d'analyser et d'apprécier ce qu'il provoque et d'être à l'aise pour le mettre en place. Le changement est une façon d'innover et de se démarquer. Pour certains, le changement représente une menace car ils ne sont confortables que dans le *statu quo*.
- La PONCTUALITÉ. C'est être à l'heure et respecter le temps des autres.
- L'ENTREGENT. L'entregent chez quelqu'un veut dire que cette personne est d'un abord facile, qu'elle est sincère et chaleureuse. Cette personne est agréable à côtoyer. Elle n'a aucune difficulté à entrer en relation avec d'autres personnes, même si elles lui sont inconnues. Les personnes qui ont de l'entregent ont habituellement une belle assurance sans arrogance.
- La CAPACITÉ DE DIRE NON. Dire non implique que la personne est capable de prendre des décisions corsées, voire impopulaires, pour le bien de l'organisation. Quelqu'un qui est capable de dire non ne gère pas pour établir sa cote de popularité mais plutôt pour le bien-être de l'organisation. Normalement, cette personne démontre un bon jugement et de l'assurance.
- La TENUE et la PROPRETÉ PERSONNELLE. C'est un sujet très délicat. Selon l'emploi occupé, on peut demander à quelqu'un de se vêtir de façon à

projeter une image professionnelle de l'entreprise. Une tenue négligée reflète la personnalité de quelqu'un. Une personne peut se vêtir à son choix dans sa vie personnelle, mais au travail et surtout lorsqu'il y a des rencontres avec des personnes de l'extérieur, il est important que les clients aient une image positive de l'organisation. C'est souvent lorsque quelqu'un suscite des commentaires répétés que ça peut devenir embarrassant. Les tenues osées et « à la limite » sont très difficiles à gérer. Par ailleurs, lorsque la direction le juge, il faut traiter ces cas. La propreté corporelle est tout aussi importante. Les odeurs, les cheveux malpropres, rebutent les collègues et les clients. Là encore, il faut énoncer les impacts de la tenue et de la propreté sur l'organisation.

- La VITESSE D'EXÉCUTION. Il faut être capable d'accélérer la vitesse de travail en période de pointe et lorsque les priorités l'exigent. Certaines personnes ne connaissent qu'une vitesse : lentement. On doit être soucieux de l'impact de commentaires sur cet aspect. Il est difficile de mesurer précisément à quel point la personne est en dessous de la limite acceptable. Il faut vraiment que ce soit notoire pour intervenir.
- La RÉSISTANCE AU STRESS. Aucun milieu de travail n'échappe au stress. Le stress dit « positif » est stimulant pour l'humain. C'est le stress continuel qui est dommageable. Pour des raisons importantes pour l'organisation, on peut demander à des personnes de contrôler leur stress. Il existe des formations pour y réussir.
- La DÉBROUILLARDISE. Cela signifie simplement d'être capable d'initiative en cas de crise ou d'urgence sans nécessairement faire appel constamment aux autres pour s'en sortir.
- Le SERVICE AUX CLIENTS. Le service aux clients peut comporter plusieurs facettes. On peut demander à quelqu'un de faire preuve d'empressement et de patience face aux clients. On peut aussi exiger une salutation accompagnée d'un « sourire de banque », une écoute attentive. Habituellement, on demande qu'un client soit bien accueilli : poliment et avec un sourire.
- La POLITESSE. C'est être courtois et poli envers son entourage.
- L'ORIENTATION VERS L'ACTION. C'est le fait d'être capable de transposer des idées et des stratégies en actions concrètes. Passer de la théorie à la pratique.
- La DISPONIBILITÉ. Cela signifie de se rendre disponible à ses collègues et de démontrer de l'empathie à expliquer et enseigner.

- La MOTIVATION. C'est le fait de démontrer de l'entrain, d'être capable de se motiver et d'être dynamique au travail.
- La VAILLANCE. C'est faire preuve de volonté et d'ardeur au travail; ne pas laisser s'accumuler le travail.
- L'AUTONOMIE. C'est la capacité de travailler seul et de produire soi-même un volume de travail satisfaisant.

On pourrait allonger la liste encore. Selon la nature du poste occupé, on peut être précis sur les attitudes et les comportements qu'une personne possède ou qu'on souhaite voir se développer chez elle.

EXEMPLES

- À une personne qui doit utiliser de l'équipement, on peut demander d'avoir le souci du rangement et de l'entretien des véhicules, des outils, des appareils, etc.
- À une préposée aux malades, on peut demander de faire preuve de patience et de compréhension en tout temps.
- À un serveur dans un restaurant, on peut demander vivacité et vitesse d'exécution, et ce, pour lui faire comprendre de bien servir la clientèle.
- À des préposés aux caisses, on peut exiger que lorsqu'un client s'approche, ils doivent arrêter toute conversation entre eux.

QUI DÉTERMINE LES ÉLÉMENTS ?

L'approche suggérée est celle où le superviseur et le subordonné préparent ensemble les objectifs de travail, les standards, les compétences et les aptitudes tout comme les attitudes et les comportements sur lesquels insister. C'est le superviseur en premier lieu qui demande à son subordonné de préparer une liste d'objectifs (maximum cinq) qu'il croit importants pour l'année qui vient et de les hiérarchiser. Il peut aussi demander de déterminer des standards à son subordonné ou à toute l'équipe qui aura à les appliquer. Le superviseur peut également participer à l'élaboration de ces standards. Pour les aptitudes et les compétences et aussi pour les attitudes et les comportements, on peut procéder de même en les établissant au sein de l'équipe qui aura à les appliquer. Cette approche favorise l'implication, le sentiment d'appartenance, et cela permet aux bons employés de s'exprimer, donc d'avoir des standards élevés et de haute qualité. Il faut aussi comprendre que dans certains milieux où les employés ont autant de pouvoirs sinon plus, que la direction ces standards sont plutôt modestes. Toutes les situations ne sont pas idéales ! Cela vaut particulièrement dans les très grandes organisations où les conventions collectives ont déjà établi les standards. Pour certains types d'organisations, les bonnes attitudes et les bons comportements qui prévalent sont parfois faciles à implanter alors que dans d'autres cas, notamment dans les très grandes entreprises, ça peut être beaucoup plus difficile…

Le subordonné remet ensuite une liste des objectifs, des standards, des compétences, des aptitudes, des attitudes et des comportements à son superviseur qui peut se donner environ une semaine pour les réviser. Le rôle du superviseur est de s'assurer que ces éléments sont en lien avec la mission, la vision et le plan d'affaires (plan stratégique) de l'entreprise, tout autant qu'avec le poste occupé par la personne. On peut moduler les attitudes et les comportements, qui eux sont plus personnels, en fonction de la personne.

Le superviseur est responsable du travail et des attentes par rapport à son équipe. Ainsi, il ne doit pas accepter des objectifs et des cibles en deça des capacités du supervisé, sinon ces cibles pourraient être rapidement dépassées. Si la rémunération est reliée à la performance, cela pourrait entraîner de l'iniquité.

De la même manière, le superviseur doit surveiller si le supervisé n'est pas trop optimiste et ambitieux dans son évaluation des cibles à atteindre. Cela pourrait miner la confiance du subordonné s'il ne les atteint pas. De plus, le fait d'intégrer au budget des revenus anticipés en fonction de cibles trop élevées pourrait mettre l'entreprise dans une position de déficit si elles ne sont pas atteintes.

Dans tous les cas, le superviseur est responsable des cibles établies pour ses subordonnés. Il a aussi le dernier mot en cas de divergence sur leur choix. Il a toutefois intérêt à négocier parce qu'il y a beaucoup d'avantages à ce que le supervisé développe son sentiment d'appartenance et qu'il soit emballé et excité par les cibles qu'il doit atteindre. S'il n'est pas impliqué dans le choix des cibles, le tout sera mis au classeur et ouvert quelques jours avant la rencontre annuelle. Le supervisé sera plus intéressé à trouver des moyens pour se justifier de ne pas les avoir atteintes.

Le supervisé et le superviseur doivent également discuter des moyens fournis par l'entreprise pour atteindre les objectifs et les autres éléments (temps, personnes ressources, frais de consultation, budget, etc.).

VOTRE ÉVALUATION

Bien qu'il soit idéal d'établir des objectifs de travail mesurables pour son personnel, cela n'est pas toujours possible. Identifiez seul les objectifs de travail que vous entrevoyez pour l'année qui vient. Demandez à votre subordonné de faire de même en fonction des stratégies de l'organisation. Précisez-lui les balises à l'intérieur desquelles se situent les objectifs de l'organisation. Demandez-lui de vous fournir ce qu'il considère comme étant ses cinq objectifs prioritaires. Mentionnez que la décision finale vous appartient mais que vous aimeriez qu'il vous donne sa vision pour ensuite en discuter.

À défaut de pouvoir déterminer des objectifs mesurables, réfléchissez à ce que vous considérez comme une bonne performance pour le poste occupé. Il est probable que vous en veniez alors à identifier les attitudes, les comportements, les compétences et les habiletés souhaités. Demandez à votre supervisé de réfléchir à ce que lui-même voit comme étant essentiel pour bien réussir dans le poste qu'il occupe. S'il y a plusieurs personnes qui occupent un poste semblable dans l'organisation, vous pourriez, lors d'une rencontre, préciser quelles sont les principales qualités nécessaires pour réussir à bien faire le travail. En procédant de cette façon, vous développerez une cohésion et les compétences et comportements souhaités seront de haut calibre.

Pour les postes dans lesquels les personnes doivent répondre à des clients, réagir à des commentaires, donner des avis techniques, tentez d'en venir avec leur collaboration à établir des standards, des normes qui s'appliqueraient à toutes les personnes qui occupent ces postes.

Bien que vous souhaitiez que chaque employé s'améliore pour qu'il progresse le plus rapidement possible, il est plutôt conseillé d'y aller à petits pas. Surtout si vous avez décidé récemment d'implanter la pratique de l'évaluation de la performance dans votre organisation. Créez d'abord un climat positif autour de cet exercice. Votre personnel s'interroge sans doute sur ce que sera l'évaluation de la performance et ses implications. Les premiers pas doivent être inspirants et enrichissants pour l'individu. Ainsi, même si vous souhaitez corriger, changer et remettre en ordre certains traits de personnalité, n'y allez pas trop fort ni trop vite, car la réaction peut être vive et négative. Insistez d'abord sur les côtés positifs autant pour les attitudes et les comportements que pour les compétences et les aptitudes. Identifiez les traits de personnalité, comme l'ardeur, la vivacité, le leadership, l'intérêt à se charger d'initiatives, et faites des remarques pour solidifier ces traits de la personnalité de chacun. Quand les personnes auront l'habitude de vous entendre, soulignez alors quelques aspects qu'elles pourraient améliorer. Laisser la place aux autres, aider un collègue dans son développement, mieux réfléchir avant de sauter dans l'action sont des exemples de points que vous pourriez exiger.

Votre entourage saura alors que vous reconnaissez chez chacun des côtés forts et que vous voulez également « polir » leur personnalité pour qu'ils s'améliorent. La nuance est importante, car en faisant des « dépôts » dans le « compte affectif » en premier lieu, il sera plus facile de faire des « retraits » ensuite... Après quelques années, vous pourrez même sentir que les gens veulent savoir de vous ce qu'ils doivent parfaire et beaucoup moins ce en quoi ils sont bons. Ils seront plus avides de commentaires sur ce qu'ils peuvent améliorer car ils verront comment vos remarques les ont fait grandir.

Concrètement en plus des cinq objectifs de travail mesurables ou encore des deux ou trois standards si possible, identifiez trois compétences ou habiletés ainsi que trois attitudes et comportements sur lesquels la personne devra insister et se concentrer dans la prochaine année.

Faire des observations sur le travail

Les observations sont la clé du succès de l'évaluation de la performance. Pour les points positifs, il doit s'agir d'un événement, d'un comportement, d'un produit livré qui est important et remarqué et pour lequel on peut dire ou décrire la compétence, le comportement et la qualité du travail produit et, surtout, ce qui a induit ou provoqué cette situation.

EXEMPLES

- Votre subordonné a fait une bonne présentation devant des clients. Pourquoi ? Le discours était bon, les mots bien choisis, le vocabulaire riche, des pauses ont été faites pour laisser aux clients le temps d'absorber l'information, le contact visuel a été établi et maintenu, les arguments étaient convaincants, le temps a été respecté, une bonne gestuelle et de l'assurance ont mise les clients en confiance. À cause de cette bonne présentation on a conclu une vente importante. « Bon travail Dominique ! ».

- Un de vos subordonnés a pris l'initiative de mettre en place une équipe de sécurité dans l'édifice, en cas d'urgence. Il s'agit d'une bonne idée pour la sécurité du personnel. Marie a assuré une bonne coordination des énergies, a mis en place des capitaines d'étages. « Nos employés se sentent plus en sécurité ainsi ». Trois personnes vous en ont parlé. « Bonne initiative et bon travail Marie ».
- Marcel a eu une bonne réaction avec un client difficile. Il a fait preuve de patience et de compréhension. Il s'est assuré en écoutant bien, et en confirmant avec le client qu'il avait bien compris son problème de délai de livraison qui lui cause des ennuis avec ses propres clients. Votre supervisé a dit au client qu'il s'occuperait de son cas personnellement et qu'il aurait une réponse avant demain matin. Il a tenu parole et nous avons gardé sa clientèle. Comme c'est un client important pour notre entreprise, votre supervisé a adopté une très bonne approche. C'est difficile de subir les foudres d'un client, mais cela fait partie du travail à l'occasion et votre supervisé a bien réagi. « Bon travail Marcel ».

En résumé, il faut être capable, lorsqu'on fait des commentaires sur le travail de ses subordonnés, de démontrer ce qu'on qualifie de bonne performance en utilisant des exemples concrets, comme relever des gestes, des attitudes, des comportements posés par son subordonné. C'est la seule façon d'être crédible !

Pour les points à améliorer, on procède de la même manière. Il faut noter ses observations, les gestes posés, le comportement adopté et en quoi cela a nui à l'organisation.

EXEMPLES

- Un cas où votre subordonné a ouvertement blâmé quelqu'un d'un autre organisme pour son manque de professionnalisme et l'a accusé d'être profiteur. Même si c'est vrai, vous ne tolérez pas ce genre de commentaire. À l'avenir, vous désirez que votre subordonné fasse preuve de retenue car vous croyez qu'on ne gagne rien à diminuer les autres. Dans toute organisation qui se respecte, on se doit d'être correct dans ces situations car tôt ou tard nous deviendrons la cible à notre tour. C'est la réputation de l'organisation qui est en cause et ce genre de commentaire n'a pas sa place.

- Vous notez que votre subordonné est souvent débordé par le travail et a de la difficulté à réaliser à temps toutes les tâches attendues par lui et son équipe. Votre employé a tendance à garder beaucoup de travail pour lui-même, alors qu'il pourrait mieux déléguer des tâches. Vous lui mentionnerez que vous avez remarqué ce fait et que ce que vous attendez de lui est d'avoir du leadership et de diriger les membres de son équipe. Pour faire cela, il doit accorder plus de temps à la planification et avoir des contacts plus fréquents avec son équipe. Mais il doit d'abord leur confier plus de travail à réaliser pour se décharger lui-même. Vous lui répéterez que sa tâche première est de gérer une équipe et non de faire du travail technique à la place de ses équipiers. Il y a des techniciens pour cela qui sont compétents et ne demandent pas mieux. L'impact sur l'organisation est que son personnel est parfois en attente de travail pendant que lui-même travaille fort dans son bureau à réaliser des tâches.

Il faut consigner les observations dans le dossier d'évaluation de l'employé, dans lequel on fait deux en-têtes : l'un avec les points positifs et l'autre avec les points à améliorer. Ensuite, on note ses observations sous chacun des en-têtes. Durant toute une année, on remarque environ cinq points positifs et deux points à améliorer. Ce qui est noté doit donc être important et significatif. Le style abrégé convient bien mais, lors de la préparation à la rencontre annuelle, il faudra pouvoir se souvenir des détails. Il est donc préférable de finaliser son texte immédiatement car, de toute manière, on devra l'écrire convenablement pour que notre subordonné comprenne notre propos quand on lui remettra un exemplaire.

Lorsqu'on n'a pas accès directement à son poste de travail, on notera simplement un mot clé et on s'empressera de consigner la note au dossier de retour au bureau. Prendre en note les observations est très important, mais il est encore plus important de faire part de ses observations le plus tôt possible. On n'attend pas à la fin de l'année pour le faire. Il faut procéder immédiatement pendant que c'est « frais ». Les remarques ont beaucoup plus d'impact ainsi. En faisant part des commentaires le plus tôt possible, on encourage ainsi la poursuite des bons comportements et on arrête les comportements indésirables.

En plus de relever des observations positives ou négatives, on a intérêt à célébrer les bons coups, entre autres quand il s'agit d'une réalisation majeure (une pochette de promotion, un dépliant, un nouveau livre des politiques et procédures de l'entreprise, un projet terminé, un objectif atteint par une équipe). Il n'est pas nécessaire d'être extravagant. Le but est de souligner la réalisation. Un café–muffins, une rencontre dans la salle de conférences pour présenter le produit à tous les employés ou pour réunir l'équipe qui a réalisé le projet font très bien l'affaire. On en profite alors pour mentionner ce qui a été significatif dans le travail d'une personne ou de l'équipe et ce qui a contribué à en faire un succès. Après un événement semblable, on constate des bénéfices immédiats dans le comportement des individus concernés et de tous les autres également.

VOTRE ÉVALUATION

Assurez-vous d'être seul à pouvoir accéder à ces fichiers. L'évaluation de la performance est confidentielle et idéalement même les plus proches collaborateurs n'y ont pas accès.

1. Notez vos observations dans le dossier de l'évaluation de la performance de votre subordonné.
2. Notez les points positifs (5) et les points à améliorer (2).
3. Appuyez vos observations avec des faits et des exemples concrets.
4. Faites part de vos observations immédiatement à vos subordonnés.
5. Célébrez les succès si c'est une réalisation significative.

TENIR UNE RENCONTRE ANNUELLE

La rencontre annuelle est un entretien qui permet d'évaluer le degré de satisfaction mutuelle de l'employé et de l'entreprise. Le terme « entretien » signifie que le superviseur et le subordonné ont l'occasion de s'exprimer tout à tour. Les sujets couverts lors de la rencontre annuelle sont les suivants :

- La mesure de l'atteinte des objectifs et des standards.
- Une appréciation des attitudes et des comportements du subordonné.
- Une appréciation des habiletés personnelles et des compétences du subordonné.
- Une appréciation des points positifs et des points à améliorer.

- Les souhaits du subordonné : sa satisfaction par rapport à l'emploi, son plan de carrière, ses intérêts personnels, ses commentaires sur la mission et la vision de l'entreprise, sa satisfaction par rapport au salaire, etc.
- L'identification des besoins de formation et de développement pour l'individu.

LA PRÉPARATION

Avant de rencontrer son supervisé, il faut prendre du temps pour se préparer. C'est une étape qui mérite attention.

PRENDRE UN RENDEZ-VOUS

Une semaine ou deux à l'avance, on prend un rendez-vous avec le subordonné. Il est recommandé de ne rencontrer qu'un seul employé par jour. Cette tâche est exigeante et doit s'insérer dans la charge de travail régulière. De préférence, ces rencontres sont faites en début de matinée ou d'après-midi. La rencontre dure entre une et deux heures, au maximum.

Idéalement, on prévoit ne pas être interrompu durant cette rencontre. On peut avertir notre entourage et demander de ne pas être dérangé. Pour que l'exercice soit fructueux, il faut accorder son entière attention à l'évaluation de la performance.

Quand on prend rendez-vous avec le subordonné pour la rencontre annuelle, on lui demande de faire les tâches suivantes :

1. Réviser ses objectifs de travail, les standards, les aptitudes et les compétences, les attitudes et les comportements pour l'année qui vient de se terminer. On lui demande d'identifier les raisons pour lesquelles les objectifs ont été dépassés ou non atteints.
2. Fixer cinq objectifs pour l'année qui vient et les mettre en ordre de priorité. Ces objectifs doivent être clairs, mesurables et avoir un échéancier. Pour l'aider, on explique à son subordonné la direction et les objectifs de l'entreprise pour l'année qui vient selon le plan d'affaires (plan stratégique ou directeur). Si le plan d'affaires est un document accessible aux employés, on lui suggère de le consulter. Sinon, il faut en résumer les grandes lignes pour que le subordonné puisse aligner ses objectifs sur ceux de l'entreprise. En

d'autres mots, les balises à l'intérieur desquelles ses objectifs devront se situer sont délimitées.

3. Identifier des standards, des habiletés, des compétences, des attitudes et des comportements qui sont selon lui essentiels pour bien réussir dans le poste qu'il occupe.

4. Identifier ce qu'il voit comme ses besoins en formation. On lui demande de remettre son bilan et ses propositions à une date précise pour avoir le temps de réviser le tout. Voici quelques exemples de formations.

   EXEMPLES
   - Comment accueillir les clients au téléphone ou en personne.
   - Comment déléguer des tâches.
   - Comment diriger des réunions.
   - Comment rédiger de meilleurs textes.
   - Comment préparer des présentations.
   - Comment devenir un meilleur leader.
   - Comment utiliser les outils informatiques.

5. Se préparer à discuter de ses intérêts et de son plan de carrière.

Déjà, lorsque le rendez-vous pour la rencontre annuelle est pris, le subordonné a l'occasion de participer activement à l'exercice.

RÉVISER LES OBJECTIFS, LES HABILETÉS, LES COMPÉTENCES, LES ATTITUDES ET LES COMPORTEMENTS

Le superviseur doit lui-même apprécier si les cibles fixées l'année précédente ont été atteintes. Il révise alors tous les éléments et il peut les assortir de commentaires. Généralement, on a déjà un fichier (Word par exemple) ouvert dans lequel on a listé les objectifs et les autres points.

Il faut déterminer si les objectifs fixés ont été atteints. On prend alors en note les aspects que l'on abordera lors de la rencontre avec son subordonné.

EXEMPLES
- Mettre à jour le site Internet (objectif atteint).
- Préparer un plan de communication (objectif atteint et production d'un très bon plan).
- Vendre 2000 paires d'espadrilles (objectif non atteint,1824 paires vendues).

Pour ce qui est des habiletés, des compétences, des attitudes et des comportements, c'est au superviseur à évaluer s'il juge ou non que le subordonné a bien répondu aux attentes. Il peut alors écrire un commentaire. Comme ce n'est pas mesurable, il porte alors un jugement de valeur. Il faut être prudent et il faut être bien certain de pouvoir appuyer ses remarques car le jugement de valeur peut varier entre le subordonné et le superviseur. On peut aussi moduler son évaluation en notant que c'est satisfaisant, très bien ou excellent. Idéalement, on inscrit des commentaires qui appuient les remarques. Cela leur donne plus de crédibilité.

EXEMPLES

- La COMMUNICATION. Très bien. Marie a beaucoup de facilité à communiquer aisément avec ses collègues. Elle s'exprime bien, est posée et elle nuance ses propos. Elle tient également des rencontres régulières et fréquentes avec son équipe.
- L'ORGANISATION DE SON TEMPS. Excellent. Maurice a un système très bien organisé. Il planifie bien ses journées de travail et avertit les locataires qu'il passera chez eux à une heure approximative pour effectuer les réparations. Ces derniers apprécient savoir à quel moment le travail sera fait et ce système permet à Maurice de gagner du temps car les locataires sont présents lors de ses visites.
- L'ADAPTATION AU CHANGEMENT. Excellent. Marie est toujours prête à utiliser de nouvelles approches pour tester leur valeur. C'est une ouverture au changement qui a permis d'améliorer le fonctionnement de l'entreprise.
- L'ÉCOUTE. Satisfaisant. Maurice est attentif lorsque ses collègues parlent. Cependant, il a tendance à les interrompre lorsqu'ils s'expriment. Quelquefois, ses collègues se demandent si Maurice a bien compris ce qu'ils veulent dire. Lorsque les communications ne sont pas claires, cela fait perdre du temps à tous et diminue la productivité de l'entreprise. Maurice doit améliorer son habileté à écouter.

Il faut souligner les éléments dominants chez chaque individu. Il est permis de rallonger la liste des attitudes et des habiletés à volonté mais, si on le fait, ce sera après qu'on ait habitué les membres de son équipe à l'évaluation de la performance. Comme déjà mentionné, il est mieux de mettre graduellement en place un système solide et d'allonger la liste ensuite. Progressivement, le superviseur pourra devenir plus directif et insister autant sur des points qui doivent être améliorés que sur ceux déjà positifs. Le subordonné appréciera avoir l'heure juste et sentira la petite poussée supplémentaire qui l'incitera à changer une habitude, un comportement, chose qu'il veut faire depuis longtemps. C'est très souvent le petit coup de pouce final nécessaire pour que le changement s'effectue pour de bon.

Ne pas oser faire des commentaires sur les habiletés et comportements qu'une personne doit changer peut aussi donner l'impression à l'entourage qu'on a un esprit d'observation douteux ou qu'on manque de leadership pour avoir craint d'aborder un sujet délicat. Une bonne façon de procéder est de mettre en premier les attitudes et compétences que le subordonné fait bien, puis de terminer avec des comportements et des aptitudes qu'il doit changer.

Une fois terminé cet exercice d'évaluation de l'atteinte des objectifs, du respect des standards, de l'appréciation des attitudes, des comportements, des aptitudes et des compétences, on imprime un seul exemplaire du document qu'on a préparé pour soi.

Avec un seul exemplaire, cela permet d'ajouter les commentaires du subordonné sur cet exemplaire. Une fois la rencontre terminée, on ajoute ces éléments s'il y a lieu et on fait le nombre d'exemplaires requis par l'entreprise. Habituellement, il y a un exemplaire pour le subordonné, un pour le superviseur (à mettre sous clé ou en lieu sûr) et un pour les ressources humaines (dans les petites entreprises, c'est souvent le service de la comptabilité qui garde ces documents dans les dossiers personnels). Il faut dire au subordonné combien d'exemplaires sont en circulation et qu'ils sont gardés en sécurité. Il saura que c'est un dossier confidentiel. On peut aussi écrire à la main si nécessaire quand on prend des notes en présence de son subordonné.

VOTRE ÉVALUATION

Voici à ce quoi peut ressembler votre document pour la rencontre annuelle. Certains points, comme la formation, ne sont pas préparés à l'avance. Vous y travaillerez plutôt durant la rencontre.

Nom de l'entreprise : ____________________

Nom de l'employé : ____________________

Titre : ____________________

Années de service dans l'entreprise : ____________________

Années de service dans le poste actuel : ____________________

Période couverte par la présente évaluation de la performance : de __________ à __________

Nom du superviseur : ____________________

Titre : ____________________

1. Objectifs de travail de l'année écoulée

Objectif	Description	Échéancier
1		
2		
3		
4		
5		

Commentaires (Les objectifs ont-ils été atteints ?)	
1	
2	
3	
4	
5	

2. Objectifs de travail pour l'année à venir

Objectif	Description	Échéancier
1		
2		
3		
4		
5		

3. Les standards

Commentaires

4. Les habiletés et les compétences

Pour chacune des compétences attendues, notez selon votre évaluation (satisfaisant, très bien ou excellent) et ajoutez des commentaires supplémentaires pour les aptitudes qui vous semblent le plus se démarquer chez votre subordonné.

Le LEADERSHIP. C'est la capacité à influencer les autres de façon positive. Un bon leader innove, fait preuve d'initiative et fait la promotion du changement positif. Il n'hésite pas à faire part de son opinion, il motive et délègue à ses subordonnés.
Commentaires

Le MANAGEMENT. Le manager démontre des habiletés pour la planification, l'organisation du travail, la direction et le contrôle des activités qui sont sous sa responsabilité.
Commentaires

L'ORGANISATION DE SON TEMPS. Productivité, travail sur les priorités, organisation du travail.
Commentaires

5. Les attitudes et les comportements

Pour chacune des attitudes et comportements attendus, notez selon votre évaluation (satisfaisant, très bien, excellent) et ajoutez des commentaires supplémentaires pour les aptitudes qui vous semblent le plus se démarquer chez votre subordonné.

La DISPONIBILITÉ. Capacité à se rendre disponible pour ses collègues et démontrer de l'empathie à expliquer et enseigner.
Commentaires

La MOTIVATION : capacité à se motiver et à démontrer du dynamisme au travail.
Commentaires

L'AUTONOMIE : capacité à travailler seul et à produire un volume de travail satisfaisant.
Commentaires

6. Les points positifs (environ 5)

Commentaires

7. Les points à améliorer (environ 2)

Commentaires

8. La formation requise

Commentaires

9. Les intérêts personnels

Commentaires : domaine professionnel
Commentaires : domaine de la gestion

10. Les commentaires du subordonné

Commentaires

11. Le plan d'action (un résumé des actions à prendre)

Commentaires

SUPERVISEUR

Signature

Nom et titre — Date

SUBORDONNÉ

Signature

Nom et titre — Date

Si vous trouvez que vous consacrez beaucoup de temps à cet exercice, avez-vous pensé aux aspects suivants ? C'est l'outil pour inciter vos subordonnés à adopter les comportements et les attitudes désirés; cette personne coûte à l'entreprise deux fois son salaire (salaires, avantages sociaux, bureau, fonctionnement, déplacements...); cela représente une importante somme d'argent et il vaut la peine de s'assurer que cette personne travaille à des tâches qui sont en lien avec la mission et la vision de l'entreprise; si cette personne n'a aucune rétroaction sur son travail, sa motivation ne doit pas être très élevée. Il est important d'avoir un dossier clair si votre subordonné ne performe pas à la hauteur des attentes de l'entreprise; en cas de conflit ou de désaccord menant à un congédiement ou à des poursuites judiciaires, comment appuierez-vous vos arguments ? Si vous n'avez pas de dossier, attendez-vous à payer !

Vous êtes prêt à rencontrer votre subordonné !

LA RENCONTRE

L'ACCUEIL

Pour bien réussir la rencontre annuelle, on doit s'assurer d'un aménagement propice pour tenir une conversation ouverte. Idéalement, une petite table où on peut s'asseoir face-à-face. À défaut d'autres meubles que son bureau, on s'installe à l'avant du bureau et on tient la rencontre en face-à-face. Il faut éviter d'être derrière son bureau. C'est intimidant et ce n'est pas propice à ce que son subordonné s'ouvre.

Il faut aussi soi-même être ouvert et disponible. Encore une fois, cette personne coûte à l'entreprise le double de son salaire. On a donc intérêt à consacrer le temps nécessaire et à se concentrer sur cet exercice. Comme superviseur, il y a sans doute beaucoup à faire mais il faut penser que, dans quelques heures, cette personne produira du travail pour l'entreprise pour le double de son salaire ! Le superviseur est responsable de sa « production » et a donc intérêt à ce que son subordonné travaille sur les priorités de l'organisation et qu'il adopte des attitudes et des comportements alignés sur la culture de l'organisation.

Il faut être posé, empathique et neutre pour réussir. On doit écouter avec attention et garder un contact visuel franc avec la personne. C'est la relation de confiance qui donne du « punch » à l'évaluation de la performance. Il faut aussi dire à son subordonné qu'en aucun moment le contenu de l'entretien ne sera divulgué à quelqu'un d'autre. C'est une rencontre confidentielle entre le superviseur et son subordonné.

Au moment de l'accueil, on salue son subordonné et on lui présente le contenu de l'entretien (ce qui sera couvert) et la durée prévue.

EXEMPLE

« Bonjour et bienvenue Dominique. C'est le moment de notre rencontre annuelle pour évaluer votre performance. Nous passerons en revue les objectifs de l'an dernier, les objectifs de l'année à venir, les compétences, les habiletés, les attitudes et les comportements, les points forts de votre travail ainsi que les points à améliorer. On verra ensuite si vous avez des besoins de formation. On parlera aussi de vos intérêts pour votre carrière et on établira un plan d'action pour mettre ces éléments en place. Le tout prendra environ une à deux heures. Notre entretien est confidentiel et le contenu ne sera divulgué à personne d'autre. »

LA RÉVISION DES OBJECTIFS

Il s'agit de passer en revue chacun des objectifs et de déterminer s'ils ont été atteints ou non. Dans le cas d'un superviseur au tempérament directif, il va certainement réviser lui-même les objectifs alors que, s'il est empathique, il demandera probablement à son subordonné de le faire.

Dans le cas d'un subordonné d'expérience, on peut très bien lui demander de faire lui-même la révision, car c'est probablement une personne avec qui on a une relation de confiance depuis longtemps.

Pour quelqu'un qui possède peu d'expérience, il sera sans doute intimidé si on lui demande de faire lui-même cette révision. Dans ce cas, c'est le superviseur qui se charge de le faire.

Généralement, il est préférable que ce soit le subordonné qui révise ses objectifs. De cette façon, il accordera plus de sérieux à l'exercice et sera plus motivé pour les atteindre à l'avenir.

Lorsque l'objectif a été atteint, on peut faire un commentaire. Cependant, il faut être bref car il y a beaucoup d'éléments à couvrir. Dans tous les cas, si l'objectif n'a pas été atteint, on demande à son subordonné des explications.

Il peut y avoir plusieurs raisons qui font qu'un objectif n'a pas été atteint : le subordonné n'y a pas consacré assez de temps; le subordonné n'a pas la compétence pour faire les tâches associées à cet objectif; il est inconfortable avec certains aspects; il n'a pas d'intérêt pour cet objectif; d'autres personnes n'ont pas complété des tâches dont le subordonné dépend pour achever sa partie; etc. Il faut s'assurer de bien saisir la raison pour laquelle cet objectif n'a pas été atteint.

EXEMPLES

- « Il n'a pas réussi à recruter 45 nouveaux clients. Il est inconfortable avec la vente et ne réussit pas à conclure une vente. Il manque de "technique" dans ce domaine. »
- « Il est plus à l'aise pour entretenir les clients existants. Il aime beaucoup entretenir une relation proche avec les clients de l'entreprise et il réussit très bien cela. Le taux de fidélité est élevé. Il y consacre beaucoup de temps et c'est sa zone de confort. »

- « Il n'a pu aller à la foire avec le stand d'exposition de l'entreprise, car la direction du marketing n'a pas réussi à produire les dépliants et le stand à temps pour cette exposition. »
- « Cet objectif n'a pas été atteint parce qu'il n'est pas très intéressé. Il a manqué de vaillance et de détermination. Il faut se retenir de lui dire cela et plutôt lui demander pourquoi, selon lui, il n'a pas réussi à l'atteindre. Il faut insister sur l'importance pour toute l'organisation et lui faire part des conséquences si, à l'avenir, ses objectifs ne sont pas atteints : un changement de poste, une mutation, un congédiement. »

Le subordonné énonce les raisons pour lesquelles, selon lui, il n'a pas rencontré ses objectifs. On évite d'accuser son subordonné car il trouvera toujours une ou des raisons pour se justifier et pour contourner la question. Certains deviennent même « spécialistes » dans ce domaine. C'est pourquoi il faut demeurer neutre et objectif, car lorsque le subordonné réalise qu'il n'a pas atteint son objectif, il devient inconfortable. Par ailleurs, qu'il le réalise lui-même et qu'il en dise la raison va le conscientiser pour l'avenir. Lorsqu'un objectif n'est pas atteint, le superviseur mentionne quels sont les impacts pour l'organisation. Ce peut être une diminution des profits, un délai pour un livrable ou une prévision de déficit.

Plutôt que de juger l'individu, on essaie plutôt de se concentrer sur la situation. C'est mieux de tenter de comprendre pourquoi la situation est ainsi et de s'assurer ensuite d'un plan de correction par de la formation. Par exemple, on peut demander une plus grande discipline de la part de son subordonné, lui fournir de meilleurs outils de travail, faire des changements dans les procédures, etc.

Il se peut également que le superviseur juge que son subordonné n'a pas les compétences et les habiletés nécessaires pour effectuer cette tâche et atteindre ses objectifs. Il se peut que le subordonné porte aussi le même jugement. Dans les cas extrêmes, on peut décider de lui confier d'autres responsabilités ou encore tout simplement cesser la relation d'emploi. L'entreprise aura engagé ou promu la mauvaise personne. Même si c'est difficile de livrer un tel message à quelqu'un, c'est souvent un service à lui rendre et à rendre à l'entreprise.

Lorsque cette partie est complétée, le superviseur et le subordonné devraient avoir la même perception par rapport à l'atteinte des cibles. Le superviseur doit également déterminer un plan d'action pour les objectifs non atteints. Il peut confier de nouveau ces objectifs à la même personne ou convenir qu'ils seront attribués à quelqu'un d'autre.

LES OBJECTIFS DE L'ANNÉE À VENIR

Sans aucun doute le superviseur a une bonne idée de ce qu'il attend de son subordonné pour l'année qui vient. Soit il détermine unilatéralement les objectifs, soit il demande à son subordonné de lui en proposer. Idéalement, il a déjà demandé au subordonné de lui soumettre une liste d'objectifs et il a eu le temps de la regarder avant la rencontre.

Il doit s'assurer que les objectifs suggérés sont alignés sur la mission, la vision, le plan d'affaires (plan stratégique, plan directeur) et sur la direction que prend l'entreprise pour l'année qui vient. Ce sont des balises incontournables pour que les objectifs soient cohérents. L'entreprise a ses objectifs propres et les objectifs individuels doivent s'y arrimer. Si l'emphase est mise sur la croissance ou la consolidation, sur le développement de nouveaux produits ou encore sur la suppression de produits existants, le superviseur doit voir à ce que les objectifs proposés soient cohérents. Il insère lui aussi les objectifs qu'il croit que son subordonné devrait réussir.

On s'en tient à cinq objectifs pour l'année qui vient, c'est suffisant et gérable; plus que cela, on s'y perd. On doit être à l'aise avec les objectifs proposés par son subordonné, on s'assure qu'ils sont mesurables, qu'ils ont des échéances et que le produit attendu est clair. Le superviseur doit accorder les moyens nécessaires pour réaliser les objectifs.

On peut et on a intérêt à négocier les objectifs sur lesquels il y a un désaccord. Soit le superviseur reste ferme sur l'objectif à atteindre, soit il le diminue selon la suggestion faite par son subordonné ou encore ils négocient un terrain d'entente. Laisser de l'espace au subordonné lors de l'établissement de ses objectifs contribue à ce qu'il y croit davantage et à ce qu'il s'y consacre plus en raison du sentiment d'appartenance. Donc, avec un subordonné possédant très peu d'expérience, on peut être plus directif et déterminer soi-même les objectifs. Par contre, avec un subordonné d'expérience, on peut être plus conciliant, surtout si les performances passées sont éloquentes; cependant s'il atteint difficilement ou rarement ses objectifs, il faut jouer plus serré.

LES POINTS POSITIFS

Parler des points positifs signifie faire des commentaires sur le travail de l'année écoulée. En premier lieu, il faut aborder les points positifs quand on parle à son subordonné. On doit tout d'abord mettre des éléments dans le « compte affectif », autrement notre subordonné se braquera si on commence avec les points à améliorer qui sont plus négatifs, et l'entretien, c'est-à-dire l'échange, sera en fait terminé.

Dans l'ordre :

- On présente les points positifs en faisant un énoncé général.
- Il faut ensuite appuyer cet énoncé avec des exemples concrets, des actions ou des gestes posés par le subordonné.
- On poursuit avec une brève description des actions observées et qu'on souhaite voir se répéter.
- Au besoin, on décrit le comportement ou la réaction d'un client face aux gestes, actions, paroles, etc.
- Il faut être objectif, pondéré et ne pas exagérer l'affaire.

EXEMPLES

- « Marcel, vous avez fait une très bonne présentation pour convaincre les gens de Festivent. Votre exposé était éloquent et crédible, les mots bien choisis, le vocabulaire riche et vous avez fait des pauses pour laisser le temps d'absorber les informations. Vous avez constamment gardé un bon contact visuel avec les clients tout en utilisant des arguments convaincants. Vous avez réussi à respecter le temps qui vous était alloué. Votre gestuelle était ample et vous aviez l'air à l'aise et convaincant. Cela a inspiré la confiance et les gens ont remarqué votre compétence. À cause de ça, on a conclu une vente importante. Bon travail Marcel et merci. »

- « Denise, vous avez bien réagi lorsque le représentant de Festineige est venu vous rencontrer et qu'il a déversé son fiel sur vous. Vous avez gardé votre calme, vous l'avez écouté posément, vous avez réussi à cerner précisément le problème qui a suscité sa réaction. Vous avez également proposé une solution qui devrait éviter ces situations à l'avenir. Vous avez réussi à garder cet important client pour notre entreprise, même s'il n'est pas facile ! Bravo et bon travail Denise. Merci à vous et je suis content que nous ayons pu garder sa clientèle. »

Lorsqu'on procède de cette façon, on donne de la force et de la profondeur à nos commentaires et ils sont crédibles.

Lors d'une prochaine présentation ou d'un contact avec un client frustré, on peut être assuré que les points positifs relevés vont être appliqués. C'est une bonne façon de bâtir et de façonner de bons gestes et des actions qu'on souhaite voir adopter par quelqu'un. Ce n'est pas subversif de le faire, ce n'est qu'encourager quelqu'un à user de bonnes pratiques qui sont universelles et qui portent leurs fruits. On établit alors une relation de confiance avec son équipe. Ils sentent qu'on les fait grandir et cela fait grandir notre propre leadership tout autant.

Pour les points positifs on relève au moins deux événements significatifs qu'on a remarqués durant l'année écoulée. Si on peut en noter environ cinq, c'est excellent. Il faut donc souligner les événements majeurs qui ont distingué le subordonné dans son travail. Un mandat spécial, un travail de longue haleine bien conduit, un projet bien dirigé, la tenue de rencontres régulières fructueuses avec son équipe, une décision difficile qui a été prise sont des éléments qu'on peut mentionner.

Durant la rencontre annuelle, la revue des points positifs ne devrait causer aucune surprise au subordonné parce qu'on a pris le temps de livrer nos commentaires au fur et à mesure durant toute l'année. Comme dit précédemment, il ne faut pas attendre la rencontre annuelle pour faire part de ces commentaires. On le fait le plus tôt possible après avoir observé le travail effectué avec succès. En rencontre annuelle, on ne fait que les passer en revue rapidement.

LES POINTS À AMÉLIORER

Cette partie est plus délicate, car il est toujours plus facile et agréable de faire des compliments et des commentaires plaisants. Cependant, personne n'est parfait et chacun peut toujours s'améliorer. D'ailleurs, c'est ainsi qu'on y arrive, en acceptant les commentaires des autres. On réussit à conserver nos points positifs et à corriger les aspects que nous devons améliorer.

C'est une responsabilité très importante des gestionnaires que de faire ces mises au point lorsque nécessaire. Les gestionnaires constateront qu'avec les employés plus matures et plus équilibrés, il est plus facile de discuter ouvertement de ce genre de commentaires. Ils sont prêts à recevoir des remarques positives comme négatives car ils y voient une occasion de s'améliorer. Par contre, d'autres personnes sont plus susceptibles d'être frustrées par ce type d'évaluation. Il faut procéder avec tact et doigté. C'est au gestionnaire à s'adapter à son subordonné et non l'inverse.

Là également, on passe en revue ce qui a déjà été dit en cours d'année. Pour les éléments à améliorer, on doit se limiter à environ deux, surtout si ce sont des problèmes majeurs. On ne doit pas énumérer plus de points à améliorer que de points positifs. Il faut plutôt miser sur un progrès régulier plutôt que tenter de changer du tout au tout quelqu'un dès la première année.

Dans l'ordre :

- On se concentre sur le geste, l'action, le comportement manifesté et non sur la personne.
- On doit éviter d'utiliser des mots qui résonnent mal dans l'esprit des gens. Si on dit que la personne a posé un geste stupide, elle retiendra que son superviseur la trouve stupide. Elle rapportera ouvertement ce commentaire à son entourage.
- On doit mettre l'accent sur le geste inacceptable et son impact sur l'organisation. Le gestionnaire la représente : il doit mentionner qu'un geste, une action ou un comportement inacceptable a des incidences sur la perception qu'ont les autres de l'organisation. Bien souvent, il faut appuyer ces commentaires en rappelant les valeurs de l'organisation, comme le respect d'autrui, l'entraide, la collaboration, l'écoute, etc. Il est tout aussi important que la direction adopte des comportements exemplaires, sinon le message ne passera pas.
- Après avoir énoncé en quoi le geste est nuisible à l'organisation, on peut indiquer quel comportement est désirable. Ainsi, notre subordonné connaîtra clairement les attentes.
- On doit réussir à être objectif et neutre dans ces situations. Il est facile de s'emporter dans des cas semblables, car l'impact négatif est souvent important pour des comportements ou des gestes qui sont supposément faciles à corriger.
- Il faut donc se concentrer sur le geste et non sur l'individu.

EXEMPLES

- « Dominique, j'ai remarqué lors de vos présentations, que vous avez tendance à bouger beaucoup. L'auditoire semble dérangé par ça. Pourtant, le contenu de vos propos est pertinent et vos arguments sont solides. Je vous encourage à être plus calme quand vous parlez. Tentez de vous ancrer au sol solidement sans bouger pour un temps. Déplacez-vous ensuite pour vous ancrer ailleurs. Vous serez ainsi plus écouté car ce que vous dites est drôlement solide. Ainsi, les personnes dans la salle auront une impression de confiance et de solidité envers vous et notre organisation. »

- « Marie, j'ai remarqué lors des réunions que vous interrompez vos collègues pendant qu'ils parlent et que, à cause de cela, ils n'ont pas le temps de terminer leurs commentaires. Pour notre équipe, c'est important que tous les membres aient l'occasion d'exprimer leurs idées : c'est la force d'une équipe de permettre aux personnes de s'exprimer et de faire place à des perspectives différentes. Également, quand on est ouvert aux idées d'une autre personne, on peut être conduit vers d'autres avenues. Je m'attends donc lors d'une prochaine réunion à une écoute attentive de vos collègues. Même si vos idées ont du « punch » et que votre expérience est riche, c'est important pour notre entreprise que nous ayons une équipe forte. D'ailleurs, en écoutant bien, vous pourrez commenter les propos de vos collègues et les faire profiter de votre expérience. »

Pour bien réussir cette partie, il faut être assertif. En d'autres mots, dire les « vraies choses » et ne pas avoir peur de déplaire. Pour bien des gens, dire des choses négatives est très difficile, voire impensable. Il faut réussir à surmonter ce handicap. Tout comme pour les points positifs, on peut réussir si on a un exemple concret pour appuyer notre commentaire et qu'on s'en tient au geste ou au comportement. On doit également énoncer les conséquences des traits négatifs sur la performance de l'entreprise.

LES HABILETÉS ET LES COMPÉTENCES

De la même façon qu'on relève les points positifs et les points à améliorer, il faut apprécier trois habiletés et compétences auxquelles le superviseur a demandé de prêter attention au cours de l'année écoulée.

EXEMPLES

- Le LEADERSHIP. C'est la capacité à influencer les autres de façon positive. Un bon leader innove, fait preuve d'initiative et fait la promotion du changement positif. Il n'hésite pas à faire part de son opinion.

  Commentaire : « Marcel a réussi à implanter son leadership au sein de son équipe. La tenue de rencontres régulières, l'empathie démontrée auprès de son équipe, la formation procurée pour Jean-Paul et Bastien sur la façon de bien réagir avec les clients a raffermi son leadership. Le progrès est remarquable. Excellent. »

- L'ESPRIT DE DÉCISION. C'est être capable de juger, d'analyser, de décider et d'agir promptement.

  Commentaire : « Dominique a pris quelques décisions importantes au cours de l'année et c'est un côté très positif. Il a bien répondu pour mettre en pratique cette compétence essentielle de son travail. La décision d'insister sur la ponctualité a engendré une amélioration chez son équipe. La décision de confier du travail à des sous-traitants dans les périodes de pointe a permis d'alléger la charge de travail de son équipe. Par ailleurs, Dominique aurait intérêt à impliquer plus les membres de son équipe dans le processus de la prise de décision. Il peut très bien garder la décision finale pour lui, mais les solutions seraient plus variées et pondérées avec les commentaires et la vision de l'équipe. Il devra insister sur ce point l'an prochain. Satisfaisant. »

Le superviseur fait ses remarques en s'appuyant sur des faits et des événements précis qu'il a observés. En fait, il a demandé à son subordonné de développer une compétence ou une aptitude particulière en cours d'année, il doit l'évaluer en se basant sur des faits concrets.

LES ATTITUDES ET LES COMPORTEMENTS

On engage quelqu'un pour ses compétences et on est déçu par ses attitudes ! Dans la plupart des cas, on arrive mal à qualifier la performance de travail d'un employé de mauvaise foi. Le travail produit est généralement correct, mais on se rend compte que l'employé a un problème d'attitude.

Ces attitudes indésirables sont fréquemment le résultat d'un manque de communication et de contact entre la direction et les employés. Après tout, si on ne dit pas à quelqu'un que son attitude est inacceptable et pourquoi elle nuit à l'entreprise, l'employé ne voit aucune raison de modifier ses comportements.

Lorsque la communication est ouverte et franche, les employés y trouvent des avantages et constatent qu'ils peuvent s'améliorer puisqu'ils se sentent traités avec respect et équité. Les subordonnés voudront éventuellement savoir quels aspects de leur comportement ils doivent améliorer et ils apprendront à connaître le style de gestion de leur superviseur. Ils seront plus ouverts aux commentaires. C'est surtout une question de relation de confiance entre le superviseur et ses subordonnés.

On doit choisir trois attitudes et comportements auxquels le subordonné devra prêter son attention; ils sont chosis en fonction du poste occupé et de leur impact sur l'entourage.

EXEMPLES

- La CAPACITÉ DE DIRE NON. Dire non implique que la personne est capable de prendre des décisions corsées, voire impopulaires, pour le bien de l'organisation. Quelqu'un qui en est capable ne gère pas pour établir sa cote de popularité mais plutôt pour le bien-être de l'organisation. Normalement, cette personne démontre un bon jugement et de l'assurance.

  Commentaire : « Jean-Pierre a tendance à répondre oui à la plupart des demandes et des propositions qui lui sont faites. Cela crée de l'iniquité par rapport aux autres équipes et des tensions s'installent. L'achat d'appareils Blackberry pour son équipe, alors que ce n'était pas prévu au budget, est un exemple. Au besoin, il devra consulter Paul qui a pour mandat d'être son mentor pour qu'il développe ses habiletés de gestion. Insatisfaisant. Il faut penser à une formation pour que Jean-Pierre soit plus à l'aise dans cet aspect de son travail car, pour le reste, la qualité du travail est remarquable. »

- La TENUE et la PROPRETÉ PERSONNELLE. C'est un sujet très délicat. Selon l'emploi occupé, on peut demander à quelqu'un de se vêtir de façon à projeter une image professionnelle de l'entreprise. Une tenue négligée reflète la personnalité de quelqu'un. Une personne peut se vêtir à son choix dans sa vie personnelle, mais au travail et surtout lorsqu'il y a contact avec des personnes de l'extérieur, il est important que les clients aient une image positive de l'organisation. C'est souvent lorsque quelqu'un suscite des commentaires répétés que ça peut devenir embarrassant. Les tenues osées et « à la limite » sont très difficiles à gérer. Par ailleurs, lorsque la direction le juge, il faut traiter ces cas. La propreté corporelle est tout autant importante. Les odeurs, les cheveux malpropres, rebutent les collègues et les clients. Là encore, il faut énoncer les impacts de la tenue vestimentaire et de la propreté sur l'organisation.

  Commentaire : « Dominique représente l'organisation dans des réunions, des salons, des forums. Sa tenue doit projeter une image professionnelle auprès des gens qu'il côtoie. Au colloque sur le développement durable, des jeans troués et un chandail taché n'étaient pas de mise. Il doit donc soigner davantage sa tenue. Son influence auprès de ses collègues est

> grande, car il occupe un poste important dans l'organisation. Je m'attends donc à une amélioration sur ce point au cours de la prochaine année. Dominique peut continuer à se vêtir selon ses goûts et la génération qu'il représente et ce n'est pas un problème pour notre organisation, mais il faut qu'il ait une tenue plus soignée. À améliorer. »

Il s'agit d'appuyer ses commentaires avec des cas précis. Le commentaire est général mais, pour que l'évaluation soit crédible, il doit être démontré par des faits observés et irréfutables, surtout s'il s'agit de la tenue personnelle. Il faut vraiment que le cas soit évident pour tout le monde pour faire ce genre d'observation, sinon cela risque de dégénérer en une bataille verbale sans fin que le superviseur perdra assurément.

POUR LES CAS LOURDS

Lorsqu'un subordonné n'atteint pas ses objectifs de travail et qu'il démontre une mauvaise attitude ou de mauvais comportements, la direction doit réagir. Dans la majorité des cas, on est tolérant et on laisse porter. On signifie la chose à mots couverts après quelque temps et parfois même plusieurs années après que la performance ne soit plus à la hauteur des attentes. Par exemple, le conseil d'administration est aussi fautif que la personne qui occupe la fonction de directeur général dans un cas de sous-performance. Le CA a joué à l'autruche pendant des années en acceptant le manque de leadership de son gestionnaire, le CA a donc lui aussi manqué de leadership...

Dans les cas graves de mauvaise performance, on doit soi-même préciser les objectifs de travail, les compétences ou les attitudes et établir les échéanciers à court terme. Il faut être précis et clair. L'ambiguïté n'a pas sa place. Il est toujours délicat et difficile de « mettre de la pression » sur quelqu'un avec qui on entretient une relation de travail. Cependant, la responsabilité de la haute direction quant à la performance de l'entreprise doit être prépondérante. Au moment de l'embauche, le choix n'était peut-être pas le bon, les attentes étaient peut-être floues et on se trouve ensuite dans une position gênante. Il faut aussi penser que la personne qui présente une sous-performance est probablement elle-même inconfortable dans cette situation.

Pour ces employés, les objectifs, les compétences et les attitudes doivent être plus clairs et bien mesurables, avec un échéancier à court terme.

EXEMPLES

- « Marcel, vous devrez recruter 20 nouveaux clients d'ici les six prochains mois. »
- « Dominique, les dix prochaines déclarations de revenu que vous traiterez devront prendre au total un maximum de trente heures soit trois heures chacune en moyenne selon les standards de l'organisation. »
- « Pierre, vous devrez faire trois contacts avec la haute direction de Festivent au cours des trois prochains mois pour leur présenter nos produits et services. Vous devrez tenir six réunions d'équipe durant lesquelles vous diffuserez de l'information, et vous impliquerez les membres de votre équipe dans la conduite de nos projets. Vous devrez également rencontrer vos trois chefs de service et faire l'évaluation de leur performance. De plus, vous devez vous assurer que les dix-huit personnes de l'organisation voient leur performance évaluée également. Nous nous reverrons dans trois semaines pour évaluer où vous en êtes. Je suis disposé à vous aider le plus possible à atteindre vos objectifs de gestion et à mettre en place votre leadership. »

On encourage la personne à réussir en démontrant qu'on a confiance et qu'elle bénéficiera de toute l'aide possible au besoin. Cette aide peut provenir d'un collègue expérimenté qui peut accompagner l'employé en difficulté afin qu'il puisse atteindre ses objectifs. Le superviseur invite l'employé à se concentrer sur ses objectifs à court terme.

EXEMPLE

« Marcel, j'ai confiance que vous réussirez à recruter vos vingt nouveaux clients. J'ai parlé à Denis et il est disponible pour échanger des méthodes, des trucs avec vous pour vous aider à réussir. Je crois que si vous vous concentrez principalement sur cet objectif, vous réussirez à l'atteindre. »

On doit ensuite énumérer les conséquences pour le subordonné s'il ne parvient pas à atteindre les objectifs fixés à court terme. C'est là un élément très important.

EXEMPLE

« Marcel, si vous ne réussissez pas à atteindre cet objectif de vingt clients au cours des prochains six mois, je n'aurai d'autre choix que de mettre en cause le poste que vous occupez présentement. Je ne fais pas ça de gaieté de cœur, mais si l'organisation veut être équitable pour les autres vendeurs qui ont des objectifs comme les vôtres et pour qui les conséquences sont les mêmes, je n'ai pas d'autre choix que de procéder ainsi. Mais vous avez encore six mois pour réussir. En vous concentrant uniquement sur l'atteinte de vos objectifs et en profitant de l'aide de Denis, j'ai confiance que vous allez y arriver. N'hésitez pas à venir me voir si vous en sentez le besoin. Je suis disponible pour vous aider. »

Le superviseur s'assure ensuite qu'il a bien pris note au dossier des moments auxquels il a parlé à son employé au sujet de sa performance. Un résumé de la conversation ainsi que la date et l'heure sont les informations à enregistrer. En cas de conflit après la rupture du lien d'emploi, ces informations seront utiles. La direction pourra démontrer qu'elle a fait le plus possible pour appuyer la personne dans son travail.

Quand il s'agit d'attitudes négatives, de commentaires désobligeants à propos de l'entreprise, de collègues, etc., on doit non seulement signifier que ces commentaires sont inacceptables mais aussi énoncer les comportements souhaités. On adopte l'approche suivante :

- Il faut noter les comportements ou les gestes négatifs avec des exemples pour appuyer nos affirmations. Ainsi on démontre à son subordonné le sérieux de l'exercice et qu'on souhaite réellement un changement dans sa performance.
- On énumère les conséquences des comportements de son subordonné pour l'entreprise.
- Le comportement ou l'attitude souhaité est ensuite énoncé par le superviseur.

EXEMPLES

- « Marcel, j'ai remarqué l'autre jour que vous avez fait un commentaire à Denis à propos de sa trop grande rigueur scientifique. C'est votre avis je crois. Vous pouvez être en désaccord avec sa façon de faire et je ne prendrai pas position ni pour vous ni pour Denis sur ce point. Je verrai à prendre de l'information à ce sujet et, si c'est le cas, nous verrons comment améliorer les choses. Cependant, Marcel, notre entreprise privilégie une atmosphère de coopération et de respect des individus. C'est essentiel parce que les tensions qui s'installent entre les individus grugent de l'énergie et engendre des clivages entre les équipes. Nous ne voulons pas cela chez nous. Je souhaite que vous traitiez vos collègues avec respect.

Plutôt que de faire des déclarations à Denis devant tous vos collègues de travail, parlez-en calmement directement avec lui ou faites m'en part.»

- « Dominique, vous occupez un poste de leadership dans notre organisation. L'autre jour je vous ai entendu dire au café que vous trouviez que le travail de Johanne, "ce n'était pas fort" et qu'elle était plutôt soupe au lait. Quoi que vous en pensiez, faire des commentaires semblables n'est pas acceptable pour le poste que vous occupez. Votre poste vous accorde une influence énorme sur votre entourage. Faire de tels commentaires rend légitime pour tous la possibilité d'en faire autant. Nous savons que ces commentaires engendrent des dissensions et influencent la productivité de l'organisation, non seulement entre les individus concernés, mais que ça s'étend à plusieurs autres. Je vous demande donc de cesser ce genre de commentaires. Venez plutôt m'en parler et, après nos échanges, je verrai à apporter des correctifs s'il y a lieu. Je peux compter sur vous Dominique ? Merci.»

Lorsque ces cas lourds se présentent, il faut bien surveiller son langage. Tout jugement ou commentaire un tantinet exagéré sera décuplé une fois que la personne aura le champ libre. On risque de devoir gérer une situation où il faudra expliquer que ce n'est pas exactement ce qu'on voulait dire. La crédibilité du superviseur sera alors mise en cause et la dissension aura été créée. Il faut tenter d'être le plus concret possible en utilisant des propos neutres. Ce n'est pas facile mais, en n'y prêtant pas attention, on prend un grand risque que la situation se retourne contre nous.

EXEMPLES

- À la place de « je n'aime pas votre attitude ! », dites plutôt : « Vous avez le potentiel pour réussir, cependant il ne faut pas que votre attitude soit une barrière pour vous en empêcher. »
- « Vous êtes trop directif et vous faites des commentaires désobligeants à vos collègues ! » devrait être remplacé par : « Notre entreprise privilégie une atmosphère de coopération et de respect des individus. Je souhaite que vous traitiez vos collègues avec respect. Ainsi, ils vous respecteront également. »

POUR LES CAS TRÈS LOURDS

Il peut arriver que l'émotion et les tensions que vit un subordonné dans ses relations de travail fassent « sauter le bouchon» ! Des cris, des pleurs, quelqu'un qui s'en va ou quelqu'un qui se ferme complètement sont des situations douloureuses, à la fois pour le subordonné et le superviseur.

C'est le rôle du superviseur de demeurer en maîtrise de la situation. Ce n'est pas une option ! Il doit demeurer calme, démontrer de la compréhension et faire preuve d'empathie.

Les pleurs

On laisse couler et on fournit les papiers mouchoirs (oui, c'est une bonne idée que de garder des papiers mouchoirs à portée de main dans son bureau !). Le superviseur peut demander à son subordonné s'il préfère reporter la conversation à plus tard. Dans la négative, on lui laisse le temps de récupérer, on reste calme, sans dire un mot. Le silence n'est pas plus lourd que des paroles improvisées et déplacées... Il est possible aussi de sortir de son bureau en disant que l'on reviendra dans quelques minutes pour lui laisser le temps de se replacer. On prend soin de fermer la porte pour que la personne ne soit pas exposée aux regards des autres. Au retour, il ne faut surtout pas avoir l'air de juger la personne. Une fois la crise passée, le superviseur dit qu'il comprend que c'est une situation difficile pour le subordonné. Il ne faut toutefois pas baisser la barre sous le coup de l'émotion et de la pitié, car les objectifs et les standards de toute l'organisation seraient abaissés instantanément.

EXEMPLE

« Pierre, je comprends que cette situation soit très difficile pour vous. Cependant, je veux que vous compreniez que je vous demande de respecter les standards et les critères de l'entreprise. Les autres personnes qui occupent un poste semblable au vôtre ont les mêmes obligations que ce que je vous demande. Ce n'est donc pas exagéré, et ce n'est pas contre vous que j'exige que vos objectifs soient atteints. »

Les cris

Si le subordonné se met à crier, il faut rester calme et surtout ne pas crier plus fort que lui. Il ne faut pas avoir l'air intimidé par cette attitude et on doit continuer à parler posément. On lui demande de se calmer afin de continuer la conversation correctement. Si ça continue, on n'a d'autre choix que de demander à son subordonné de quitter, l'informant que la conversation reprendra quand il se sera apaisé.

EXEMPLE

« Dominique, gardez votre calme s'il vous plaît. Je veux que notre conversation se poursuive bien et que vous compreniez mes exigences et pourquoi elles sont ainsi. Si vous continuez à parler aussi fort, je n'aurai d'autre choix que de vous demander de quitter et nous reprendrons cet entretien plus tard. Que souhaitez-vous Dominique ? »

Le subordonné sort du bureau

Il ne faut pas chercher à le retenir, c'est peine perdue. On lui demande poliment de rester pour terminer la conversation mais s'il persiste, on le laisse aller. Après quelque temps, on va lui parler pour lui dire qu'il faut reprendre cet entretien quand il sera plus calme. On suggère le lendemain. La nuit porte conseil !

EXEMPLES

- « Jean-Paul, nous n'avons pas terminé notre entretien !!!...
- « Dominique, cet entretien est important. Je veux vous voir à mon bureau demain matin, s'il vous plaît, à votre arrivée. Prenez la soirée pour vous calmer et demain je veux que notre entretien se déroule dans le calme. Ça vous va ainsi ? »

Bouche cousue

Certaines personnes, lorsqu'elles se sentent sous pression, éprouvent un tel malaise qu'elles se referment comme une huître et ne disent mot. C'est une réaction de défense que de ne pas parler. On manifeste ainsi que l'on pense que le superviseur nous en veut pour nous traiter de la sorte. On pourra ensuite dire à nos collègues que la direction nous persécute. Le subordonné tente d'attirer la pitié comme s'il était plein de ressources, qu'il faisait correctement son travail mais qu'on ne l'aimait pas... Un tel comportement camoufle de l'insécurité et de la soumission.

Le superviseur a alors le choix de continuer la conversation unilatéralement et d'énoncer ses commentaires. Il peut aussi convoquer le subordonné à une autre rencontre plus tard, en laissant une nuit s'écouler entre les deux. Le subordonné aura eu le temps de se préparer une stratégie pour parler avec son superviseur.

EXEMPLE

> «Jean-Paul, vous pouvez garder le silence si vous le désirez. Je suggère que nous reprenions cette conversation demain à la première heure. Vous aurez eu le temps de penser à ce que je vous demande. Je vous attends donc demain à mon bureau dès votre arrivée. Présentez-vous ici même.»

Dans les cas de sous-performance pour ne pas avoir atteint les objectifs ou changer des attitudes répréhensibles, il faut assurer un suivi plus fréquent et à court terme. Après une semaine, par exemple, le superviseur demande comment vont les choses. Le but n'est pas de mettre de la pression mais plutôt de s'informer et de réitérer son offre pour de l'aide. C'est une forme d'encouragement. Ainsi, le superviseur donne toutes les chances possibles à son subordonné à l'intérieur des limites de l'entreprise. Si c'est fait sincèrement, le subordonné a des chances de réussir. Il est assez rare qu'il s'agisse d'incompétence dans ces cas. C'est plutôt que le subordonné a négligé les jeux de base de son travail ou a contracté de mauvaises habitudes périphériques. S'il est prêt à changer et à se concentrer sur ce qu'il a à faire, il est probable qu'il réussisse. Au contraire, s'il n'est pas prêt à fournir l'effort nécessaire, étant donné que le superviseur et l'organisation offrent toute l'aide possible pour atteindre les cibles fixées à court terme, on peut s'attendre à ce qu'il baisse les bras de lui-même. Il réalisera que la côte est trop abrupte et qu'il serait mieux ailleurs.

LA FORMATION REQUISE

C'est un aspect souvent négligé dans les entreprises. On peut demander à son subordonné s'il a en tête des formations qui pourraient l'aider à rencontrer ses objectifs. En principe, il devrait « allumer » et proposer de suivre des cours qui l'aideront à corriger les points qu'il doit améliorer. Dans bien des cas, il n'en est pas ainsi et c'est le superviseur qui doit suggérer, voire imposer de la formation.

Les subordonnés sont plutôt enclins à suggérer des formations en lien avec les grandes tendances. L'apprentissage de logiciels est probablement le cas le plus classique. Par contre, il existe une multitude de programmes de formation qui répondent précisément aux besoins d'amélioration, que ce soit pour parfaire une compétence, changer une attitude, développer une aptitude, etc.

La formation est un investissement et, par conséquent, il doit y avoir un retour sur l'investissement. Ce retour, en plus d'améliorer les compétences du subordonné, doit bénéficier à l'entreprise. Il doit y avoir une amélioration perceptible dans le fonctionnement de l'entreprise et dans son rendement. Une formation devrait rendre l'individu plus à l'aise pour accomplir certaines facettes de son travail. Le travail devrait alors être mieux fait et avec plus d'efficacité. L'individu y gagne parce qu'il se sent meilleur, plus motivé, et l'entreprise y trouve son compte. Quand les personnes réalisent qu'elles se démarquent par rapport à leur entourage en bénéficiant de formation, elles en viennent à être proactives et à en demander.

Quand on pense à formation, on a en tête une journée passée à écouter un formateur qui ressemble plus à un motivateur. Il y a des tendances également dans le marché et l'offre de formation. Les motivateurs, drôles si possible, sont en demande parce que les gens qui suivent ces sessions apprécient ce type de journée.

Pour une organisation, il faut voir ce qui reste plusieurs semaines après la formation. Les journées de motivation sont parfois plus lucratives pour les entreprises de formation que pour les organisations qui les paient ! Après trois ou quatre semaines, qu'est-ce que l'individu met en pratique à la suite de la formation suivie ? Voit-on un changement dans ses méthodes de travail, ses pratiques de gestion, dans sa motivation, dans sa productivité ? C'est là où on doit évaluer les bénéfices réels d'une formation. En partant du principe que toute formation est bonne (elles sont rarement mauvaises en effet !), on doit réaliser qu'elles ne sont pas toutes égales.

Il faut évaluer même sommairement les résultats engendrés. On dit que ça prend vingt et un jours pour changer une habitude ancrée chez une personne. Après un certain temps, on peut apprécier si cette personne a réellement modifié son comportement, sa façon de travailler et si elle met en pratique les apprentissages reçus lors de la formation. L'organisation est responsable de vérifier si son investissement a été rentable.

Les types de formation

La formation peut prendre plusieurs dimensions. On peut penser aux formations scolaires, comme un baccalauréat, une maîtrise dans son domaine professionnel ou en administration des affaires (MBA), ou un doctorat pour des domaines plus spécialisés. Un certificat dans un domaine connexe comme l'administration ou les ressources humaines est un autre exemple. Ces formations sont très valables mais elles ont l'inconvénient d'être très exigeantes en temps. De plus, au moment où une personne en a besoin, c'est souvent un temps de la vie qui correspond à la venue des enfants, où les deux conjoints travaillent, et il est parfois difficile et à tout le moins très exigeant de consacrer beaucoup de temps pour suivre des cours le soir ou les fins de semaine.

Pour bien cibler la formation nécessaire pour chaque membre d'une équipe, on doit d'abord identifier les besoins. Des observations, des projets qu'on souhaite confier à un ou plusieurs individus, des points à améliorer qui peuvent l'être par des formations, des points forts qu'on décèle et sur lesquels il est possible de capitaliser, les intérêts et les plans de son subordonné pour le futur sont autant de signaux qui permettent de cibler la formation nécessaire. Il faut ensuite se demander où les compétences et les moyens de les acquérir existent : le cégep, l'université, les établissements de formation professionnelle, les entreprises spécialisées qui offrent de la formation, à l'intérieur même de l'entreprise ou dans une organisation partenaire. En fait, quel est le meilleur endroit où acquérir le plus rapidement et efficacement possible ce dont on a besoin, et ce, avec les meilleurs.

En plus des formations, il faut considérer les stages dans une autre organisation, une filiale ou un partenaire. Les échanges de personnel pour une période de quelques semaines, mois ou années sont toujours bénéfiques aux individus et aux organisations. On acquiert ainsi un savoir bénéfique à sa propre organisation. On tente habituellement de capitaliser sur les points forts de chaque organisation et les individus en place apportent de la valeur à l'échange tout en apprenant.

Les projets spéciaux sont d'excellentes occasions de croissance personnelle. Une nouvelle initiative de l'entreprise peut être confiée à un groupe de personnes. Un chef d'équipe est identifié, une équipe est constituée et un mandat précis leur est confié. L'endroit où l'affectation a lieu est aussi important. Une affectation au siège social a toujours sa saveur. Les individus contribuent au projet dans la mesure de leurs compétences et l'organisation en bénéficie. Les personnes affectées au projet apprennent la culture du siège social, établissent un réseau de contacts et retournent dans leur milieu de travail grandies. L'organisation développe des talents et prépare la relève. C'est une excellente manière de voir à la croissance personnelle et de développer le leadership.

Quand un subordonné manifeste un intérêt pour de la formation et qu'il en suggère, l'organisation devrait en profiter. Bien sûr que la formation doit être bénéfique mais, quand un employé souhaite s'améliorer, c'est un atout pour l'organisation. L'entreprise gagne toujours à développer les compétences de ses employés. On a intérêt à prêter attention aux gens qui, d'eux-mêmes, voient à se former et à s'améliorer dans leur domaine par des lectures, des vidéos, etc. Il est plus rentable pour l'entreprise d'investir dans des personnes qui apprécient les bénéfices de la formation.

Les gestionnaires doivent suggérer des formations qui vont corriger les points à améliorer qui ont été relevés dans l'évaluation de la performance. C'est là un élément fondamental et un des objectifs premier du processus.

L'accompagnement individuel est aussi une possibilité de formation. L'accompagnateur est une personne engagée par l'entreprise qui aide un gestionnaire à résoudre un problème, prendre une décision ou élaborer un projet dans un contexte défini. C'est une relation à court terme qui se termine lorsque le problème est résolu ou le projet terminé. L'accompagnement individuel a le désavantage d'être coûteux, on l'imagine bien. Cependant, les conseils judicieux ont une grande valeur. Une mauvaise décision, un projet qui vacille et qu'on « échappe » sont aussi très coûteux. Les accompagnateurs travaillent principalement sur le savoir-faire. Ils conseillent, avisent et proposent des solutions de gestion et des actions pour des problèmes concrets que vit le gestionnaire. Pour les gestionnaires ou ceux en devenir, l'accompagnement est un moyen efficace de façonner le développement des habiletés et des compétences de gestion, car être conseillé par des professionnels permet des apprentissages fructueux. L'accompagnateur est rémunéré pour ses services, et il s'agit donc d'une relation commerciale et d'affaires.

Le mentorat fait appel à des personnes d'expérience, des personnes qui travaillent plutôt sur les attitudes et les comportements. La relation qui s'installe entre un mentor et son mentoré est différente de l'accompagnement. Le mentoré peut choisir son mentor, il s'agit d'une relation personnelle et à long terme. Le mentor peut aider son mentoré dans le domaine de la gestion ou encore dans celui pour lequel un individu a été formé. Par exemple, on dira « mon mentor » de quelqu'un qui nous inspire dans le domaine de la production en usine, de la forêt, de l'environnement, des affaires, etc. Le mentor fait part de ses expériences, de son vécu, et le mentoré s'inspire de ces propos pour forger sa propre vision. Le mentor est habituellement bénévole.

Il est judicieux également de compiler les besoins de formation de tous les employés de l'entreprise lorsque toutes les évaluations de la performance sont terminées. Le portrait global permet à l'organisation de planifier la formation à la fois en fonction des besoins individuels et collectifs.

Combien d'heures de formation devrait recevoir une personne chaque année ? Ça peut varier en fonction du type d'emploi. La Loi favorisant le développement et la reconnaissance des compétences de la main-d'œuvre du Québec (loi du 1 %) oblige les entreprises ayant une masse salariale de plus d'un million de dollars à investir 1 % de cette masse salariale en formation. Si on fait un calcul simple, on peut dire que pour chaque employé, cela représente 1 % de son salaire. Ainsi, si un employé a un salaire annuel de 35 000 $, l'investissement en formation sera de 350 $. Cela correspond à environ une journée par année (dépenses et coût de la formation inclus) consacrée à la formation. En règle générale, on peut penser qu'un employé devrait bénéficier d'au moins une journée de formation par année.

Plusieurs ordres et associations professionnels obligent leurs membres à recevoir un certain nombre d'heures de formation par année. C'est obligatoire pour qu'un membre puisse garder son statut professionnel et son droit de pratique. C'est donc très sérieux ! Selon que l'on soit comptable en management accrédité, courtier en valeurs mobilières ou courtier en assurances, par exemple, le nombre d'heures obligatoires de formation continue varie. En moyenne, on oblige les membres de ces professions à suivre environ cinq journées de formation chaque année. C'est donc dire que l'on croit fermement aux bénéfices de la formation. Ces formations ne sont pas exclusivement destinées à se garder à jour dans le domaine professionnel de pratique. Un certain pourcentage des activités de formation doit être dans le domaine professionnel et un pourcentage plus faible en développement personnel.

On peut penser que les cadres devraient eux aussi avoir quatre ou cinq journées de formation par année, parce qu'ils ont à développer leurs compétences en gestion. C'est tout aussi important en gestion car il faut faire des mises à jour régulières, les mauvaises habitudes ayant tendance à refaire surface après un certain temps.

En pratique, soit le Service des ressources humaines possède une banque d'information sur les entreprises de formation et les produits offerts, soit le superviseur fait lui-même ses recherches ou demande à son subordonné de le faire pour identifier les programmes valables, à prix raisonnables et offerts par des entreprises et des formateurs reconnus. Certaines entreprises ont même des formateurs-maison qui dispensent des formations sur mesure. La sécurité, la manœuvre de machines, la tenue de livres en sont des exemples.

LES INTÉRÊTS DE SON SUBORDONNÉ

Pourquoi chercher à connaître les aspirations de son subordonné ? Tout gestionnaire devrait voir que parmi ses responsabilités il y a celle de voir à son remplacement éventuel. Une organisation saine planifie la succession de ses gestionnaires.

Une façon de préparer l'avenir est de s'informer régulièrement des intérêts et des intentions des gens qui nous entourent. Il est important d'aborder ce sujet dans la perspective que l'entreprise a intérêt à connaître quelles sont les aspirations personnelles de ses employés pour combler des postes vacants et préparer la succession à divers postes. On peut aussi s'adresser aux employés intéressés lorsqu'on a des projets spéciaux à réaliser.

On demande alors à son subordonné quels sont ses intérêts professionnels dans son domaine de compétence principal. Le subordonné souhaite-t-il se spécialiser dans son domaine actuel, comme la biologie, la pédagogie ou les services en orientation, ou veut-il élargir ses horizons parce qu'il remarque qu'il a de l'intérêt pour la vente, les communications, la représentation, la logistique, les technologies de l'information, la bureautique, etc. Si c'est le cas, l'organisation a-t-elle besoin de compétences additionnelles dans ces domaines ou encore gagnerait-elle à avoir une personne qui possède un titre de maîtrise plutôt qu'un baccalauréat, par exemple ?

Le subordonné a-t-il un penchant pour la gestion ? Quand on commence une carrière on s'interroge peu sur ces aspects. On n'a pas vraiment un plan de carrière tracé d'avance, et c'est bien normal, sans compter qu'avoir un plan de carrière trop précis peut restreindre l'élargissement des horizons et causer des déceptions s'il ne se réalise pas comme prévu ou au moment souhaité.

Le superviseur peut faire part de ses observations à son subordonné à propos des aptitudes qu'il apprécie chez lui, comme son leadership, son management, son rôle de rassembleur, sa capacité à travailler en équipe, sa productivité et sa bonne gestion du temps. Ces observations peuvent l'amener sur des pistes de réflexion. Elle peut ne pas réaliser que son comportement et ses compétences ont de l'influence sur les autres et qu'elle possède certains attributs qu'elle pourrait faire germer.

Si le subordonné indique qu'il est intéressé à diriger un projet ou à superviser un technicien, on lui répond qu'on va y réfléchir et que si des occasions se présentent, un projet pourrait lui être confié. Dès lors, le superviseur se met en mode réflexion. Quelle initiative pourrait-il lui confier? Devrait-il le préparer dès maintenant par une formation en gestion de projet et ensuite lui confier la responsabilité de le conduire?

Plusieurs occasions, qui ne sont pas nécessairement incluses dans le plan stratégique de l'année à venir, peuvent d'autre part être lancées pour justement effectuer un « test routier » avec un individu qui en a manifesté l'intérêt. Il faut cependant faire attention de ne pas démarrer trop de projets pour enrayer son équipe mais, en restant raisonnable, on peut identifier des possibilités. Diriger un groupe de travail, préparer un rapport sur l'avenir du service, superviser la construction ou la mise à jour d'un site Internet, planifier le déménagement dans un nouveau local, revoir le système de classement sont autant d'exemples de possibilités qui doivent d'abord être bénéfiques pour l'organisation et offrir une plate-forme de croissance pour le subordonné.

Durant cette partie de l'entretien, la personne a l'occasion de formuler des commentaires sur des intérêts qui sont parallèles à son domaine de compétence principal. Les communications, le marketing, la vente, la bureautique, l'éducation des jeunes, la gestion du parc informatique, la collecte de fonds sont autant de domaines pour lesquels quelqu'un peut manifester de l'intérêt. Si l'on y pense bien, il est fréquent que les gens sortent de leur domaine professionnel propre durant leur carrière. La gestion est un cas classique. Par exemple un programmeur peut accéder à la direction des technologies de l'information d'une organisation s'il démontre un intérêt solide, voire une passion. Pour une organisation, il est habituellement profitable de promouvoir quelqu'un qui connaît déjà bien l'entreprise, sa mission et sa vision pour occuper des postes en dehors du domaine de compétence. En fait, on peut dire que de bien connaître les rouages de sa propre organisation est presque une compétence en soi.

D'autre part, si l'individu pose des questions au sujet de développements possibles dans ses domaines d'intérêt, il faut y répondre correctement. On se réfère alors au plan d'affaires (plan stratégique, plan directeur) de l'entreprise et on laisse entrevoir si les intérêts et les actions qui y sont incluses peuvent s'aligner. Même si quelqu'un s'intéresse au marketing, il faut donner l'heure juste à son subordonné. Il est important de ne pas créer de faux espoirs.

EXEMPLE

« Denis, ce n'est pas un élément qui fait partie du plan d'affaires de l'entreprise pour le moment et je n'entrevois pas que ce sera le cas d'ici cinq ans. »

Le superviseur doit se demander aussi s'il vaut mieux recruter des professionnels dans un domaine spécialisé plutôt que de confier ces responsabilités à quelqu'un de son entourage qui devra être formé. Le marketing est un bon exemple. Souvent il vaut mieux confier de nouveaux secteurs d'activité d'une entreprise à de nouveaux individus qui possèdent les compétences requises. L'arrivée de nouvelles personnes qui apportent des méthodes et une culture différentes est aussi un apport et un atout important pour toute organisation.

Pour conclure cette portion de la rencontre, on demande à son subordonné ce qu'on peut faire pour l'aider à réaliser ses projets et, en même temps, ce qu'on peut faire pour l'aider dans son propre développement.

LE PLAN D'ACTION SUITE À L'ÉVALUATION DE LA PERFORMANCE

Une fois ce long entretien terminé, il y a sans doute plusieurs points discutés qui demandent qu'une action soit entreprise. Le superviseur doit alors résumer les actions à prendre sur lesquelles lui et son subordonné se sont entendus. Ainsi, il rappelle les formations que son subordonné devra suivre et tous les autres points sur lesquels le subordonné devra agir.

EXEMPLES

- « Marie, vous allez vous enquérir des formations disponibles sur le logiciel Access et vous allez me présenter le tout quand vous aurez l'information, C'est bien clair ? »
- « Vous allez demander à Maurice quelle formation il a suivi sur la gestion du temps le mois dernier et quel en est le coût. D'accord ? »

Il faut attendre un oui clair de la part de son subordonné. Cela constitue son engagement. Le superviseur énumère ensuite les actions qu'il prendra.

EXEMPLES

- « Je vais faire une recherche pour trouver une formation sur la gestion du temps. »
- « Je vais trouver le volume sur comment faire des présentations éloquentes et vous le prêter pour quelque temps. »

Il est recommandé d'inclure ces nouvelles tâches dans sa liste de choses à faire. Il sera difficile d'exiger de son subordonné qu'il réalise ses engagements si on néglige les siens. Le superviseur doit aussi s'assurer qu'il a l'autorité nécessaire pour engager des dépenses ou faire des échanges de personnel, par exemple. La prudence dans les engagements et dans le langage est recommandée. Dans ce cas, on écrit que certains engagements sont conditionnels à la disponibilité de l'argent dans le prochain budget ou à l'approbation de quelqu'un d'autre.

LES COMMENTAIRES DE SON SUBORDONNÉ

Il est important de laisser une place pour que le subordonné puisse écrire ses commentaires sur l'évaluation qui vient d'être faite, s'il le désire. Il peut être très satisfait de l'exercice tout comme en désaccord. C'est un élément à consigner.

EXEMPLES

- « Je considère que cette évaluation de ma performance est correcte. »
- « Je suis satisfait de cette rencontre. »
- « Je n'ai jamais eu une évaluation aussi valable. »
- « Je suis complètement en désaccord avec le contenu de cette évaluation. »

L'évaluation de la performance est habituellement le seul document écrit et significatif qui est consigné au dossier de l'employé. Comme les institutions restent et que les individus passent, il est possible que dans cinq ans, par exemple, sous une nouvelle direction, le subordonné soit mal à l'aise. Alors l'entreprise aura au dossier cette information qui peut être utile tout autant pour l'employé que pour l'entreprise.

LES SIGNATURES

Lorsque l'entretien est terminé, on remercie le subordonné, on lui souhaite du succès pour réaliser ses objectifs et on lui offre notre disponibilité en tout temps pour l'aider au besoin. On lui demande de signer le seul exemplaire de l'évaluation de la performance que le superviseur a en sa possession et on l'informe qu'on lui remettra un exemplaire, que le superviseur lui-même en aura un exemplaire et qu'un autre sera consigné aux ressources humaines, par exemple. La signature atteste que le subordonné a bien pris connaissance du contenu de l'évaluation de la performance. Si elle contient des points délicats et, particulièrement dans le cas d'une sous-performance, on préparera un exemplaire final qu'on soumettra au subordonné pour sa signature par la suite. Normalement, le subordonné signe le document à la fin de l'entretien.

VOTRE ÉVALUATION

Vous avez déjà bien préparé le dossier de votre subordonné et vous l'avez invité à se préparer à la rencontre. Accueillez-le dans un endroit propice à la discussion. Aussi, assurez-vous de ne pas être dérangés pendant votre entretien. Échangez avec votre subordonné sur les différents aspects de l'évaluation en l'incitant à conduire la discussion sur les objectifs, s'il est expérimenté. Basez ensuite vos observations sur des faits tangibles et insistez en premier lieu sur les points positifs. Informez-vous de ses intérêts et des formations qu'il aimerait suivre pour améliorer ses compétences et ses aptitudes. Revoyez ensemble les actions à prendre par chacun et assurez-vous d'y donner suite. Pour conclure, demandez-lui ses commentaires quant à cette évaluation annuelle et signez le document tous les deux.

Il vous faut réfléchir à la formation dont votre subordonné pourrait bénéficier pour améliorer son travail. Pensez à sortir des sentiers battus et à explorer plusieurs types de formation. Les formations d'appoint qui durent une journée ou quelques jours sont un outil de perfectionnement très valable. Une formation donnée par un collègue sur une procédure, une démarche ou encore un procédé spécialisé le sont tout autant. En quelque sorte, quels apprentissages seraient bénéfiques pour l'organisation tout comme pour l'individu.

Réfléchissez bien en utilisant ce que votre subordonné vous a soumis par rapport à ses besoins de formation en choisissant des formations qui capitalisent sur ses points forts et corrigent ses points à améliorer. Y a-t-il des initiatives, des projets dont votre subordonné pourrait se charger, des équipes auxquelles il pourrait se greffer pour parfaire ses connaissances et son apprentissage ?

Identifiez plus précisément quelles formations il aura à suivre en cours d'année.

➢ FAIRE SON AUTOÉVALUATION

L'autoévaluation est une partie essentielle de l'amélioration d'un superviseur ou d'un gestionnaire. Surtout lors des premières expériences, il faut revoir l'exercice en détail. Il est important de répondre objectivement aux questions pour une évaluation correcte. Il est préférable de faire l'exercice le plus tôt possible après la rencontre avec son subordonné. C'est frais et on aura une meilleure évaluation.

C'est une bonne habitude à prendre que de faire son autoévaluation après chaque évaluation de la performance. On peut alors s'améliorer constamment jusqu'à la maîtrise parfaite de la démarche.

Il n'y a pas de règles strictes pour faire cet exercice, mais en répondant aux questions suivantes on couvre le processus et on a une bonne appréciation de son travail.

EXEMPLE

Votre autoévaluation

1. Est-ce que vous avez eu à négocier pour vous entendre sur les objectifs ?
2. Votre subordonné a-t-il des objectifs clairs pour l'an prochain ?
3. Votre subordonné a-t-il quelques compétences et attitudes qu'il doit conserver et quelques-unes à parfaire ?
4. A-t-il une ou deux attitudes et comportements pour lesquels il fait déjà bien et quelques autres à améliorer ?
5. Avez-vous fait des commentaires sur les points positifs en vous appuyant sur des exemples et des faits concrets ?

6. Avez vous fait des commentaires sur les points à améliorer en vous appuyant sur des exemples et des faits concrets ?
7. Quelle a été la réaction de votre subordonné dans les deux cas ?
8. Quels sont vos propres points positifs lors de l'exercice que vous venez de terminer ?
9. Quels sont vos points à améliorer ?
10. Avez-vous fait preuve de bonne écoute ?
11. Votre subordonné avait-il l'air à l'aise durant l'entretien ?
12. Avez-vous été assertif ?
13. Que devrez-vous surveiller à l'avenir ?
14. Êtes-vous satisfait de l'usage de votre temps pour cette évaluation de la performance (l'exercice en valait la peine) ?
15. Êtes-vous satisfait de l'entretien ?

Les aptitudes requises !

L'OBJECTIVTÉ. Il ne faut pas porter de jugement de valeur. Particulièrement pour les points à améliorer, on doit demeurer concret et descriptif. Il faut s'en tenir aux comportements et à leur impact sur la performance de l'entreprise.

- Au lieu de dire « comment as-tu pu faire une chose aussi stupide ? » on s'en tiendra à « peux-tu m'expliquer ce qui a causé cet incident ? ». On démontre ainsi sa réelle intention d'analyser la situation et de résoudre véritablement le problème et non pas de trouver un coupable et de sévir.

L'EMPATHIE. Si l'on souhaite que notre subordonné s'implique pour modifier une attitude ou un comportement, par exemple, on se doit d'être aidant et non autoritaire. Cela incite l'employé à s'impliquer.

- La formulation « j'ai fait ça ainsi pendant plusieurs années, mais j'aimerais entendre vos idées sur comment on pourrait faire mieux ça maintenant » est moins condescendante que « j'ai fait ça ainsi durant des années même avant que vous ne soyez né ! ». L'autorité hiérarchique tend à « écraser » les gens et ne doit être utilisée que pour des cas graves.

La RÉCEPTIVITÉ. Il faut être réceptif plutôt que sentencieux et dogmatique. En étant réceptif, on démontre un signe d'ouverture aux idées de ses employés; on les valorise plutôt que de continuellement dicter la solution.

- Au lieu de dire « c'est la meilleure solution », on préferera « c'est la meilleure solution que je vois, avez-vous une autre idée ? ». À force de demander cela, les employés sauront que leurs idées sont appréciées et ils chercheront à en suggérer.

L'ASSERTIVITÉ. L'assertivité signifie qu'un superviseur doit s'affirmer dans ses propos et ne pas avoir peur de faire des commentaires qui déplaisent. Il appuie alors ses affirmations sur des faits et il s'assure d'aborder des sujets ou des comportements pour lesquels il peut démontrer ses affirmations. Un superviseur responsable a le devoir de « dire les vraies affaires » et de ne pas tolérer de comportements ou de gestes avec lesquels l'entreprise n'est pas d'accord.

L'ÉCOUTE. Une écoute attentive témoigne de l'intérêt envers le travail de son subordonné. Les gestionnaires apprennent beaucoup plus en écoutant qu'en parlant !

LES PETITS « PLUS » !

Il a été question jusqu'à présent de l'évaluation de la performance à laquelle a contribué uniquement le superviseur. Bien que cette responsabilité lui incombe toujours, il peut obtenir de l'information périphérique auprès de personnes avec lesquelles le subordonné interagit. On appelle cette démarche obtenir de la rétroaction à 360 degrés sur la performance de quelqu'un. On peut l'étendre aux clients avec qui il fait affaire, à ses pairs dans l'organisation, aux superviseurs d'autres services, s'ils sont au courant d'interactions entre le subordonné et les leurs, et aussi aux personnes que le subordonné supervise. On demande l'opinion de plusieurs personnes qui sont en contact avec notre subordonné, qu'elles soient de l'intérieur ou de l'extérieur de l'entreprise.

Le superviseur qui décide de faire appel à ces sources d'information doit être très prudent sur la manière dont il posera ses questions. Il ne s'agit pas de crucifier un subordonné à l'aide de ses pairs. Le superviseur a l'obligation de régler les cas de mauvaises attitudes et de comportements déplacés bien avant l'exercice de l'évaluation de la performance. L'information recueillie confirme les faits, mais le superviseur sait probablement tout ça de toute façon. Que ses pairs et son personnel dénoncent tous ensemble de la même manière de mauvais comportements pourrait être irréversible et forcer l'individu à quitter son travail. Si ça devait être le cas, le superviseur doit s'en occuper lui-même et n'a pas besoin d'attendre l'évaluation pour le faire.

L'interaction avec un client ou un fournisseur, par exemple, est une précieuse source de renseignements. Les attitudes, comme la politesse, la diligence, l'empressement, peuvent être assez aisément appréciées. L'interaction avec des pairs permet de percevoir le comportement lors du travail en équipe, l'entraide et le leadership, par exemple.

La plus délicate opération consiste à recueillir de l'information auprès du personnel qui agit sous la supervision du subordonné. Les aptitudes de leadership, de communication, d'implication de son équipe et les compétences en gestion peuvent être questionnées. Il n'est pas recommandé de faire cet exercice pour une seule personne dans l'organisation. Cela ressemblerait à sonder le personnel pour ensuite dire à son gestionnaire que ses employés ne veulent plus travailler pour lui, si c'est un cas de sous-performance de gestion.

On peut plutôt étendre l'exercice aux gestionnaires de toute l'organisation. Cette cueillette d'information doit être anonyme, positive et, si possible, couvrir d'autres facettes de l'organisation, comme la vision, les valeurs, les programmes, etc. En d'autres mots, on peut prendre le pouls de l'organisation et apprécier sa santé globale incluant le leadership et le style de gestion de chacun.

Cette approche va à l'encontre des traditions où ce sont les superviseurs qui évaluent la performance de leurs subordonnés. Il est aussi possible d'obtenir de la rétroaction sur la performance des gestionnaires (cadres, superviseurs, direction) en demandant aux subordonnés de se prononcer sur le style de leadership de ceux-ci. Cette information sert aux superviseurs à s'ajuster et à se concentrer sur leur rôle de gestionnaire. Les messages reçus sont clairs.

Pratiquement, un questionnaire anonyme est distribué à tout le personnel avec des sections personnalisées sur le leadership et la gestion. Les superviseurs reçoivent ensuite les réponses, bonnes ou mauvaises.

Pour les gestionnaires compétents et courageux, c'est une source incroyable de renseignements. Ils peuvent ensuite s'en servir pour améliorer leur performance. Pour les gestionnaires moyens ou médiocres, c'est souvent une forme de rejet et certains peuvent y laisser leur poste. Ils quitteront l'entreprise volontairement, seront forcés de le faire ou demanderont à être mutés à une autre fonction. C'est parfois très difficile pour ces individus et l'entreprise doit être prudente avant d'entreprendre pareil exercice. Il est essentiel que le questionnaire soit préparé par une équipe composée de superviseurs et de supervisés qui ont un contact quotidien sur le « terrain », le « plancher ». C'est cette force qui apportera du sérieux et de la crédibilité à l'exercice. Il doit s'agir d'un travail d'équipe entre la direction, les gestionnaires et les employés. Le contexte doit aussi être bien expliqué pour éviter les règlements de compte.

Dans ces cas, il est préférable de faire appel à des services conseils externes pour aider à conseiller l'équipe qui aura à gérer cet exercice. Cela permet des ajustements très fructueux lorsque le questionnaire est bien construit et qu'il y a participation de tous les niveaux hiérarchiques de l'entreprise et de différentes disciplines.

Obtenir de la rétroaction à 360 degrés exige beaucoup d'énergie, des coûts et du temps. Un contact avec des clients ou des fournisseurs apporte généralement plus de valeur que la seule opinion du superviseur sur la performance. L'information recueillie est plus que valable et offre au superviseur une source de renseignements précieux qui complètent sa propre appréciation.

LES RECONNAISSANCES AUTRES QUE L'ARGENT

Plusieurs entreprises tentent d'offrir des récompenses pour apprécier le travail bien fait. C'est une façon aussi d'éviter que la valeur de certaines récompenses soit taxée ou imposée. On peut citer des billets de spectacle, d'événements sportifs, une adhésion à un club de golf, un club sportif, un stationnement gratuit, le remboursement des frais de transport pour se rendre au travail, un bonus pour récompenser le travail bien fait, etc.

Toutes ces façons présentent leur lot d'avantages car c'est une façon d'apprécier le travail. Cependant, leur impact est questionnable car, très souvent, ces modes de reconnaissance sont considérés comme acquis après quelques années, et cela crée des désagréments aux gestionnaires qui doivent démontrer de la créativité pour trouver des activités qui font consensus, gérer l'iniquité et l'envie dans certains cas. Les bonis sont rapidement pris pour acquis comme s'ils étaient normaux et attendus après deux ou trois ans. On entend parfois dans les corridors quelqu'un dire en début d'année: « Mon salaire de 52 000 $ et mon bonus de 4 000 $, ça va me faire 56 000 $. » L'esprit d'un bonus est d'apprécier le travail particulièrement bon au cours de l'année qui vient de se terminer. Normalement, il n'est pas acquis qu'il sera répété. Tout dépend de la performance de l'entreprise d'abord et de la performance individuelle ensuite.

Les bonis s'appliquent mieux dans des cas où il est possible de quantifier hors de tout doute que la performance dépasse les objectifs attendus. La vente est un domaine où ils peuvent s'appliquer. Les entreprises rémunèrent souvent leurs vendeurs selon un salaire de base et avec des incitatifs monétaires selon les volumes de vente réalisés. Ça devient plus de la vente à commission dans ce cas.

Il ne faut pas confondre les reconnaissances au mérite et les avantages sociaux. Les horaires variables, le remboursement des frais de déménagement, les journées de vacances sont des normes de l'organisation qui s'appliquent à tous ou à certaines catégories d'employés.

Certaines formes de reconnaissances peuvent s'appliquer avec discernement, cela relève du pouvoir discrétionnaire d'un gestionnaire. Permettre de suivre une formation scolaire pour améliorer des compétences, être invité à participer à des réunions, des congrès, participer à un groupe de travail, sont des incitatifs et des reconnaissances plus appréciés que des billets de hockey, par exemple. À la longue, les reconnaissances matérielles lassent.

Le meilleur incitatif et la meilleure reconnaissance demeure l'appréciation du travail bien fait et les possibilités de croissance personnelle pour les employés. C'est encore la meilleure formule et de loin la plus simple.

Les pièges à éviter !

- Faire de l'évaluation de la performance un interrogatoire plutôt qu'un entretien. Ce n'est pas un tribunal où l'employé comparaît pour se justifier. Si c'est le cas, l'exercice est stérile.
- Considérer que c'est un rituel ou un exercice inutile. Le faire à contrecœur n'est pas très motivant pour le superviseur et encore moins pour le subordonné.
- Comparer la performance de son subordonné à celle d'autres personnes dans l'entreprise. C'est une évaluation personnelle.
- Juger les traits de personnalité comme la sincérité, l'honnêteté, l'amitié. On juge plutôt les comportements et les actions posées.
- Ne pas demander à son subordonné de se préparer à l'évaluation de la performance
- Se laisser entraîner vers des à-côtés par un subordonné qui souhaite régler des conflits qui durent depuis longtemps. Les commentaires du subordonné vis-à-vis de ses collègues vont consommer un temps précieux de l'entretien. On les reçoit et on mentionne que ce sera résolu plus tard. Si le subordonné accuse un collègue d'être irresponsable, trop ambitieux ou de s'accaparer les idées des autres, on prend en note le problème et on prendra soin de le régler à la suite de l'évaluation de la performance. Il faut surtout éviter de devoir se brancher en faveur de quelqu'un. L'évaluation de la performance n'est pas le moment pour le faire.
- Discuter des questions syndicales.
- En faire une séance de négociations avec son subordonné.
- Discuter le salaire et les avantages sociaux. Un subordonné peut toutefois aborder la question de son salaire et faire part de sa satisfaction ou de son insatisfaction. Les questions salariales sont discutées une fois que toutes les évaluations de la performance sont faites pour tout le personnel. On peut prendre en note les revendications de l'employé. Cependant, ce n'est qu'après avoir compilé les évaluations pour l'entreprise en entier que les augmentations de salaire seront allouées en fonction de la performance de l'entreprise et de la performance individuelle.

Conclusion

L'évaluation de la performance est un outil de gestion très puissant. Malheureusement négligée dans plusieurs organisations, elle demeure essentielle et facile d'application. La rigueur dans l'observation, le souci de livrer les commentaires rapidement et la vision sur la rencontre annuelle qui vise plutôt à discuter de développement personnel constituent les éléments d'une formule gagnante.

De l'empathie, une écoute active, de l'assertivité et un intérêt pour faire grandir les membres de son équipe sont les ingrédients de base du succès.

Les gestionnaires doivent y voir pour eux-mêmes des occasions de croissance personnelle et de développement de leur propre leadership auprès des membres de leur équipe.

Conclusion générale

Être gestionnaire comporte son lot de responsabilités et aussi de difficultés. Il est déjà réconfortant d'adopter de bonnes pratiques de gestion. De savoir qu'on a des compétences en gestion procure de l'assurance, du savoir-faire et engendre des résultats probants. Beaucoup de gestionnaires sont mal préparés quand ils se voient confier des postes de gestion. On a beau avoir réussi comme agronome, ingénieur ou comptable, cela n'accorde aucunement de compétences en gestion par le simple fait d'être promu gestionnaire.

Ce livre sert d'outil pour parfaire le perfectionnement personnel. Les principes, méthodes et démarches sont basés sur les concepts universels de la gestion. Par ailleurs, tout gestionnaire a son propre style et doit adapter ces concepts à sa personnalité. On peut faire l'analogie avec la démarche du cuisinier. La recette de base est universelle mais l'art réside dans l'assaisonnement et le dosage.

Il faut être vigilant et se montrer réceptif aux commentaires de son entourage sur son style de gestion. Cette approche aide à parfaire ses compétences et à poursuivre sa progression. Quand un gestionnaire en arrive à un certain niveau, il peut très bien lui-même devenir son meilleur conseiller. S'il analyse sa performance avec objectivité, il s'améliorera alors grandement. Le livre lui servira toujours de référence et de coffre à outils.

De bonnes recettes, de la persévérance et de la détermination sont de bons ingrédients pour s'améliorer. Ensuite, les bénéfices sont appréciables et la réussite grisante…

Ainsi on réussit à travailler mieux et à vivre mieux…

Achevé d'imprimer

à Sherbrooke (Québec, Canada), en février 2011,

sur les presses de Transcontinental